목포발 청춘 열차

정태영 박사 목포 칼럼집

목포발 청춘열차

정태영 지음

초판 1쇄 발행 2014년 2월 9일

발행인: 정태영
발행처: 뉴스투데이 출판사
주소: 전남 목포시 미항로 143번길 글로리아빌딩 3층(상동)
전화: (061)279-5711
홈페이지: www.mokpotoday.com
출판등록: 2003년 4월 11일(제15-01-0030호)

ISBN: 978-89-93031-33-1

※ 잘못된 책은 바꿔드립니다.
※ 책값은 뒤표지에 있습니다.

목포발 청춘 열차

정태영 박사 목포 칼럼집

 차 례

저자의 글 / 9

제1장 통쾌한 질타

부자들 사이에서 웃는 지역 정치인들 웃음(2013.9.11) · 12
국가라는 이름 밑에 숨어있는 도둑들(2013.10.19) · 16
지역공동체가 왜 정치에 졌는가 고민(2013.9.25) · 20
데스노트로 희롱당하는 박근혜 대통령 수첩(2013.4.23) · 24
출 퇴근 때마다 개가 반겨준다는 박 대통령(2013.4.17) · 27
이명박 황홀경과 목포의 택시 운전사(2009.2.11) · 31
박준영 도지사의 나불도 한옥호텔?(2009.5.20) · 34
박지원 정종득 배종범의 웃음과 한계(2013.5.28) · 37
22명 시의원의 한가한 음악감상(2009.2.4) · 41
선농단 국물의 뜻을 모르는 권력자들(2009.4.1) · 44
공직자의 주식투자(2009.3.9) · 47
공천 관람기(2000.2.23) · 50
구린 냄새 진동하는 부패(2000.11.13) · 53
권이담 시장 경제점수는 몇 점?(2000.9.26) · 56
귀족의 죽음과 사자의 죽음(2009.4.8) · 59
김영삼 전 대통령 풍자론(1999.8.4) · 62
나를 통하면 된다(?)의 공무원 인사비극(2009.1.14) · 65
너는 지역감정, 나는 애향심(2000.3.14) · 68

누구를 위한 선거인가(2000.4.11) · 71
린다 김의 연서와 사랑로비의 교훈(2000.5.19) · 74
목포시청 사조직의 산타기 줄타기(2009.2.18) · 77
벗기기 전쟁 시끄러움? TV를 메고 중세로 갈까(2000.8.8) · 80
부자서열 대 거지서열(2000.3.25) · 83
불법 은폐로 버텨온 조직들 위기극복은(2000.10.31) · 86
사모님 치맛바람을 어찌하리오(1999.7.21) · 89
사이버 도박 그 화려한 꿈과 좌절(2000.1.26) · 92
사이버섹스의 빛과 그림자(1999.7.20) · 95
성상납은 대중문화의 적이다(2000.5.10) · 98
세도가 늘어나면 혈세가 뒤따른다(1999.10.17) · 101
시민장과 정종독 님에 얽힌 인사(2009.2.25) · 104
정 시장의 "남농기념비를 옮깁시다"(2009.1.2) · 107
진정 국민회의 간판을 내릴 것인가(1999.7.27) · 111
짜가가 판치는 세상(2000.9.13) · 114
친자확인소동과 애정불신시대(1999.9.22) · 117
퍼스트레이디의 추억(2009.3.11) · 120
A 의원도 명단에 끼어 있소?(2000.1.21) · 123
노무현과 전태홍의 배팅이냐? 재테크냐?(2004.7.2) · 126
황금 제사상 만들기 돈쓰고 지키기 백태(2004.9.15) · 129
피내움 나는 보수 반격 노 대통령의 갈 길은?(2004.9.22) · 132

제2장 유쾌한 상상

김대중 기념관에서 학습적으로 놀기(2013.6.18) · 136
프라이드 목포퀴즈, 대박이라는 뒷이야기?(2013.5.10) · 139

김연아. 싸이 이길만한 정치인 있나?(2013.3.19) · 142
이정현의 바퀴와 낙선운동(2000.2.3) · 145
총기와 색소폰 연주 그 이질적인 차이(2005.6.22) · 147
하트해변에 눈 밝힌 군상들(2009.3.18) · 150
허수아비에서 발견하는 재미(2005.10.12) · 153
활빈당을 꿈꾸는 세상(1999.8.10) · 156
희망을 먹고 사는 사람들(2002.12.11) · 159
히딩크와 우리를 배고프게 하는 것?(2002.10.11) · 162
벤처시대, 문화 정치벤처는 어디에(2000.3.2) · 166
발가락때도 파는 중국인, 목포서 돌장사 한다면?(2004.7.14) · 168
목포음식의 과학을 꿈꾸며 '장금이'를 불러보는 목포(2004.8.11) · 171

제3장 함께한 아픔

개인 빚 절반 탕감? 어떻게 해석해야 되나?(2013.3.26) · 176
노인 빈곤율 1위에 숨겨진 사회적 음모(2013.3.5) · 180
가난한 사람들 왜 부자위해 투표하나(2013.3.12) · 183
늙으면 필요한 것이 아내 마누라라고?(2013.2.5) · 187
개성공단 철수, 박 대통령 요술램프의 가벼움(2013.4.30) · 190
건강 악화되고 있는 'DJ가문'의 고민(2009.8.5) · 193
김홍일, 정몽준, 이정연 3인의 공통점(2002.10.11) · 196
노무현을 택한 우리의 비극(2009.6.3) · 199
눈물의 이산상봉, 우리들은 비겁자(2000.8.22) · 204
대통령은 만능 해결사인가(2000.7.4) · 207
정 시장의 담배와 얼굴 돌리기(2009.1.21) · 210
돈마른 목포와 스트레스 족들의 넋두리(2000.5.27) · 213
뜨는 미래 직업이라는 달콤한 속삭임(2013.6.25) · 216

시민단체에 드리는 글(1999.10.18) · 220
한화갑의 눈물과 광주·전남의 미래(2003.1.12) · 223
DJ 정권의 몰락론(2000.4.4) · 226
DJ용·비어천가의 비애(1999.7.20) · 229
DJ의 위로정치와 생각해볼 문제들 (2000.4.26) · 232
인터넷으로 돈벌기, 허망한 꿈으로 끝나(2000.6.27) · 235
인터넷이 흉기로 변하는 날(1999.7.13) · 238
개그맨 심현섭씨로 본 대통령선거의 悲歌(2002.12.15) · 241
노짱과 궁예, 부활의 욕망(2004.6.16) · 244
잔혹극이 판치는 세상 살인과 추억의 반성문(2004.7.21) · 247
대통령도 재벌도 행복이 없는 시대(2004.8.18) · 250
김홍일 의원이 외롭다 권력은 무상하다(2004.9.1) · 253
권력의 광기와 노무현의 분노(2005.6.8) · 256

제4장 내사랑 목포

목포의 눈물과 끝나지 않은 설움(2002.9.25) · 260
정종득 시장의 뉴타운 대 도심재생(2009.5.6) · 263
꽃축제 후 남는 목포 오거리의 황량함(2013.4.9) · 266
2원 기금 내세운 진로의 목포 주류시장 공격(2013.5.15) · 269
경기도와 도자전쟁에서 패한 목포권(2013.5.21) · 272
흑산도의 부활과 목포의 미래(2000.5.2) · 276
목포 맛의 거리가 실패한 이유(2009.3.25) · 278
목포 중요 일거리로 건물임대는 NO(2013.4.2) · 281
목포를 사랑하는 천재들이 없는 이유?(2013.2.13) · 284
목포 '빈곤탈출' 얼마나 가능할까?(2013.2.20) · 287
목포서 돈벌겠다는 사람? 돈쓰겠다는 사람?(2002.11.4) · 290

목포시의 비리 방지책을 읽고서(2000.2.16) · 293
목포에 뿌린 일본정신 청산은(1999.8.30) · 296
역사로 뒤집어 본 무안반도통합(1999.10.3) · 299
전남예술고에서 불어온 장학금 조성(2013.7.2) · 302
이매방의 눈물, 고향 목포의 한(2002.10.11) · 305
사랑없는 외달도의 시끄러움(2004.6.23) · 308
자연의 재산 물려준 서남권 웰빙 선조들(2004.8.25) · 311
굿바이목포, 바이목포의 갈림길(2005.2.16) · 314

제5장 역사의 교훈

침략 증거물이 문화유산이라니(2013.6.11) · 318
촛불 집회의 방향은? 반복훈련 먹이통 깨라(2013.8.21) · 320
오거리 '사람 넷에 개 한 마리'의 통행(2009.6.24) · 323
12전 13기 김 대통령의 노벨상 도전(1999.9.12) · 326
14전 15기 노벨상 도전(2000.10.10) · 329
DJ와 김정일, 인동학과 제왕학의 만남(2000.6.21) · 332
슈퍼맨 DJ의 지구를 구하라 편(2000.6.7) · 335
좌절의 시기, 희망 갖기를(2000.10.4) · 338
요지경 휴대폰 문화와 일상의 소중한 것들(2000.7.27) · 341
DJ경제팀의 목포살리기 무너지기 전 서둘러야(2000.8.30) · 344
DJ의 재평가와 노무현의 출발(2003.1.16) · 347
희망제작소와 박지원의 원도심살리기(2008.9.3) · 350
일본사찰의 마케팅과 목포관광(2006.8.22) · 353
노풍, 동교동계 노리냐(2002.8.22) · 356
이순신과 노무현 대통령, 칼의 노래는 계속되는가(2004.7.28) · 359
죽음으로부터 귀환, 45일간 환자가 되어보니(2014.1.8) · 362

 저자의 글

한(恨)의 소년에서 희망 대사로의 열정

이 책은 목포투데이 신문사 자료실에 낡은 여러 잡동사니와 가득한 먼지와 함께 묻혀질뻔 하다가 제가 죽음으로부터 귀환한 이후 세상에 선보이게 되었습니다.(자세한 내막은 이 책 362쪽을 읽어보십시오)

저의 (사)한국지역신문협회 중앙회장 임기 만료를 앞두고 2013년 11월 24일 회원들의 헌정출판회로 준비되었던 이 책은 불과 출판회 며칠 전 제가 불의의 교통사고로 사경을 헤매게 되면서 출간 작업이 정지되었습니다. 제가 45일의 기나긴 병상에서의 사유의 길에서 벗어나 2014년 2월 초가 되어서야 다시 원고 선별 작업과 문장 가다듬기가 끝난 것입니다.

1999년부터 2014년까지 목포투데이신문에 제가 집필했던 칼럼 '갓바위'는 대부분의 내용이 목포를 중심으로, 목포의 시각으로 분석하여, 목포인의 관점에서 해결책을 제시하고자하는 저와 목포 사람들의 소망을 담았습니다. 문장은 때론 횃불처럼 격렬하고 눈물처럼 애잔합니다.

뒤를 돌아보니 1984년부터 30년 동안 사회변혁운동과 지역공동체운동을 쉬지않고 펼쳐왔습니다. 소설이나 리얼다큐멘터리 프로그램 만큼이나 숨가빴던 많은 기억들이 생생합니다.

지금은 박사님, 학장님, 대표님, 회장님, 희망대사, 청소년멘토 등 여러 경칭으로 불리지만, 저 또한 유년시절 지독한 패배의식과 외로움, 열등감에 시달렸던 과거를 갖고 있습니다.

아버지가 초등학교 6학년 때 중풍으로 쓰러지면서 저는 어릴 때부터 어머니 곁에서 소금가마니를 날라야 했고 손등을 뜨거운 기름에 데이면서 튀김 라면 장사 등을 하고, 사나운 개에 물리면서 전단 배포 아르바이트를 하여 어머니와 함께 반신불수의 아버지를 지켰습니다.

4년 동안 반신불수로 몸을 움직이지 못하는 몸집 큰 아버지의 병 수발을 하였는데, 집 구석구석 깊게 배여 있던 환자의 흔적이 강한 튀김 냄새와 함께 저의 어릴 적 삶을 옭아맸습니다.

아버지와의 헤어짐은 비극적이었습니다. 1980년 광주 금남로 5가 1번지 유성여관을 운영하였던 우리 가족은 5.18 때, 수시로 도망오는 학생과 시민들의 뒤를 쫓아 여관까지 난입한 진압 경찰과 군대들에 여러 번 무차별하게 구타당했던 후유증으로 불과 몇 개월 뒤 아버지는 세상을 떠났습니다. 그 때 누워있는 아버지의 몸 밑에서부터 번져가는 붉은 피의 흔적이 저의 청소년기를 암울하게 짓눌렀습니다.

제가 이 고통에서 벗어난 것은 1981년부터 흥사단 운동과 MRA(도덕재무장운동) 활동을 펼치면서부터입니다.

1980년 5.18 이후 계엄군이라는 죽음의 공포에 시달리던 광주는 상아탑을 중심으로 꺼지지않는 생명의 불꽃을 조금씩 숨죽이며 피우고 있었습니다.

저는 독립운동을 펼쳤던 도산 안창호가 만든 100년 역사의 흥사단의 학생조직인 흥사단 아카데미와 미국인 Frank ND Buchman 박사가 유럽을 중심으로 시작한 무사(無私)·순결·사랑·정직의 4가지를 신조로 삼은 MRA에 가입하여 활동하였습니다.

지난 30년 동안 저의 중심을 잡은 두 가지의 사상이 바로 흥사단 정신과 도덕재무장 운동이었습니다.

일제시대부터 언론을 통한 반제국주의 운동, 독립운동과 의식개혁운동을 펼쳤던 흥사단의 역사에 따라 저도 전남대학교 신문방송학과에 입학했고, 그 이후 대학과 사회 노동현장, 광주 무등야학 등지서 한국의 현대사와 함께 울고 웃었던 기억이 납니다.

희생자의 아들, 한(恨)의 소년이 한국지역신문협회와 극동방송의 희망대사로 성장한 것은 바로 목포의 문화와 저력이었습니다. 1999년 다니던 광주일보에 사직서를 제출하고 아버지의 고향 목포에서 목포투데이를 창간했던 저는 지난 16년 동안 '1천원의 기적'이라는 신화를 김대중 대통령을 배출했던 목포 사람들과 나눠왔습니다.

'1천원의 기적'이란 지인들이 저를 칭하는 것인데, 1999년 창간 이래 1부 1천원의 가격인 목포투데이신문을 팔아 남긴 이윤으로 ▲15년 동안 70회 걸친 지역이슈 포럼 개최 ▲'목포팔경과 목포문화의 수수께끼' 등 목포재발견 시리즈 25권 출간 ▲해변도로를 브랜드로 삼자 등 국내외 기획시리즈 1백여 건 ▲갓바위 예술제, 코마스, DJ국제마라톤 등 각종 지역공헌 행사 ▲프라이드 목포퀴즈 등 지역자긍심 살리기 운동 ▲한국지역신문협회 중앙회장 배출 조종동 등 중앙담론에 맞선 지역주의 운동 ▲문화예술 CEO대학 설립 등 숱한 이야기 거리를 만들었기 때문입니다.

나래모아자기마저도 판매장을 포기한 죽은 거리였던 목포 차없는거리 쪽에 문화벤처 가게인 반디아미르를 만들고 부도난 샷시공장을 예술인과 함께 되살린 시청앞미술관 운동, 평화광장을 불법 자전거운영 집단으로부터 3년에 걸친 대안제시형 보도로 시민들에게 돌려준 지역밀착보도, 새 목포팔경을 만들자 갓바위문화센터의 연결다리를 만들자 등 목포를 변화시킨 숱한 제안들이 이 1천원의 지면을 통해 제시되고 실천되었던 것입니다.

이 책을 굳이 '목포발 청춘열차'로 명명한 것은 "인생은 남도의 들녘과도 같은 것이어서 때론 목포발 청춘열차를 타고 들녘을 질주하는 꿈을 꾸고 목포길을 배회하며 사람들을 그리워하는 것"이기 때문입니다.

또한 저의 인터넷 페이스북의 서남권 최대 그룹(무려 8천여 명의 회원)인 '정태영 박사와 함께 목포발 청춘열차 타기' 그룹에서 목포사람들이 저와 함께 여전히 목포사랑과 자신의 꿈에 대한 열정을 불태우고 있기 때문입니다.

책을 읽는 이들과의 교감을 기대하며.

2014년 2월 4일
저자 정태영 박사(한국지역신문협회 중앙회장, 목포투데이 대표)

제1장

통쾌한 질타

부자들 사이에서 웃는 지역정치인들 웃음

2013년 9월 11일

　목포의 부자들, 흔히 말하는 엘리트 주민들은 유달산 주변이나 원도심의 옛 도심형 거리, 아직도 흔적이 남아 있는 피난촌 지역 등 가난한 사람들을 위해 목포시 예산이 쓰이는 것을 좋아할까. 예를 들자면, 주차장 시설 확보, 재개발, 환경개선 사업, 범죄 유발 방지 등 이런 용도의 돈을 목포권 신개발 지역인 남악이나 하당지역 보다 더 가난한 사람들의 지역에 투입한다고 생각해 보자.

　실제로 이렇게 진행되면 부자들은 찬성할까. 목포시의 정책 결정자들은 "가난한 동네에 돈을 더" 이러한 주장에 직면했을 때 어떤 선택을 해야 할까.
　결론부터 말하자면, 목포시의 정치인들과 부자동네의 주민들 대다수는 가난한 사람들의 지역에 그들이 갖고 있는 표 크기 정도만 생각한다는 것이 내 생각이다. 이들은 도심을 균등하게 개발하자는 원칙론에는 찬성하지만 자신들의 이익과 대치될 때는 탐욕적으로 변한다.
　자치단체는 부자들을 위한 여가용 도심 공간조성, 엘리트 청년모임, 부자들의 스포츠, 부자들의 여유로운 삶을 위한 공연, 부자 자녀들을 위한 교육 등에 돈을 더 쓴다. 지방의회 정치인이나 지방 행정 관료들은 복지 등을 외치며 각종 복지 유사 시설 등을 지원하는 척 하지만, 실제 작은 빵이라도 몇 개 필요한 서민들은 사각지대에 있는 경우가 있다.

시 의회 정치인들이나 행정관료들은 가난한 사람들에게는 연탄이나 여름철 삼계탕 등이나 한두 번 뿌려대고, 부자들의 공간에서 펼쳐지는 여러 행사를 헤집고 다니며 그곳에서 웃음을 공유한다.

부자들이 도심에서 공간 구성적으로 펼치는 탐욕성과 이중성은 합리적 경제논리에 따른 친자연적인 환경이 더 좋다는 생각보다 자기들만의 리그로 결정되는 경우가 숨어 있다. 쇼핑센터, 좋은 교육환경, 의료조건 등이 집값을 결정한다고 생각하지만, 부자들만의 세계에서는 공간적인 무형의 음모가 집값을 좌우하기도 한다. 가령 목포권에서 남악은 지리적으로 불편하고 편의시설도 적고, 하당은 무질서한 교통, 주차, 시끄러운 유흥지와 붙어 있어도 집값이 비싸다. 평화광장 일대는 주말마다 주차 불편의 악명이 높고, 밤늦게까지 소음이 심해도 아파트의 같은 평수 가격이 원도심보다 1억 원~2억 원 정도가 더 높다. 외국도 엇비슷한 사례가 많다. 그레고리 스미사이먼 교수가 쓴 책 '9·12(부제: 9·11 이후 뉴욕 엘리트들의 도시재개발 전쟁'(원제: September 12)은 9.11 테러 이후 세계무역센터 지역의 배터리 파크시티 주민들이 추모시설과 빈민지역 재원 투입 등 도심 재구성을 둘러싼 여러 이해관계를 파헤쳤다. 저자는 이 책에서 엘리트 주민들이 공동체 복원, 희생자에 대한 추모 등 원론적인 담론에는 찬동하지만, 추모시설 건립에 따른 주차 혼잡 등 자신들의 이해관계에는 민감하게 반대하는 심리를 설명해 준다.

최근 개봉한 닐 블롬캠프 감독의 '엘리시움' 또한 경제적 빈부차이에서 비롯되는 도심공간 재구성이 미래세계에서는 우주로까지 확산될 수 있다는 것을 보여준다. 2154년 미래가 배경인 이 영화는 지구 상공에 떠 있는 우주 정거장 엘리시움에 사는 인류 1%의 코디네이터스 계급과 황폐해진 지구에 사는 하류층의 대결구도를 그렸다. 엘리시움 주민들은 자신들만의 세계를 지키기 위한 탐욕으로 이들의 세계로 잠입하는 사람들을 죽이기까지 한다.

한국소비자원이 최근 발표한 '2013 한국의 소비생활지표'는 자신이 하류층이라고 생각하는 사람이 34.8%로 조사를 시작한 지 20여 년 만에 최고치를 기록했고, 30%를 넘은 것도 처음이라고 밝혔다. 자신의 소비생활이 중산층이라는 사람은 62.5%, 상류층은 2.7%였다. 하류층은 줄고, 상류층은 6년 전 1.9%보다 늘어나는 등 양극화 현상이 더 심해졌다.

현대경제연구원이 비슷한 시기 내놓은 경제 보고서도 같은 현상들이 보여진다.
이곳이 1천여 명을 대상으로 '우리나라에서 개개인이 열심히 노력하면 계층상승 가능성은 어느 정도라고 생각하나'라는 질문에 국민 4명 중 3명 꼴인 75.2%가 '낮은 편'이라고 답한 반면 24.8%만 '높은 편'이라는 시각을 보였다.

계층 상승이 어려운 것은 '생활비 부담 증가'(35.7%), '기회 불공평'(28.2%), '소득감소'(17.8%), '과도한 부채'(10.7%), '자산가격 하락'(7.6%) 등의 순이었으며, 자신이 중산층이라는 답은 51.8%, 저소득층 47.4%, 고소득층이라는 답은 1백여 명 중 한명 꼴인 0.8%였다.
더 심각한 것은 지난 1년 사이 자신의 계층이 하락했다는 응답이 20.8%이나 차지했고, 상승했다는 응답은 2.3%에 불과했다. 그런데 계층이 떨어진 이유를 살펴보면 서민들의 고통이 안쓰럽다.
응답은 '물가상승 등으로 인한 생활비 부담 증가'(39.8%), '경기 둔화로 인한 실직이나 소득 감소'(29.4%), '자산 가격 하락'(17.5%), '과도한 부채로 인한 상환부담 증가'(9.5%), '기회 불공평'(3.8%)의 순이었다.

여러 조사에서 보듯이 이미 생활비조차도 부담으로 느끼는 국민들이 30~40%에 달한다. 꼼꼼히 이를 살펴보면 생활비 증가, 과도한 부채, 실직이나 소득

감소 등의 항목이 실제로는 '생활 고통'이니 1~3%의 상류층을 제외하면 대다수의 국민들이 경제적인 문제로 고민을 갖고 있다는 것을 알 수 있다.

이제 부자 동네로 죽자 살자고 이사 가서 허세라도 떨어보자는 생각이 얼마나 위험한 가를 실감하는 시대가 된 것이다. 남악의 텅 빈 상가들, 하당의 주요 거리를 벗어나면 한 집 건너 붙어있는 임대 포스터의 증가, 쏟아지는 아파트 경매 물건 등이 증거다.

하긴 서울 5대 상권 중 하나인 신촌 상권도 최근 3년 동안 경매 물건만 730개가 나오면서 몰락했다고 하는데.

이와 같은 고통은 앞전 이 칼럼에서도 말하듯이 여름 수박가격 하나 못 잡는 무능한 국가의 책임이다.

이 판국에 지역의 시의회 정치인들이나 행정 관료들이 예년의 관례라며 부자들을 위한 정책놀이와 예산 편성에 열중하고 있으니, 이들 또한 언젠가 자신도 모르게 덩달아 중산층에서 하류층으로 떨어지는 위기에 직면할까 우려된다.

부자들 사이에서 웃는 그들의 웃음이 비명으로 다가오는 장면, 서민들에게 손가락질 당하고 질타당하는 모습이 떠오른다.

국가라는 이름 밑에 숨어있는 도둑들

2013년 10월 19일

　칼럼을 쓰는 오늘(2013년 10월 7일), 한국은행은 지난 8월 우리나라의 가계대출은 670조 8천억 원으로, 전 달보다 3조 3천억 원이 늘어났다고 발표했다.
　"최근 6개월 동안 계속해서 마이너스 통장 대출을 중심으로 가계 대출이 증가했고, 이는 여름 휴가철 가계대출이 늘어나는 계절적 요인과 주택 대출의 기본적 수요가 있어 늘어났다"는 분석도 곁들였다.
　휴가철과 기본적 수요 때문에 대출 증가라니. 마치 시민들이 놀러 가고 큰 집으로 이사하느라 대출이 늘었다는 식의 분석을 보고 국민들의 세금으로 월급을 받으며 이 결론을 내린 이들에게 나는 화가 났다. 힘든 자영업자보다 몇 배나 많은 돈을 월급이라는 미명아래 가져가는 이들이 경제적 분석마저 자기들한테 유리한 쪽으로 해석하구나 하는 이런 생각이 들었기 때문이다.

마이너스 통장이 휴가탓이라고?

　이 분석은 일부 맞을 수도 있고, 틀릴 수도 있다. 아니 서민들 대부분에게는 틀려도 한참 틀린 말이다. 월급쟁이가 아닌 자영업자는 휴가철 장사가 안되어 어쩔 수 없이 마이너스 통장 대출을 사용하는 것이며, 이마저 여의치 않으면 주택 대출이라도 늘려 생활비를 마련하기 마련이다.

여름 휴가철, 추석 연휴, 법정 기념 공휴일 등이 잇따랐던 지난 8월, 9월은 목포권 자영업자에게 마의 터널이었다는 하소연을 나는 계속 들어왔다. 어떤 가게는 한 달 5백만 원 이상씩 적자가 났다는 사람, 더 이상 견디지 못해 재산을 정리하고 목포를 떠나 타 지역 일용직을 구한다는 이, 땅 주인이나 건물 주인들과 다투는 이들, 늘어나는 빈 점포들. 목포 지역 곳곳을 둘러보면 쉽게 볼 수 있는 현상이었다.

어떤 자들은 이를 무능력자들의 한계와 게으름으로 포장한다. 그런데 이 또한 국가라는 이름 밑에 숨어있는 도둑들의 뻔뻔한 거짓말이다. 매년 늘어나는 전기료와 가스료, 이것이 당연하다고 생각했다면 이 글을 읽는 이들은 다들 바보 천치다.

한국전력은 신입사원만 예로 들어도 초봉을 최근 3년 사이 무려 1천 5백만 원을 올렸다. 2010년 초봉 2천 3백만 원, 2011년 3천 5백만 원, 2012년 3천 8백만 원이었다.

가스공사는 2010년 입사자가 2,960만 원, 2011년 4,027만 원, 2012년 4,868만 원을 받았고, 2011년 입사자는 초봉 3,138만 2천 원, 2012년 4507만 2천 원을 받아갔다.

원전비리의 한수원은 2010년 입사자가 연봉 2,914만 원, 2011년 3,306만 원, 2012년 3,912만 원을 받았다.

이들의 능력이 좋아서 이렇게 연봉이 올랐단 말인가? 그것은 절대 아니다. 다만 도둑질 하는 실력이 좋아졌기 때문이다. 한전의 부채는 100조에 이른다. 가스공사도 매년 부채가 급속도로 늘어 2010년 20조 원이었는데, 올해는 6월 말 32조 원이다.

자영업자들은 한 가게 건너 계속해서 폐업이고 울상인데, 한전 같은 데는 신입사원을 1년 만에 연봉을 1천만 원을 올리다니? 그 돈이 전부 주민들의 주머니에서 나온 것이다.

 시민들의 자동차가 지나가는 도로, 당신 가게의 공중에 돌출된 간판, 심지어 먹고 마시는 술이나 담배에도 세금이 붙어 있다. 주민들의 돈으로 연봉 4천 만 원을 받는 신입사원이나 망해서 거리에 쪼그리고 앉아 인생 탓을 하면서 담배를 피는 자영업자의 담배가 똑같은 2500원 짜리이고 세금도 똑같이 1549.77원을 거둬들인다. 담배 2,500원 짜리 한 갑에 붙은 세금이 부가가치세가 227.27원, 담배 소비세가 641원, 지방교육세가 320.5원, 국민건강증진기금 부담금이 354원, 폐기물 부담금이 7원 등 총 62%가 세금 및 부담금이다.

 하루 한 갑을 피면 담배세는 연간 1인당 56만 원으로 지난해 국민 1인당 조세부담액 56만 4700원과 거의 같다. 두 갑을 피면 1인당 연간 담배세는 110만 원이 넘는다.
 여기다가 각종 세금을 합쳐봐라. 국민 세금으로 연봉 4천만 원을 가져가는 신입사원보다 평생 일한 적금이나 친척들의 돈을 합쳐 조그마한 가게라도 차린 사람들이나 세금 액수는 엇비슷하므로 갈수록 서민들은 힘들어지고, 도둑들은 더 부자가 된다.
 서민은 소득이 낮아 국가가 세금 내는 것을 봐준다고? 허허~ 웃긴 이야기다.
 식당에서 밥을 사먹어도 똑같이 10% 부가세, 휘발유를 구입해도 절반 정도 똑같은 세금. 설마 다른 나라도 그러리라 생각하지 말라. 우리나라의 간접세 비중은 2010년 52%에 달해 미국(10% 내외)이나 OECD 국가 평균(20% 내외) 보다 높다.

새는 세금이라도 줄여주면 숨통 트인다
 이것뿐만 아니다. 왜 그리 수도 많은지 시의원 도의원 등 각종 지방 정치인, 또 권력 주변자들의 이루 말할 수 없는 기이한 사업들이 서민들의 숱한 세금에서 빠져나가 이들을 땅땅 거리며 살게 만든다.

　돈을 국가라는 이름을 믿고 세금으로 주는 사람들은 갈수록 가난에 빠져들어 가고, 세금을 걷어 각종 명목으로 국가라는 이름 밑에 숨어 있는 도둑들은 점점 부자가 되어간다. 이것은 잘못된 것이다.

　심지어 이들 중에 평생동안 자신의 능력으로 장사를 하거나 땀을 흘려 돈을 벌어 본 적 없이 오로지 국민 세금으로 평생을 살아온 사람들도 있을 것이다.
　서민들은 이렇게 새는 세금만 줄어들어도 살 것 같다고 환호할 것이다. 국가라는 이름 밑에 득실득실 숨어 있는 불필요한 도둑들. 돈을 공급해 주는 서민들(자영업자)의 평균 보다 훨씬 더 월급을 많이 가져가는 사람들은 오로지 국가 권력에 근접해 있다는 사실 하나 때문에 이와 같이 태연하게 도둑질을 할 환경이 조성될 수도 있다.

　그러나 자영업자의 곳간이 비면 도둑들도 더 이상 버틸 수가 없다는 사실. 그리고 서민들의 세금으로 이렇게 국가라는 이름 밑에 숨어 자신들만 끝없이 부자 잔치를 한다면, 결국은 시민들이 각성하여 이러한 구조를 알게 될 때 이들은 자신의 탐욕만 채운 영원한 공동체의 배신자로 기록될 것이다.

지역공동체가 왜 정치에 졌는가 고민

2013년 9월 25일

　오늘 아침 나는 전남도의회 강성휘 의원이 인터넷 페이스북에 올린 잡초 속에 방치된 운동기구를 찍은 사진을 봤다. 강 의원은 종종 의미있는 사진들을 찍어 올려주는 즐거움을 선사한다. 목포투데이 2013년 6월 12일자에 보도된, 농구장이 주차장으로 변모했는데 달랑 농구대만 있는 사진도 강 의원이 제공한 것이다.

　운동기구 사진에는 많은 사람들이 여러 흥미있는 아이디어와 의견들을 덧붙였다.
　"그런 공터 몇 군데면 조경사업비 줄이는 나무은행으로 차라리 활용하는 게 더 나아요"(송선우)
　"전시행정 복지부동의 표본, 필요 없는 곳이면 옮겨서 설치해야죠. 복지부동~"(최경원)
　"구 제일여고 옆길에서 대반동으로 넘어가는 체육시설물도 같은 실정입니다. 필요 없으면 중고로 팔아 어르신들 막걸리 한잔 사주면 겁나게 좋아하실 것 같네요."(배철훈)
　"차라리 나이 드신 분들이 많이 사시는 아파트 놀이터에 옮기는 게 좋을

듯 하네요 예를 들면 산정동 삼성아파트 그런 곳. 제 생각입니다."(김호영)
"자연친화적인가 설치예술인가. 운동기구라면 바로 손써야죠, 인간의 행태에 적합한 장소에"(천경훈)
자, 여러분들이라면 어떤 이야기를 할 것인가. 아마 열에 아홉은 이와 비슷하게 무능한 행정관료들을 질타할 것이다.

그런데 필자는 다소 생뚱맞은 의견을 댓글로 달았다.
"어떤 시의원이 만들자고 할 수도 있죠. 지역구 민원이라며? 이럴 땐 전시행정이 아니라 전시정치라 하죠. 이럴 경우 공무원이 만들자고 했기보다는 숨어있는 사람이 별도 있고. 대개 지역 정치인 책상을 지나갔죠."
사실 이러한 무능한 행정관료 논리에는 숨어있는 진실들이 있다. 편의시설, 주민 운동시설이라는 이름으로 목포시 곳곳에 들어서는 이것은 목포시 공원과, 산림계, 경관사업과, 도시과, 스포츠산업과 등 여러 부서에서 다양한 사업방식으로 진행된다.

사진의 현장인 목포시 상동 주공아파트 어린이 공원의 이 운동기구는 필자가 알아본 결과 아파트 주민들이 만든 것이 아니라 목포시의 예산, 우리들의 세금으로 시설된 것이다. 이런 운동 기구는 대개 행정 관료들이 판단에 따라 추진하기도 하지만 주민들이나 표를 의식하는 지역 정치인들의 요구에 따라 추진된다. 연산주공아파트처럼 관리사무소에서 요구하기도 한다.
그런데 필자가 살고 있는 아파트 주변엔 이런 운동기구 시설이 없다. 같은 목포시 안에서도 어떤 곳은 남의 세금으로 운동기구를 설치하고, 그것도 부족하여 세금으로 고용된 공무원에게 또 잘 이용하지도 않은 그곳의 관리를 하라고 요구한다. 심지어 그 관리를 위해 또 행정관료를 채용하거나 관리업체를 두라고 말한다. 결국 이중 삼중으로 경비가 지출된다.
이것은 누구의 잘못인가? 압력에 굴복한 행정관료의 무능인가. 이곳에 이것을 추진한 판매업자와 설치한 자들에게 원인이 있는가. 예산을 세워주고 감시도 제대로 못한 지역 정치인에 문제가 있는가. 스스로 자신들의 편의시설 근처의 잡초조차 베지 못하는 공동체에 문제가 있는가.

아마 모두가 자유로울 수는 없을 것이다. 실제 이 문제는 목포시에 전화 한 통화만 해도 쉽게 해결되는 문제다.
어느 순간부터 우리들은 정치인들이 우글대는 현실에 살고 있다. 신문이나 방송에서도 정치인들이 넘쳐나고(이것은 목포투데이 신문도 마찬가지다), 컴퓨터나 휴대폰으로 인터넷에 접속을 해도 정치인들의 얼굴은 대형 마트의 출입구 쪽에 나열된 수입산 멜론처럼 단골 상품이다.

심지어 각종 작은 모임이나 지역의 각종 행사에도 정치인들이 아무 때나 불쑥 불쑥 얼굴을 내민다. 시의원, 도의원, 국회의원, 교육위원, 자치위원, 특보, 후보자 등 숱한 직함들이 넘쳐 관심이 부족한 노인들이나 청년들은 제대로 이를 구별도 못한다. 시민들은 심지어 고위 행정관료와 시장을 정치인으로 볼 것인지, 공무원으로 봐야 하는지 헷갈리기도 한다. 엇비슷한 정당 이름 때문에 정치인 스스로도 자신의 정체성이 모호해지기도 한다.(진보나 민주가 붙은 여러 정당을 보라)
이 멜론 같은 정치상품들은 멋들어지게 닦아진 상태로 선보이기 일쑤여서, 우리들이 바코드나 상품 택, 라벨을 아무리 살펴봐도 속을 알 수 없는 묘한 박스 안의 상품들과 비슷할 때도 있다.
그냥 주민들은 이를 통틀어 '정치인'이라 부르지, '사람' 또는 '선생님'이라 부르는 경우는 드물다. 김대중 전 대통령이 즐겨 들었던 '선생님'이란 애칭이 그래서 정치판에서는 그리 큰 의미가 있었던 것이다.

문득 국회 박지원 의원이 필자에게 며칠 전 했던 말이 떠오른다. "이번 19대 국회는 초선스타 의원들이 없어요. 여당이나 야당이나 마찬가지에요. 정치를 시작하는 신진들조차 무기력해졌어요. 역대 어떤 국회도 스타가 배출되지 않은 적이 없는데…"

목포는 박지원 의원 덕분인지 지역 시도 의원들도 부지런하지만 박 의원 같은 스타들이 부족하다. 지역 정치인들도 너나없이 행사에 동참하고, 소식들을 즐겨 전한다. 그들의 얼굴을 보면 진정 시민들과의 애정이 넘쳐난다. 그런데 부지런함만 있지, 제대로 된 목소리를 듣기는 어렵다.

행정관료와 지역 정치인들은 치킨 게임을 하는 경쟁자가 되기 쉽다. 무능한 행정관료가 있어야 정치인이 뜨고, 유능한 행정관료들이 있으면 정치인은 할 일이 줄어들기 때문이다. 또 주민들이 똑똑하면 정치인의 필요가 줄어든다. 그래서 행정관료나 정치인들은 주민들 앞에서 목을 뻣뻣이 세우기 마련이고, 무기력하게 순응하는 주민들을 요구하게 된다.

중요한 것은 주민들이 잡초하나 베지 못하면 행정 관료에게도 정치인에게도 질 수밖에 없다는 사실, 이를 한 번쯤 기억해 둘 만하다.

데스노트로 희롱당하는 박근혜 대통령 수첩

2013년 4월 23일

지난 주 목포 명도복지관 장애친구들과 광주 무등산 옛길 등반을 갔다가 들른 광주시립미술관에서 옛날 선비들이나 왕이 사용했던 대나무로 만든 '죽첨경서통'을 봤다.

이 경서통은 조선시대 일종의 현대판 휴대용 공부수첩이라 할 수 있고 왕세자들의 경전 학습에도 이용되었던 사실을 알고 있었던 나는 문득 오늘날 박근혜 대통령의 수첩이 생각났다.

한때 박근혜 대통령은 수첩공주라고 할 정도로 본인 스스로도 자부심을 가졌지만, 박 대통령이 추천한 인사들이 20명 가까이 줄줄이 낙마하면서 몇 군데 언론사로부터 데스노트(죽음의 노트)라는 조롱까지 당하는 시련을 겪지 않았는가.

꼼꼼한 성격의 박 대통령이 메모하는 것이기에 필자 같은 사람도 박 대통령의 국정에 대한 철학, 쓸 만한 사람들, 꼭 기억하고 싶은 말이나 해결해야 할 것 등 많은 아이디어가 적혀 있을 것으로 기대했다. 그런데 지금은 박 대통령이 수첩에 기록해 둔 인재풀들이 바닥이 나면서 수첩부터 내던지라는 주문들이 쏟아지는데. 필자도 이에 호응하고 있다.

일단 '죽첨경서통'을 먼저 독자들에게 소개해 드리겠다.
이 방법은 보통 천 개가 넘는 죽간을 통 안에 넣었다가 필요할 때 하나씩 뽑아 사서삼경 문장 등을 외우는 일종의 공부법이다. 왕도 즐겨 사용하여 신하들과 경전 외우기 대회나 시를 외우는 방법으로도 사용했다. 통에서 하나씩 죽간을 뽑기 때문에 죽첨이라 했고, 얇은 대나무를 좁은 간격으로 잘라 평평하게 다듬어 앞면과 뒷면에 세필로 외우려는 문장의 첫 구절을 새겼다. 조선시대 때 흔히 시험을 대비하여 사서삼경 문장의 첫 구절을 공들여 적어 통에 넣었기에 경서통이라 불렀다.

죽첨경서통 같은 왕의 공부노트로 거듭나길
사용하는 개인 용도에 따라 통은 개폐형 뚜껑을 달든가 적어 넣는 문구들도 다양했음을 짐작할 수 있다. 이동하기에 간편한 것도 있고, 자신이 좋아하는 문구나 가문 상징을 새겨 넣기도 했으리라. 아마 어떤 이들은 자신의 목표나 염원을 새겼으리라.
죽첨통을 사용하는 방식은 주로 앞 구절을 보고 전체 구절을 외우고 그 뜻풀이를 하는 방식이다. 국립민속박물관 이세나 연구원은 "이러한 공부 방식은 시간의 축적으로 완성되는 방법 말고는 해답이 없다."고 평가했다.

김태완 씨가 쓴 '경연 왕의 공부'라는 책을 보니 경서통과 죽첨은 왕세자의 학습평가 때나 국왕과 신하가 연희 등에서 시를 지을 때 무작위로 운을 뽑는 데도 사용하기도 했다고 기록되어 있다.

현재도 많은 CEO들이 다양한 방법으로 자신의 리더십과 식견을 쌓고 있다. 필자도 CEO노트 방식이나 버츄프로젝트의 52가지 미덕을 연마하는 방법을 새긴 카드 방식을 매일 사용한다. 스마트폰을 활용한 자기관리 프로그램을 사용하는 사람들도 많다.

　이런 사연들을 읽고 보니 현재의 정치인들의 수첩에는 일정이나 민원 같은 것만 잔뜩 들어 있다는 생각이 들어 옛 선조들의 지혜가 돋보였다.

　왕의 학문에 왕도는 없을 것이다. 그러나 문득 박근혜 대통령이 매일 들여다보는 수첩이 죽첨경서통처럼 국정의 철학이나 전직 대통령들의 요긴한 어록이 담아 있으면 좋겠다는 생각을 해봤다. 진득함, 땀과 지혜가 담겨있는 박근혜 대통령의 수첩을 기대해 본다.

출 퇴근 때마다 개가 반겨준다는 박 대통령

2013년 4월 17일

　이번 주 월요일, 박근혜 대통령은 청와대에서 아마 썩 좋지 않은 기분으로 취임 50일을 맞이했을 것이다.
　박 대통령이 의도한 여러 장관감들의 자리앉히기가 잇따라 실패하면서 대통령 주변의 인사문제부터 남북 긴장감까지 어느 하나 제대로 진행된 것이 없다는 말로 표현할 정도로 험난한 길을 걸어왔다. 그래도 여야 화해 분위기를 내세우며 출범했던 김대중 노무현 이명박 대통령의 취임초기와 비교해 보면 역세지감이다.

　무너진 정권만 '국가의 위기'가 아니라, 정치적 내분과 지도력의 실패도 위기로 본다면 현재의 상황은 확실히 '박근혜의 위기'다.

　민주당 홍보전략기획위원장인 민병두 의원의 지적에 따르면 "박근혜 정부 50일 평가, 날씨로 치면 남북관계는 천둥 번개, 경제는 시베리아 찬공기, 인사는 한치 앞을 볼 수 없는 밤안개(불통)"라는 것이다.

　심지어 인터넷 트위터에 글을 올린 홍경환 씨처럼 "50년 같았던 박근혜의

50일… 남은 1700여 일은?"이라는 걱정파도 있다.

50일을 보낸 박 대통령은 지난 14일 일요일 아침 8시 10분 경 인터넷 트위터에 취임 이후 자신의 세 번째 글을 남겼는데, '국민들 이야기'가 아니라 '개 이야기'라는 점에서 실업, 경기침체 등으로 많이 위로받고 싶은 국민들에게는 대단히 불행한 일이다.

그 글은 "삼성동 주민들께서 제가 청와대로 떠날 때 선물로 주신 새롬이와 희망이는 출퇴근할 때마다 나와서 반겨줍니다. 기회가 되면 새롬이, 희망이가 커가는 모습을 보여드리겠습니다"라고 했다. 이 글은 모두 305,323명의 국민들에게 전송됐다.

당선 이후 박 대통령의 첫 트위터 글은 지난 달 26일 천안함 3주기에 관한 글이었다.
그는 이 글에서 "천안함 3주기. 아빠 잃은 아이, 약혼자 잃은 신부, 매일 46용사 모두의 묘비를 닦고 계신 어머니… 이런 아픈 일이 다시 없도록 해야 할 것입니다. 이 희생이 헛되지 않도록 안보를 더욱 튼튼히 하여 평화로운 한반도를 만들겠습니다."라고 했고, 지난 7일 "백정임 님께서 1달 여 동안 준비하신 손바느질 곰 인형 잘 받았습니다. 취임식 때 입은 코트와 똑같은 모양의 코트…^^ 귀한 선물 감사합니다."라고 공개 글을 썼다.

짧게 쓸 수밖에 없는 트위터 속성을 감안하고서라도 박 대통령의 심리를 꿰뚫어 보면, 출퇴근 때 반겨주는 개에 대한 소중함, 또는 작은 선물을 보낸 사람에 대한 감동 등 외로움을 타는 사람들의 전형적인 모습이 엿보이고 있다.

국민들의 불행은 여기에 있다. 심지어 "우리가 개보다 못한가"라고 분노할 국민들도 있음직하다. 그것은 인간적으로는 박근혜의 불행이지만, 국가적으로는 국민의 불행이다.

얼마 전인 2013년 4월 5일자 한겨레신문은 사설에서 다음과 같이 썼다.

"미국 워싱턴 백악관 옆에는 윌리엄 토머스 핼런백이라는 사람이 전쟁 반대와 핵무기 전면폐기를 촉구하는 천막농성을 벌였는데 무려 28년 동안 이어졌다. 철거는 없었다. 오히려 우산과 방수천으로 만든 천막은 '파수꾼 초소'라는 별명을 얻었고, 오히려 그가 머물던 라피엣 공원은 관광객들이 몰려들었다."

이 사설은 서울 덕수궁 대한문 앞에 설치된 쌍용자동차 해고노동자들의 농성 천막을 철거하고, 그 자리에 화단을 만들어 나무를 심은 것을 빗대어 비판한 것이다.

그녀를 대통령으로 뽑았던 사람들도 이런 상황을 마음속으로 그리지는 않았을 것이다. 아마 보수와 국가 근대화 발전의 아이콘으로 상징되었던 박정희 전 대통령을 연상하거나, 소신과 원칙의 정치적 이미지를 쌓아온 박근혜 대통령을 신뢰해서 투표장에 갔을 것이다. 또는 김대중 노무현으로 이어지는 진보가 또 다시 문재인으로 부활하는 것이 싫었던 것도 이유가 될 것이다.

앞으로 한국사회는 당분간 누가 대통령이 되더라도, 아마 친일파의 잔재가 아직 청산되지 못하고, 진보와 보수의 격화된 분열, 계층 간의 위화감이 커질수록 함께 하는 국민들은 줄어들고, 갈수록 외로운 대통령으로 직무를 수행해야 할 것이다.

그래서 국민들은 더 많은 양보와 포용의 모습을 박근혜 대통령에게서 찾고자 했을 것이다.

오는 6월 15일 목포에서는 삼학도 김대중 노벨평화상 기념관이 개관식을 갖는다. 국비 100억 원, 도비 40억 원, 시비 60억 원 등 총 200억 원이 투입된 기념관은 5월 한 달 동안 시범 운영 후 6.15 남북선언에 맞춰 정식 개관식을 갖는 것이다.

아시다시피 김대중은 IMF, 남북문제 등 총체적 국가 난국 시기에 대통령 자리에 올랐다. 박 대통령이 목포를 방문하여 전직 대통령을 다시 한 번 회상하고, 지역감정의 희생양으로 여겨지는 남도의 사람들과 함께 국난 극복의 지혜를 찾는 것은 어떤가. 이것은 어떤 흥정하는 식의 베풀기가 아니라 바로 대통령이 해야 할 정치다.

이명박 황홀경과 목포의 택시 운전사

2009년 2월 11일

"여보세요. 저 이명박입니다."
대통령과 전화통화가 됐다. 함께 정권 쟁취를 위해 뛰었던 정치적 동지가 아닌 평범한 시민이라면 황홀경, 아니면 영광?
최근에 있었던 실제 사례가 황홀경인지, 아니면 또 다른 생각할 점이 있는지를 살펴보자.
지난 5일(2009년 2월 5일) 이명박 대통령이 식당을 운영하다가 망하고 택시운전사로 일하는 50대의 남성과 전화통화를 했다. 보건복지가족부가 운영하는 긴급구호 상담 전화인 '보건복지 콜센터 129'라는 곳이 있는데, 대통령이 이곳의 일일 상담원으로 서민들의 경제고통 상황을 청취한 것이다.
이들의 통화 내용은 한국경제의 실패를 말해 주듯이 비극적인 메시지를 담고 있다.

택시기사는 "오늘이 월급날인데 보험료 떼고 조합료 떼고 32만 원을 받는다"고 했다. 하루벌이 중 일정 금액을 회사에 납입해야 하는 사납금제도를 감안할 때 그의 실제 소득은 '32만 원+알파'로 생각된다. 경기침체로 택시 이용을 꺼려하는 최근 분위기로는 아마 32만 원에다 몇 십만 원 정도의 추가 수입을 얻었을 것으로 추정된다. 택시가 자기 소유인지, 아니면 택시회사에 고용된 기사인 지에 따라 수입은 크게 차이난다.

그러나 그가 택시 기사로 변한 과정은 중산층을 신도시 빈민으로 전락시키는 일련의 과정을 보여준다. 보라. 그가 왜 택시기사로 전락했는지를. 식당을 하다가 망한 그는 면허증만 있으면 입사가 되니 가장 쉬운 방법으로 택시를 떠올렸다고 했다. 아마 전반적인 경기침체로 그의 수입은 88만원 세대로 불리는 대학 졸업자 일용직에 근접한 소득에 머물렀을 것이다.

한국경제, 신도시 빈민 야기

손 맛 넘치는 식당, 번쩍거리는 개인용 택시 등은 한때 퇴직자들의 꿈이었다. 또 10여 년 전 만해도 실제 먹고살 만 했다고 한다. 그러나 중산층의 꿈은 최근 몇 년 사이 처절하게 깨지고 말았다. 빚더미로 야반도주 하는 이가 늘고, 사기꾼들이 넘쳐 민심만 흉흉하다.

목포가 주소지고 익산에서 대통령과 연결된 그의 한숨만큼이나 대한조선C&중공업의 퇴출과 워크아웃 등으로 돈 못 받은 이가 늘고 있는 도시, 목포에 남아 있는 사람들은 또 다른 고통이 하나 둘 늘고 있다.

내가 걱정하는 것은 대통령의 시각에서 본 준비되지 않은 듯한 위기 해결책이다.

대통령은 택시기사에게 "주소지가 목포라고 하니 시청에 연락해 상담하도록 하라. 수입이 되는 자리에 갈 수 있도록 해볼 테니 거주지 중심으로 일할 수 있는 데를 찾아보라. 금년 고비를 넘겨서 다시 식당해야지"라고 위로했다고 한다.

수입이 되는 자리를 마련하는 곳이 노동부의 고용지원센터, 아니면 청와대나 목포시청인가는 크게 논쟁거리로 삼지 말자. 이 말이 짧은 시간에 대통령이 제시할 수 있는 모든 대책인가를 생각해 보자. 그렇다면 대통령과 연결이 되지 않은 고통받는 사람들은 어떻게 하란 말인가. 이것이 대통령의 한계라면 대한민국은 희망이 없는 국가다.

취업 지시 아닌 실태파악 나서야

대통령은 개인의 재취업 지시가 아니라, 실태 파악으로 국민들에게 "구조적인 대책을 마련하겠다"는 내용을 밖으로 알려야 맞다.

글을 쓰고 있는 9일까지도 나는 익산시청과 목포시청에 혹시 청와대 쪽으로부터 대통령이 지목한 택시기사에 대한 대책언급이 있었는지를 확인했다. 두 도시 모두 청와대로부터 어떤 지시도 없었고, 그의 소재 파악도 못하고 있었다. 다만 목포시가 발 빠르게 9일 오전 정종득 시장을 중심으로 간부회의에서 신빈곤층 가구를 일제 조사하여 대책을 마련하기로 했다는 것과 목포의 경우 올해 들어 41건에 총 4,361만 원을 지급했다는 것을 확인했다.

이승만부터 노무현까지, 종종 '대통령과 얽힌 서민들의 전화 통화' 내용이 외부로 공개된다. 묘하게도 대부분 대통령이 "어려움을 겪고 있는 사람을 격려했다든가, 실질적인 도움을 줬다"는 등의 인간적인 면모에 맞춰져 있다는 것을 기억할 것이다.

대불산단의 전봇대를 지적했더니, 다른 전봇대가 뽑히고, 1년이 안되어 그곳의 숱한 조선소 협력업체들 체불로 부도위기에 있는 것이 현실이다.

식당으로 망했던 택시기사에게 "금년 고비를 넘어 다시 식당해야지"라고 조언하는 대통령. 대통령의 전화는 결코 황홀경이 아니었다. 대통령 하기도 힘들지만 국민 노릇하기도 힘들다.

박준영 도지사의 나불도 한옥호텔?

2009년 5월 20일

박준영 전남 도정호가 한옥호텔을 영암 나불도에 추진한다는 소식을 들으면서 나는 "옳거니…" 하는 기쁨보다 잡초로 덮여 방치된 부도난 건물이 연상되어 참을 수 없었다. "한옥 매니아인 박 지사가 드디어 한옥 호텔까지…"라는 걱정이 앞섰던 것이다.

도가 최근 지역 언론사에 배포한 자료에 따르면 "도는 국·도비 40억 원, 전남개발공사 80억 원 등 총 120억 원을 투입하여 2010년 이전까지 25실 규모의 전통 한옥형 관광호텔을 영암 나불도에 건립할 계획"이다.

자치단체가 이제는 뭔 '숙박업 장사'까지 하느냐는 생각에 상세히 알아보니 60억 원은 민자 유치로, 사업자에게 국 도비 40억 원, 전남개발공사를 통한 우회 지원 26억 원 등 약 66억 원이 지원될 예정이었다. 결국 사업비 절반 가량인 66억 원을 이자 없이 지원하니 자신의 돈 60억 원을 보태 총 126억 원이 투자되는 25실 규모 한옥호텔 사업을 해보라는 계획의 발표였던 셈이다.

도는 사업 명분으로 관광숙박시설 확충이 남도 관광활성화를 위해 해결해야 할 최우선 과제이고, 2010 F1국제자동차경주대회와 2012 여수세계박람회 등 관광객 유치와 지역경제 활성화의 모티브로 활용하기 위해 특색 있는 관광숙박시설 확충이 절실하다는 이유를 내세웠다.

서남권 호텔 관계자의 의견을 들어보니 "우리 호텔 세울 때는 단돈 100원도 지원이 없었다"는 반응부터 나왔다. 기존 호텔 업계들이 50억 규모의 관광자금을 대출해도 4~4.5% 이자인데, 박 지사의 계획은 완전 특혜 사업이라는 것이다. 또 25실의 호텔이 얼마나 F1이나 여수엑스포에 도움이 되고, 수십억 원의 국민 세금을 투입할 만한 가치가 있는 지도 논쟁이었다.

한옥호텔인 경주의 '라궁'이 드라마 '꽃보다 남자'에 나오거나 한옥 펜션이 화제거리가 되고, 한옥을 지으면 수 천만 원을 지원한다는 소문에 관심이 늘고 있는 것은 사실이다. 한옥 조성은 2천만 원의 보조금과 3천만 원의 저리 융자가 지원되는 것이 기본이고 자치단체에 따라 추가 지원도 되니 그야말로 최근 불황시장에 유난히 돋보이는 사업이다.

전남도의 한옥 신축은 2007년 85동, 2008년 341동에 이어 올해는 700동이 넘을 것으로 전망된다.

실제 한옥 개보수, 한옥 체험, 한옥교실 등 영역이 확장되면서 '한옥'이 새로운 문화 트렌드라는 사람도 있다.

그러나 마침 전주시민회가 겉포장 위주의 한옥마을 정책을 재고해야 한다는 주장을 펼쳐 눈길을 끌고 있다.

전주시민회는 "한옥마을의 존재 이유였던 저소득 세입자 실질 거주민들은 외지로 떠나가고 돈 있고 권력 있는 자들의 투기장화 되고 있다"고 우려하고 "국적불명의 상업시설로 들어서 관광객들이 사진만 찍고 지나가는 일회성 정류장으로 변해 한옥마을이라 하기에 부끄러운 모습이다"고 자성했다. 한옥대신 저소득 세입자들의 생활 안정기반을 마련할 것을 제안하기도 했다.

호텔 이야기가 나왔으니 필자가 가장 인상 깊게 생각하는 곳은 나미나라 공화국(남이섬)의 '정관루'라는 호텔이다. 땜질경영을 내세우며 연봉 1백 원에 부임한 강우현 사장이 비용을 아끼기 위해 미술가들에게 객실을 직접 디자인하게 만들어 환골탈태 시킨 곳이다. 필자는 만화가 심술통이 꾸민 방에서 숙박을 했었는데, TV도 없는 작은 방이었지만 여유로움을 느꼈다.

　한옥도 마찬가지다. 웬만한 한옥은 2억 원 정도가 들어가니 실제 농민들은 엄두를 내기 어렵다. 또 한옥 속에 담겨 있는 고택의 정신은 구현되는 것 없이 현대식 건물에 겉만 한옥을 흉내 낸 건물에서 무슨 감흥이 있겠는가. 광산 김씨 예안파 종가마을인 안동 군자마을이나 조선중기 대학자 퇴계의 13대 후손이 지은 퇴계종택 같은 그런 한옥이라면 감흥을 줄 수 있을 것이다. 있는 곳도 제대로 못 살리는 전남도가 66억 원을 지원하여 한옥호텔을 만들어 관광을 활성화 하겠다니, 자치단체의 온갖 개발사업 감언이설에 속아 온 나로서는 도의 보도 자료를 보고 컴퓨터 자판의 Delete(삭제) 키를 누를 수밖에.

박지원 정종득 배종범의 웃음과 한계

2013년 5월 28일

　국회 박지원 의원, 정종득 목포시장, 배종범 목포시의회 의장이 일본 크루즈 선의 지난 5월 25일 목포 입항을 놓고 보여주는 환영 미소는 목포인들의 인심을 보여주는 듯하다.
　칼럼에 같이 게재된 첫 번째 사진(편집자 주: 목포투데이에 게재된 원래의 칼럼에는 사진이 함께 있다)은 이들 3인과 일본인 선장, 총지배인, 남자 승객 대표들이며 정 시장이 들고 있는 것은 일본 측에서 전달한 감사의 뜻을 담은 기념패이다.
　세계적인 크루즈사인 일본 니뽄마루(Nippon Marine) 크루즈가 방문하다니, 관광목포의 명성을 보여주고 이는 마치 목포의 현 정치를 책임지는 3인의 치적인냥 보인다. 그러나 이 환영식은 2010년 4월 1일 광양, 2008년 4월 2일 여수, 2004년 8월 12일 제주에서도 엇비슷하게 봤던 모습이다.

　이 크루즈 선은 일본 요꼬하마에서 출발하여 고베항을 거쳐 한국의 남도를 번갈아가며 관광코스를 운영한다. 이번 목포여행은 2005년 이후 6번째로 당초 2백 명 정도 예상되었으나, 최근 남북 긴장관계에 따른 여행 해약으로 140명 정도만 탑승했다고 한다.

이번에 입항한 '니쁜마루'는 일본 제국주의와 국제화의 상징이었다. 1930년 고베의 카오사키 조선소에서 건조된 첫 배는 54년에 걸쳐 183만 킬로미터 지구를 45.5 바퀴를 항해하였다.

필자가 몇 년 전 일본에서 한국언론재단의 '도시재생' 디플로마 과정을 유학한 적이 있었는데, 그때 보니 함께 게재한 두 번째 사진처럼 요꼬하마 니쁜마루 메모리얼 파크에 오래되어 퇴역한 이 배를 지난 1985년부터 정박시켜 외부에 공개하는 관광 상품으로 만들어 놨다.

현재의 배는 새로 건조한 것으로 2만 2,427톤급의 202객실, 정원 524명, 승무원 80여 명 규모다.
한편 지역에 따라서는 외국의 크루즈 선이 1년에 한두 번 입항한다고 해서 마치 떠오르는 세계 관광지처럼 호들갑을 떨기도 하지만, 관광객들이 잠은 배 안에서 자고, 관광객들은 내리는 곳을 기점으로 뿔뿔이 다른 지역으로 패키지 관광 상품에 따라 흩어졌다가 다시 복귀하니 실제 경제적 효과는 썩 좋지만은 않다.
이번에도 관광객들은 여행 희망지에 따라 목포권, 진도권, 영암권 3집단으로 나눠 몇 시간 구경하고, 다시 배 안에 들어와 한국산 미역이나 김 등 1차 상품을 구입했다고 한다.
하여튼 최근 전라남도를 대상으로 하는 미국과 일본 크루즈 관광 상품이 1년에 몇 차례 생겨나는 추세이므로 이에 대한 대비가 필요하다. 특히 주요 항구도시를 경유하는 크루즈 관광의 특성상 서남권과 남도문화의 중심인 목포의 중요성이 갈수록 부각된다.
특히 인심 좋은 목포는 동명동 풍물패까지 동원하여 이번 일본 관광객들을 환영했는데, 나는 최기동 목포시의회 의원이 인터넷 페이스북에 올린 한 장의 사진(세번째 사진)을 보고 거의 기절초풍(?)하는 상태, 정신적으로 패닉상태에 빠졌다. 시커먼 석탄길, 그것도 석탄가루가 잔뜩 쌓여있는 곳에 정박해 있는 배의 모습이었다. 밀폐 하역기나 돔형 저탄장도 보이지 않고 그냥 노상에 방치였다.

일본관광객 목포석탄가루 기억에 담다
  자세히 보니 흰 바지, 흰 구두의 일본 승무원도 그 석탄 길 위에 서서 환영 꽃다발을 들고 사진을 찍고 있었다. 아마 그 자리에 오기 전 바지 춤 올리느라 꽤나 고생했을 것이다. 이들이 숙박한 밤부터 또 왜 그리 심한 비가 그리 내렸는지. 그들은 그 석탄 물이 줄줄 흐르는 길을 따라 목포의 이미지를 석탄가루로 첫 인상을 담았으리라 생각하니 깔깔 거리고 비웃는 그들의 궁시렁거림이 내 귀에 들리는 듯했다. 그런데 목포인들이 140명의 승객을 상대로 풍악을 선사하니, 침략 당시의 제국주의 우쭐함과 우리 선조들을 바라보던 경멸에 찬 그 시선을 다시 재생한 사람도 몇 명은 있음직 하다.

  낯 뜨거웠다. 아마 박지원, 정종득, 배종범 이들 3인 또한 마찬가지이리라. 그 자리에 있었던 모든 목포인들도 마찬가지였을 것이라 생각한다.
  이는 사실 이들 3인의 결정적인 잘못이거나, 이들을 뽑은 목포인들의 잘못은 아니다. 그러나 그것은 어떻게 생각해보면 또한 목포인들의 잘못이다.
  목포시 관광기획과에 따르면 일본 크루즈 선사는 신외항의 경우 관광객들이 움직이는 동선이 너무 길어 이동시간이 멀고, 국제여객터미널 쪽은 제주도를 오고가는 배들이 정박하고 있기에 어쩔 수 없이 삼학부두, 즉 석탄부두를 택했다고 한다.

  1985년 들어서 중국 러시아 등지서 연간 30만 톤의 석탄을 수입하는 통로인 이 석탄부두는 오는 2015년까지 목포신항으로 이전될 예정이다. 앞에서 언급한 3인은 몇 년 전부터 이러한 문제점을 미리 지적하며 부두 이전에 따른 예산 마련 등을 위해 노력해 왔었다.
  이전이 완료되려면 아직도 2년이나 남았지만 올 6월 15일은 또 김대중 노벨평화상 기념관이 인근에 개관된다. 그렇다면 당분간 이와 비슷한 낯 뜨거움이 계속될 것이다.

 2013년 5월 26일 일본 관광객들이 석탄가루를 밟고 목포에 들어선 장면은 목포시가 발전하는데 우선적으로 처리해야 할 사업부터 추려내고, 지역을 이끄는 정치 행정 인사들과 함께 시민들이 힘을 모아야 함을 실감시킨 사례다.

22명 시의원의 한가한 음악감상?

2009년 2월 4일

지난 1월 30일 목포시의회가 목포시 시립교향악단을 시의회 로비에 초청, 음악 감상을 했다. 연주하는 자는 시립교향악단 19명과 1명의 지휘자였고, 연주를 듣는 이는 목포시 의회 22명의 의원들, 즉 지역 정치인이었다.

이들은 이날 행사가 올해 들어 처음 열리는 임시회의 축하 연주회로 시의회가 활기차게 출발을 했다고 자평하면서 각 언론사에 마치 잘 한 일인 듯한 보도자료까지 보내 몇 군데 언론사가 보도하기도 했다.

그 자리에 있었던 나는 비발디의 사계 중 '봄'을 들으면서 "음악인들은 그저 할 일을 하고 있지만, 정치인들은 무엇을 해야 할 지 아직도 모르고 있다"는 판단을 했다. 목포권의 선배 정치인들이 하지 않았던 아주 창조(?)적인 일을 대범하게 한 정치인들이 자신들이 무엇을 하고 있는지를 모른 것 같아 결국 펜을 들었다.

목포시의회 의원들은 21명의 민주당과 1명의 민노당 의원으로 구성되어 있다. 지난 총선 전 무소속이었던 배종범 강성휘 의원까지 민주당으로 입당하여 그야말로 민주당 일당 독주체제라 할 수 있다. 이들의 당 지도부는 2일 열린 임시국회를 일자리 창출 국회, 용산참사 국회로 규정하며 정부에 대책을 촉구하고 있다. 부자당 오명을 받고 있는 한나라당도 경제국회를 외쳤다. 한가하게 음악 감상한 목포시 의회와는 다르다.

차라리 서민들 만났으면

C&중공업 퇴출, 대한조선 워크아웃으로 수 십여 개 관련 목포권 협력 업체들이 줄도산 위기를 맞고 있는 이 위기의 순간에 목포시의회가 이들 중소 업체들의 관계자들을 초청하여 어려운 사정을 듣고 시급한 대책부터 모색하는 자리였다면 아마 박수를 치는 시민들도 있었을 것이다.

그런 의미에서 본다면 이 행사는 지역 정치인들의 우쭐한 권위의식을 투영한 것으로 비춰진다. 설사 지역민과 함께 하는 연주회 감상 자리라고 해명해도 면피될 수 없다. 지휘자를 포함하여 20명의 단원 앞에 마련된 좌석은 시의원 숫자에 맞춘 정확히 22개였다. 물론 몇몇 시의원은 앞에 앉기 민망했는지 뒤에 서 있고, 빈자리는 시향의 단장인 이점관 부시장이 앉아 있었다.

정치인이 낀 행사에서 쉽게 볼 수 있는 구태도 재현됐다. 한 곡이 끝나자 강성휘 부의장과 장복성 의장이 나타나고, 세 곡이 끝나자 정종득 시장이, 그리고 얼마 후 각종 공사 계약 비리 의혹으로 수사를 받다가 의장직을 사퇴했었던 박병섭 전 의장이 앞에서 빈자리를 찾았다.

이들 중 일부는 큰 소리로 행사 의미를 이야기 하면서 주변과 악수를 나눴다.

목포시향은 지난해 찾아가는 연주회를 표방하며 약 20회 걸쳐 군부대나 학교 등지서 연주를 했다. 어쩌면 진윤일 지휘자의 말처럼 연주자들은 자신들을 불러 줄 수 있는 자리가 있다면 언제든지 달려갈 마음이 있는지 모르겠다.

실제 '세계 정치인'이라 할 수 있는 유엔이 총회장에서 콘서트를 열기도 한다. 지난해에는 서울시향이 뉴욕 유엔 본부에서 연주하여 화제가 되기도 했다. 그러나 이 연주회는 22명만 감상하겠다는 귀족음악회가 아니라 총회장에 세계 각국의 대사와 외교관 등 1천 6백여 명을 초청하여 여는 음악회다. 22명을 위한 음악회와는 취지부터가 다르다. 서민들의 눈을 두려워하는 정치인이라면 그런 귀족음악회는 말렸어야 했다.

22개의 좌석, 시작부터 잘못

실제 정치인들이 음악을 홍보도구로 이용한 사례도 많다. 히틀러의 측근인 나치 독일의 선전상 파울 요제프 괴벨스(1897~1945)는 민영 베를린 필하모닉 오케스트라가 재정난에 허덕이자 돈으로 유혹, 나치의 선전도구로 활용했다.

베를린 필하모닉 오케스트라의 상임 지휘자 사이먼 래틀이 취임하면서 "정치인이 오케스트라의 음악에 관여하지 않을 것"을 주장하며 취임을 미뤘던 사실은 유명하다.

그렇다면 서울시향의 정명훈 예술감독이라면 뭐라 했을까.

지난 달 14일 재임을 축하하는 자리에서 정 감독은 "만날 싸우는 정치인들 앞에서 베토벤 교향곡 9번(합창)을 연주하고 싶다."고 했다. 화합하라는 의미다. 음악인들의 속마음은 이런 것이다.

행여라도 시향 불러서 '고상하게 감상했다'고 하지 말고, 서민들 사이에서 감상하는 '일상의 정치인'이 됐으면 한다. 예술 위에 군림하는 정치는 더 이상 정치가 아니라 권위를 내세운 탐욕이다.

선농단 국물의 뜻을 모르는 권력자들

2009년 4월 1일

　'박연차 게이트'를 들여다보고 있자면, 딴 세계 이야기 같으면서도 주인공들이 우리들의 이웃인 것에 경악을 금치 못하게 된다.
　박연차의 떡고물에 길들여 있었던 하수인으로 등장하는 사람들은 여야 국회의원뿐만 아니라 정부 고위직, 검찰, 경찰간부까지 소위 '힘 있고 빽 있는 귀족(?)'들이다. 심지어 검찰은 노무현 전 대통령까지 거론하고 있다. 노컷뉴스에 따르면 노 전 대통령이 퇴임하기 이틀 전인 지난 2008년 2월 말, 박연차 회장의 돈 500만 달러(현재 환율 약 70억 원)가 아들 건호 씨의 계좌에 입금됐다는 진술을 검찰이 확보했다는 것이다.
　이 나라를 온통 검은 돈의 부패 덩어리로 만든 박연차가 현 이명박 대통령의 대학 동기동창이자 막후 후원자인 세중나모여행 천신일 회장과 의형제를 맺고, 그를 중간고리로 한나라당 박진 의원에게까지 돈을 살포했다고 하니 '돈 놓고 돈 먹는 노름판 타짜들의 술수에 패가망신한 양반'들을 보는 것 같다.
　사람들은 이를 '돈 있는 졸부들이 간이고 쓸개고 내버리고, 박쥐마냥 전직 대통령과 현직 대통령 주변을 왔다 갔다 맴돌며 돈으로 권력을 매수했다'고 말한다. 노선과 정책이 다른 권력들에게 돈을 뿌리면서 "형님은 이통 쪽을 책임지시오, 나는 노동 쪽을 담당하리라" 흥에 겨워 우쭐했음이 능히 짐작이 간다.

마침 공개된 2008년 고위 공직자 재산을 보는 서민들의 입이 가만히 있을리 만무하다. 공개 대상 고위 공직자는 평균 12억 9,700만 원이고, 청와대 참모진의 평균은 15억 6천여 만 원이다. 지난해 경기불황 속에서도 60%가 재산이 늘었는데, 평균 2,800만 원이 증가했고 국회의원 35%는 1억 이상 늘었다고 한다.

재산 형성 비결에 관심

정상적인 급여로 이와 같은 재산형성은 불가능하니, 이들만 묘하게도 물려받은 재산이 많고, 로또에 당첨된 모양이라는 비아냥도 들린다.

봉하마을 사진모델이 된 노무현 전 대통령도 구설수다. 노 전 대통령은 2002년 12월 대통령 후보자 재산등록 당시 명륜동 자택 등 모두 2억 6263만 3천 원을 중앙선거관리위원회에 신고했다. 2003년 노무현 대통령은 대통령 첫 해의 재산 총액으로 자신과 부인 권양숙씨, 장남 건호 씨 명의까지 합쳐 2억 552만 4천 원이라고 신고했다. 노 대통령 본인 명의 재산은 98년식 SM520 승용차(취득가액 7100만 원), 한화콘도 회원권(485만 원) 등 부동산과 은행예금(1257만 원) 가운데 은행대출금 1천만 원을 뺀 742만 원에 불과하다고 밝혔다. 그러나 퇴임 전 박연차 한 사람으로부터만 수십억 원이 지인 통장으로 송금됐다는 진술이 나왔으니, 국민들은 심란하다.

나랏빚은 눈덩이로 늘어나 올해 국가 채무는 366조 9천 억 원으로 작년보다 58조 6천억 원이 늘어났다. 10년 만에 4배로 불어난 수치다. 국민 1인당 채무도 753만 원이다.

국물 한 그릇 나눠먹는 전통

서민들의 고통과 함께 하는 마음으로 설렁탕 하나를 놓고 나눠먹던 제왕들이 떠오른다.

서울 동대문구 제기2동에는 선농단이란 곳이 있다. 혹시 4월 말 임금행차를 하며 제사를 올리는 선농제향을 본 적은 있는 지.

이곳은 조선시대 역대 국왕이 풍년을 기원하며 농사의 신인 신농씨와 후직씨에게 제사를 올리는 곳이다. 백성과 농민을 위한 제사라 행사가 끝난 후 제사상에 올렸던 소 양 돼지 등을 함께 삶아 농부들과 함께 푹 삶은 소고기 국물을 나눠막는 전통이 아직도 있다. 일제 강점기에 폐지되었다가 1979년부터 다시 부활된 행사다. 오늘날의 설렁탕의 기원이 바로 선농단에서 연유했다는 이야기도 있다.

제사가 끝나면 왕은 몸소 소를 몰아 밭을 가는 행사인 '친경'을 했다. 모두 농민들과 마음을 같이 하겠다는 의지의 표현이다. 실은 이런 권농(勸農) 행사는 기원전 41년(신라 박혁거세 17) 왕과 왕비가 육부(六部)를 순행하면서 농사를 권장하고 감독한 것이 시초이니 2000여 년의 역사를 갖고 있다고 할 수 있다.

박연차 같은 사람은 한 동네에 산다고 해도 서민들에게는 이웃이 아니다. 나이 먹어서도 오렌지 족 같은 사람들이야 밀실에서 자신들만의 고기파티 양주파티를 하고 있겠지만, 정 있고 지혜 있는 사람들은 안다. 왜 선농단 국물이 지독히도 그리운 봄인지. 국물을 나눠보는 인정이 왜 소중한지.

공직자의 주식투자

2000년 3월 9일

　이 요상한 게임을 맛 본 사람들은 마약과 같다고 한다. 천국에 오르는 기분도 맛봤다가 지옥에 떨어지는 듯한 좌절도 경험하고. 왕후장상이 부럽지 않는 황금 의자에 앉는 듯한 환상도 그려보고. 또 억장이 부러진다고 한탄도 해 보고. 일부에서는 자본주의 사회의 최대 걸작이라고도 말하지만, 도박과 투기의 변형된 모습이라고 신랄하게 비난하는 사람들도 있다. 그도 그럴 것이 한 번에 일확천금을 거머쥐고 떼 부자가 되는 사람이 탄생하는가 하면, 깡통을 차고 결국 자살행을 택하는 사람까지 있으니. 이쯤하면 독자들도 무슨 말인고 짐작할 것이다.
　요새 사람들의 최고 관심으로 떠오르고 있는 '주식투자'의 모습이다.
　재테크(재산을 증식하는 기술)에 빗대 '주(株)테크'라는 신종 용어까지 등장하고 있는 실정이다. 투자하는 사람들의 입장에서 게임적 원리를 이야기하자면 이쪽저쪽 잘 살펴서 배팅을 어떻게 잘 하느냐에 따라 판돈이 커지는 방식이다.
　물론 한 켠에서는 기업들의 자본증자 등에 기여, 결국 국가 경제를 활성화시킨다고 주장하겠지만, 필자는 투자하는 사람들 입장에서만 따져 볼련다.
　어찌된 게임인지 이 판은 연줄 있고 힘 있는 족속들이 돈을 많이 챙길 확률이 높다는 소문이 있다. 똑같이 객장에 몰려들고 있지만 결과는 다르고, 그 게임의 룰이 공정한 경쟁에 의해 진행되었다는 것을 믿기 어렵다는 말이다.

최근 공직자 재산변동 신고 결과를 면밀히 추적해 보면 이러한 의혹이 일어날 수밖에 없다.

특히 경제관료들 중에서 지난 한 해 동안 주식투자로 돈을 많이 번 사람들이 있는데, 진념 기획예산처 장관 부인은 삼성전자 우선주(240주), LG정보통신(1130주) 등을 매입, 2억 원의 유가증권 수입을 올렸다. 서정욱 장관 부인도 삼성전자 주식으로 재산이 5억 원 정도 늘었다.

또 총선 출마를 위해 사임한 남궁석 전 정보통신부 장관은 삼성전기주식으로 10억 8000만 원을 벌어들였다.

최종찬 기획예산처 차관은 시공테크, 한솔PCS 등 코스닥 종목에 본인과 부인명의 투자로 2억4000만 원 이상의 수익을 올렸다. 아예 김동선 정통부 차관처럼 자신의 소관분야 기업인 한국통신(200주), 텔슨전자(960주) 등 정보통신주에 대한 투자로 6000만 원 정도의 수익을 올린 사람도 있다.

내가 잘 선택하고 잘 분석하여 돈을 벌었는데 무슨 간섭이냐고 항변할지 모르겠지만, 자신들이 맡고 있는 업무와 연관이 있는 업종의 주식투자로 돈을 벌었다면 사정은 다르다.

현행 공직자윤리법이 「직무상 얻은 기밀을 이용해 재산상의 이득을 얻을 경우」 처벌할 수 있도록 한 규정이 있다. 고급 정보들이 마치 재산증식을 위해 뇌물처럼 고위 공직자 사이에서 거래된다면 일반인들과의 공정한 경쟁이 될 수 없다. 게임의 룰이 깨지면 더 이상 게임에는 공정성이란 존재하지 않는다. 그리고 불신과 증오가 싹이 튼다.

특히 지난해는 IMF로 서민들의 재산이 줄어들고 있는 상황에서 대부분 고위 공직자들의 재산이 늘었다는 것은 꽤 의문스런 점이다. 일부 개미군단들은 증권판도 권력자들의 그렇고 그런 판이었다는 사실에 충격을 받고 있다.

"가령 대재산이 있다면 대불평등이 있다. 한 사람의 부자가 있기 위해서는 500명의 가난한 자가 있지 않으면 안된다"고 아담스미스는 자본론에서 설파

했다. 직무와 관련된 '주테크'는 대재산과 대불평등의 갈등을 점화시키기 위해 쏟아 붓는 기름과도 같은 것이다.

일반인들이 더 이상 들러리로 서는 일이 없어야 한다. 주식시장은 건전한 기업들을 위한 자금공급의 통로가 되어야지, 일부 인사들의 짜고 치는 고스톱판이 되어서는 결코 안된다. 그것은 한국경제를 망치는 지름길이다.

공천 관람기

2000년 2월 23일

여야의 공천 진행과정을 보는 사람들마다 한마디씩 거들고 나선다.
"난장판이 따로 없군" "배반과 폭로의 계절이군" "정치무상, 비정함 뿐이야"
그도 그럴 것이 의원들이 연출하는 모습들이 진풍경이고, 처절함이고, 한 편의 연극이 연상된다. 한나라당의 공천대상에서 떨어진 여성의원 임진출 씨는 사무실 바닥에서 뒹굴며 울부짖는 모습을 보여줬다. 또 김호일 의원은 탈락에 항의, 하순봉 총장을 발로 급소를 걷어차고 주먹으로 얼굴을 난타하는 장면들이 언론에 공개되었다. 이밖에도 민주당 공천에 탈락한 김상현 씨, 킹메이커로 일세를 풍미한 김윤환, 이기택 씨 등도 각각의 목소리를 연일 토해내고 있다.
정치권, 언론, 시민단체들의 관람평들이 연이어 쏟아진다.
"구시대 인물들을 드디어 '팽'시키는 군. 친정체제를 강화하기 위한 피의 대숙청이야. 386세대를 가신들의 똘마니라고 공격하더니 결국 당하는군. YS 계보원들도 한나라당 공천대상에서 거의 궤멸했다면 앞으로 상황이 어떻게 되는 거지."
시민들은 기회가 있을 때마다 외쳐왔다. 계보정치와 보스정치들이 한국사회의 부정을 양산시키고 있다고. 그리고 제대로 된 민주주의 한 번 해보자고.

그러나 그런 꿈이 쉽게 이뤄지리라고 믿는 사람들은 없다. 정당정치와 공천이라는 제도가 투명하게 운영되지 않는 한 떨어지고 밀려나는 자들의 잡음이 뒤따를 수밖에 없다. 이를 반증하듯 이 쪽 저 쪽에서 이번에는 출마의 변으로 다들 난리다. "무소속으로 기어이 출마하겠다." "무소속 연대를 결성하겠다" "신당을 결성해 출마하겠다"

사태가 이러하다면 민주주의는 실종된 것이 틀림없다. 아마 이것도 민주주의의 시련 과정이라고 주장한다면 나는 이러한 모습들을 "그들만의 민주주의"라고 부르고 싶다. 하향식 정당 공천구조는 탄생 때부터 밀실공천과 충성심을 양성하는 정치 사관학교 노릇을 한다.

21세기 선거의 시대에는 인물들에게 '개혁성 의정활동 전문성 당선가능성 도덕성' 등을 요구한다. 이것은 과거의 부패와 무능력을 벗어나자는 의미이자 무언의 공감대이다.

그러나 공천 과정에서부터 불었던 시민들의 낙선운동 및 바꿔 열풍의 결과는 어떠했는가. 총선시민연대의 낙천명단 인사 중에서 새천년민주당은 12명, 한나라당은 17명을 공천했다. 자민련은 아예 대상자 전원을 공천하였다.

소수의 정치인들이 일방적으로 선정하여 관객들에게 공개하는 일종의 '공천 공연'이자 '예비 선거의 쇼'라는 냄새가 짙게 배어난다. 하긴 관객의 일부인 필자가 이러한 모습들을 한두 번 보는 것도 아니지만. 참정권이라는 값비싼 관람료를 내고 있으니. 이왕이면 신나게 박수치고 싶은 게 관람객들의 심정이 아니던가. 뭐 아직도 관람객들을 선거 때 딸랑 동그라미 하나치는 무표정한 군중으로 보는 정치인들이 수두룩하고, '정치구단, 킹메이커, 어르신네, 맹주' 등 자칭 무대의 연출자들이 많은 판에.

낙천 리스트에 얼싸 추임새 넣다가 결정적인 순간에 미운 놈 제거하는 데 사용하고, 투명 심사 부르짖다가 내 새끼 챙기며 꽃다발 걸어주는 통과의례로 삼고, 충성 맹세하면서 조마조마 기다리다 밀려나면 비수 들어 내밀고, 개혁이니 정의니 근사하게 외치다가 감투 주면 희희낙락 충성 맹세하니 배알도 없는 게 이 판 아닐런지.

이러니 사람들 사이에 권력은 있으나 진정한 정치는 없다는 생각이 솟구친다. 관객들의 목소리도 들어보라고 외치고 싶어진다.

구린 냄새 진동하는 부패

2000년 11월 13일

　희대의 코미디다. 기가 막힐 정도다. 아무리 정승 집 강아지가 권세를 부린다고 하지만, 실세 과장 흉내를 낸 청와대 청소부가 수억 원을 챙길 수 있었다니 역사에 남을 희극이다.
　동방금고 불법대출과 로비로 파문을 일으키고 있는 정현준 한국디지탈라인 사장이 소위 실세들과의 줄서기를 시도하면서 청와대 청소부를 든든한 뒷배경으로 생각하고 수억 원을 상납했다는 것이다. 정현준 씨 자신도 철석같이 믿었던 실세과장이 청소부였다는 소식에 어이없는 표정을 지었다는 후문이다.

　그러나 청와대 사칭 사건으로는 이번 청소부 사건보다 더 배꼽을 잡는 경우도 있었다. 아마 나이 드신 분들은 이승만 때의 '똥통 사건'을 기억하고 있을 것이다. 자유당 시절 "경무대(현 청와대)에서 일하면 화장실 인분 처리원도 위세를 부린다"는 풍문이 시중에 떠돌았다. 이를 동아일보의 인기 만화가 김성환 씨가 시사만화 고바우를 통해 풍자했다가 고초를 당한 적이 있었다.
　유난히 호가호위(狐假虎威)형의 권력모습에 익숙한 우리 사회로서는 청소부, 인분 처리원이라도 청와대에 있으면 권력과 동일시여기고 경원해 온 풍토가 문제다. 더구나 최근 들어서 돈이면 모든 것이 전부 해결된다는 배금주의가 팽창하면서 터졌다 하면 돈하고 관계된 사건이 태반이다.

　최근 국정감사 자료에 따르면 지난 10년간 청와대와 대통령 친인척을 사칭한 사건은 모두 89건이나 되었다. 이중에는 무려 8백여 억 원을 편취한 사건도 있다. 지난 1994년 9월 청와대를 통해 5공 때 몰수된 토지를 매입할 수 있도록 해주겠다는 사건이었다. 또 지난 1993년 12월에는 청와대 소유 토지 매각을 빙자, 30여 명이 동원되어 5백 억 원을 빼돌리려한 사례도 있다.

　이번 청와대 청소부 사건을 단순히 권력형 사기사건으로 규정해서는 안된다. 이미 김대중 대통령은 구조조정 국면과 경제악화로 재임 이후 가장 큰 위기에 처해 있다. IMF처럼 국민들의 희생으로 국가위기를 극복하자는 공감대도 거의 희석화 된 상태이다.

　봉급생활자 등 서민들은 끝없는 공적자금 투입, 세금인상, 물가인상 등 피부로 느끼는 국정지수가 거의 밑바닥인데다 동방사건 등을 통해 "그놈이 그놈이다"는 불신이 커지고 있다. 마침 청와대 청소부와 인분 이야기를 하다보니 조선 후기 실학의 대가로 꼽히는 위백규 선생이 관리들의 부패상을 고발하며 정조에게 올린 만언봉사(萬言封事)가 떠 오른다.

　"요사이 탐욕의 바람은 땅을 휩쓸고 혼탁한 물결은 하늘에 닿은 듯합니다만 조정에는 탄핵하는 법도가 사라지고 없습니다. 뒷간에 간 사람이 그 냄새에 길들여져 구린 줄을 모르는 것처럼 모두 허물을 저지르면서도 예삿일로 여기니 큰일입니다. 모든 벼슬아치들이 한밤중에 대문을 열어놓고 장사를 벌이니 돈과 관직을 바꾸는 것이 그것입니다. 그러다 보니 온 나라 백성들이 모든 일을 돈으로 해결하려는 풍조에 젖어 들었습니다. 시골 사람들이 요즘 하는 말에 '거꾸로 나오는 태아도 돈을 던져주면 바로 돌아 나온다'는 말이 있을 정도입니다. 부디 사치하는 풍속과 백성의 피와 땀을 착취하는 탐관오리를 없애 나라의 기틀을 바로 잡으소서."

　수백 년이 흘러도 여전한 우리들의 세태가 씁쓸하다.

청와대 사칭 사건들은 집권 중반기를 지나면서 부쩍 증가하는 특징을 가지고 있다. 아무래도 사정 특명비서관이니, 청와대 암행조사반장이니 등의 직함을 써가면서 빈틈을 노리기가 쉽기 때문이다. 따라서 정경유착으로 일확천금을 노리는 기업인들이 단골 희생양으로 꼽힌다.

특히 목포권은 현 정권의 뿌리이고, 지역구 국회의원이 현 대통령의 아들인지라 심지어 "거리의 청소원도 한 집 두 집 건너면 청와대와 연이 닿는다"고 자랑한다는 등 별의별 이야기들이 다 있다. 위백규 선생이 강조한 것처럼 나라의 기틀을 위해 정부와 시민들 모두가 각별히 주의할 때이다.

권이담 시장 경제점수는 몇 점?

2000년 9월 26일

'시저'라는 도시를 건설하는 컴퓨터 게임이 있다. 기원 전 로마제국을 배경으로 작은 마을들을 잘 다스려 큰 나라로 성장시키는 것이 승리의 비결이다. 외부의 침략, 무역, 주민들의 복지 문제 등 다양한 시나리오들이 설정되어 있기 때문에 성공한 행정가가 되려면 이 게임을 마스터하라는 우스갯소리까지 있다.

가령 인구를 늘려도 농장을 짓지 못하면 식량이 부족하여 폭동이 일어나 도시가 폐허가 된다. 또 초목이 무성한 곳을 평탄화시켜 주택 등을 세워도 도로가 건설되지 않으면 외부로부터 주민들이 이민해 올 수가 없다. 학교, 극장 등 교육 문화 등에 관심을 기울이는 등 주민들의 복지 문제에 관심을 기울이려면 도시의 재정이 넉넉해야 하는 등 기본 조건을 만족해야 한다. 세금이 감담 할 수 없을 만큼 늘어나면 주민들이 도시를 떠나 적막한 마을이 되고 만다.

도시 건설의 시뮬레이션 게임에 몰두하는 사람들에게서 오늘날 주민들의 다양한 욕구 충족과 현실감의 괴리 속에서 고민하는 자치단체장들의 모습이 떠오른다.

여권이 지방 경제에 대한 처방들을 마련하기 시작하면서 마치 때를 만났다는 듯이 전국 곳곳에서 불만에 찬 목소리들이 봇물처럼 터져 나오고 있다. 각 지역 내부의 여론들도 그리 간단치만은 않다. 전국 각지에서 중앙정부 못지않게 자치단체의 경쟁력 있는 경제정책이 중요한 이슈로 떠오르고 있는 것이다.

광주는 이미 쇠퇴기 목포는 재도약

인근 광주권은 도청 이전에 따른 도심공동화(都心空洞化)의 대책 마련이 가장 큰 이슈로 떠올라 도시 전체가 온통 술렁거리고 있다. 몇몇 연구가들은 도시 발전 주기에 따라 광주의 각종 지수들을 점검해 보면 이미 광주시가 쇠퇴기에 접어들고 있다고 평가하고 있다. 이에 따라 광주권 주민들이 광주시와 정부에 특단의 대책요구를 강도 높게 요구하는 등 시민운동을 전개할 예정이다.

반면 목포시는 어떤가. 1930년대 전국 6대 도시 중 하나로 꼽혔던 목포는 현재 전국 78개 도시 중 인구로는 37위, 재정 규모로는 23위, 도시 면적 74위 등 아직도 초라하기 짝이 없다. 수 십 년 동안 우리를 유령처럼 휘감아 온 패배감과 상실감을 벗어나고 낙후 지역 경제를 탈피하자고 외치는 것은 단지 목포인들 만의 지역 이기주의의 발로가 아니다. 이미 세계화 추세에 따라 국가 발전이 내륙 위주에서 해안 거점도시 육성정책으로 바뀌고 있기 때문이다.

통일 한반도의 발전 축으로 최근에 K자형 구조 축이 떠오르고 있는데, 이는 신의주-남포-경인만-아산만-군산-목포를 잇는 왼쪽 기둥의 서해안 축과 부산 등을 집중적으로 개발하여 국가 발전의 주춧돌을 놓자는 제안이다.

목포시 경제 팀 적극적 활동 기대

겉으로 보기에는 목포가 도로 정비 등 사회 간접자본의 확충이 대대적으로 이뤄지면서 장밋빛 청사진이 화려하게 펼쳐지고 있는 것이 사실이다. 목포권 발전과 관련된 개발 계획 등도 10여 개가 중첩된 상태이다.

제 4차 국토종합계획, 21세기 전남비전, 광주 목포권 광역개발계획 등 전남도와 국가 차원의 상위 개발계획과 하당신도심계획, 옥암택지개발계획 등이 서로 얽힌 채 진행되고 있다. 또 개발 프로젝트와 관련된 각종 문건들이 정치, 행정, 민간 등 각 분야에서 쏟아져 나오고 있다.

그러나 지역 내 경제 정책들을 살펴보면 실제 체감지수가 그리 양호하지 않다. 대불공단 삽진산단의 지지부진한 분양, 답보 상태인 신외항의 민자유치, 행남자기의 본사 이전설 등 목포권 자치단체들의 적극적인 경제 정책이 부재하다는 질타의 목소리도 높다. 권이담 시장을 필두로 한 목포시 경제 팀의 점수는 몇 점인지, 점수 올리기의 묘안을 연구할 때 아닐까?

귀족의 죽음과 사자의 죽음

2009년 4월 8일

　사람이 갖는 최고의 미덕은 무엇인가. 지성인가 돈인가 건강인가. 유행 따라 지역에 따라 논란의 여지는 있지만, 인류사를 통해 변치 않는 진리는 있다. 그것은 베푸는 자, 희생하는 자는 존경의 힘을 얻는다는 것이다.
　경주 최씨 부자 집이 12대 3백 년을 이어 온 비밀은 6가지로 요약된다. 첫째, 과거를 보되 진사 이상은 하지 말라. 둘째, 재산은 만석 이상 모으지 말라. 셋째, 과객(過客)을 후하게 대접하라. 넷째, 흉년에는 남의 논밭을 매입하지 말라. 다섯째, 최씨 가문 며느리들은 시집온 후 3년 동안 무명옷을 입어야 한다. 여섯째, 사방 백 리 안에 굶어 죽는 사람이 없게 하라는 것이었다.

누리는 권력만큼 책임있어야

　베들레헴의 부유한 농부 보아스가 추수 때 일부러 이삭을 많이 남겨 가난한 사람들이 주워갈 수 있도록 배려했다는 구약성서의 이야기가 연상되는 가훈이다.
　시오노 나나미가 쓴 '로마인 이야기'를 따라 역사 속으로 걸어 가다보면 1,000년을 버틴 로마의 숨결이 숨 가쁘게 들린다. 로마 귀족들은 전쟁이 터지면 재산을 사회에 헌납하고 최전선에 나가 싸웠다. 혜택받은 자들이 사회에 대해 책임을 다하거나, 자기희생을 하는 '노블레스 오블리제(Noblesse Oblige)'의 정신이다.

강한 국가의 귀족들의 솔선수범은 미국에서도 발견된다. 루스벨트 대통령의 네 아들이 1차 대전에 참전하여 막내 쿠에틴이 전사했다. 6·25 때 아이젠하워 대통령의 아들을 비롯한 미군 장성의 아들 142명이 참전, 35명이 목숨을 잃거나 부상을 입었다. 당시 미 8군 사령관 밴플리트 아들이 야간폭격 임무 수행 중 전사했다.

평화가 오면 미국사회를 지탱한 힘은 개척정신과 박애정신이다. 이 힘은 1990년대 들어서 빌게이츠 같은 '벤처 자선사업가'로 이어지고, 엔터테인먼트가 성장하고 있는 한국에서는 '텔런트 문근영 기부'를 탄생시키기도 한다.

지난 2일 목포투데이 부설 목포문화예술CEO대학에서는 정시채 에덴원 이사장이 '지역 CEO의 역할과 책임'에 대해 실제 사례들을 중심으로 강의했다.

농림부 장관, 초당대 총장, 국회의원 등을 역임한 정 이사장은 영국의 상류층 자녀들이 다니는 학교인 '이튼 칼리지(Eton College)' 출신들이 1차, 2차 세계대전 중 2천여 명이 전사한 사례를 예로 들면서 CEO들의 책임을 강조했다.

캘리포니아 주립대 케이 스프링켈 그레이스(Kay Sprinkel Grace) 교수는 '기부 문화의 대변혁'(High impact philanthropy)이라는 저서에서 NGO, 사회복지기관 같은 비영리 기관들이 주축이 되어 확산되고 있는 기부 문화에 주목했다. 그는 새로 등장한 자선 사업가들은 단순히 자신들의 부를 적선하는데 그치지 않고 사회문제의 근본적인 변화를 위해 '투자'를 하고 있다고 분석했다.

검은 유혹은 살충제의 재앙

앞에서 언급한 3백년 전통 최 씨 집안의 마지막 부자 최준은 영남대의 전신인 대구대를 세웠고, 민족문화 보호에 관심이 많아 1920년에 오늘날 국립경주박물관으로 발전한 계기가 된 경주고적보존회를 설립하기도 했다.

'한국의 노블레스 오블리주를 위하여'란 부제를 달고 있는 조용헌의 신간 '조용헌의 명문가(랜덤하우스·2009)'는 베품과 인품으로 완성된 명문가들이 지역사회의 변화를 위해 어떤 노력을 하는가를 보여준다.

부동산 졸부, 정치헌금이나 각종 인허가 비리, 정부지원금 횡령 등으로 졸부가 된 벼락부자들과는 차원이 다른 이야기다.

맹수의 왕인 사자가 됐다고 깝죽거리는 졸부나 권력자들은 예상치 못한 재앙이 오기 마련이다. 사방 100리 안에 굶어 죽는 사람이 없게 하라는 최 씨 집 원칙처럼 주변에 초식동물이 사라지면 먹잇감 부족에 죽기 마련이다.

중소기업 없이 대기업이 버틸 수 없는 원칙과도 같다. 우리가 쉽게 몰랐던 사자의 재앙 원인은 또 있다. 최근 미국 CBS 방송 토크쇼인 '60Minutes'에 출연한 캘리포니아 대학 로렌스 프랭크 연구원은 케냐의 마사이 마라 동물보호구역과 기타 지역에서 75마리 이상의 사자가 살충제에 의해 죽었다고 주장했다.

나눔과 베품의 미덕을 모른 채 검은 유혹만 달콤하게 만끽하는 사람들은, 자칭 귀족이라고 자부해도 살충제 같은 재앙이 스물스물 다가가고 있는 것이다.

김영삼 전 대통령 풍자론

1999년 8월 4일

　풍자의 종류에는 비꼬는 것과 연민의 두 종류가 있다. 전자는 미소하면서 웃음을 유도하지만, 후자의 경우 어리석은 자에 대한 측은지심뿐이라는 말이 있다.
　최근 김영삼 전 대통령의 정치 재개를 바라보는 시민들의 눈이 그리 곱지만은 않다. 전직 대통령으로서 아직 끝나지 않은 IMF라는 국가 위기적 상황을 현명하게 대처하는 데 힘을 보태주는 거국적 차원의 자세가 아니라 자신의 정치세력화만을 염두에 두고 있다는 지적 때문이다.
　이러한 상황은 김영삼 전 대통령을 대상으로 진행된 일련의 풍자문화에서도 찾아볼 수 있다. 그의 부침과 더불어 풍자에도 격과 질이 달라지고 있는 것이다.
　YS집권 초반기 'YS는 못 말려' 식의 풍성한 유머는 그의 저돌적인 추진력에 기반한 개혁에 대한 지지였다. 한국에서 처음으로 현직 대통령을 유머대상으로 삼을 수 있다는 사회 민주화 분위기도 한몫했다.
　장덕균 씨의 'YS는 못말려'라는 유머집이 처음 발간된 것도 93년 초이다.
　화무십일홍이라 했던가. 그의 인기추락과 더불어 YS는 집권 하반기에 들어서면 '간 큰 남자'로 전락하고 만다. 그리고 그의 추종자들 이 시리즈의 주인공으로 동참한다. "간 큰 남자는 아직도 YS시계를 차고 있는 남자"라는 식의 농이 그것이다. 국민들의 풍자뿐만 아니라 정치인들의 입에서도 신랄한 지적들이 튀어 나왔다.

YS의 동지이자 적이었던 이기택 씨가 한때 언론인 초청 토론회에서 YS를 평가한 적이 있다. YS는 과연이란 탄성이 나올 정도의 추진력도 있지만 그저 감과 들뜬 인기에 영합하면서 끌어가는 위험천만한 정치곡예를 펼쳤다는 것이다.

심지어 전두환 전 대통령은 YS를 '주막 강아지'로 불렀다. 전직 대통령으로서 국정의 든든한 후원자로서 국민의 사랑을 받기위해 노력하기보다는 현 정부에 대한 사사건건 시비라는 뉘앙스가 강했다. 있는 그대로 표현하자면 "주막 강아지처럼 시끄럽게 하는 것은 안된다"는 말이었다. 이 말이 새삼 화제가 되었던 것은 여기에 반발한 YS측도 전두환 전 대통령을 '골목 강아지'로 비하했다는 것이다. 일순간에 전 국가 수반들이 서로의 입에 의해 강아지로 비하된 순간이었다.

최근 한국의 대표적인 시민단체인 참여연대의 논평은 YS에 대한 국민감정을 가장 극명하게 내비치고 있다. 이 단체는 성명에서 "당부하건대 김영삼 씨는 친자인 김현철 씨에게 만이라도 존경받는 아버지로 남길 바란다"며 "그것마저 이미 실패해 돌이킬 수 없다면 차라리 철모르는 손주들의 재롱 속에서 여생을 마치는 것이 그나마 지혜로운 선택이란 점을 깨닫기 바란다"고 지적하고 있다. 또 "김영삼 씨의 밑천이라고 해봐야 고작 낡아빠진 지역감정, 뒷골목 건달패거리와 같은 보스정치 문화 외에 무엇이 있단 말인가"라고 반문한다.

거의 원색에 가까운 비난에 가득찬 이 성명서의 제목은 "논평의 품위조차 지킬 수 없게 하는 최근 김영삼 씨의 어이없는 행보"였다.

전 현직 대통령의 머리와 입은 동서양을 막론하고 독설과 농담의 도마에 자주 오르는게 사실이다. 미국에서는 공화당 클레이 상원의원이 클린턴을 '골빈(deadhead) 대통령'으로 부른 적도 있다.

새삼 본란 갓바위가 유머대상으로서의 전 현직 대통령의 인격을 듣기에 거북한 노골적 표현까지 동원하여 그대로 옮긴 것은 민심을 읽어달라는 당부이다. 민심은 흐르는 물과도 같고 폭풍우 속 천둥과도 같다. 그게 역사의 교훈이다. 최근의 YS에 대한 풍자, 유머, 독설 등등은 웃음 쪽에 가까울까, 아니면 측은지심에 더 맞닿아 있을까. 해답은 YS에게 달려 있다.

나를 통하면 된다(?)의 공무원 인사비극

2009년 1월 14일

"지방자치단체의 채용 승진 등 인사 비리가 근절되지 않고 여전하다"

지난해 감사원이 서울의 구청들과 경상북도, 전라북도 등 일부 자치단체를 감사하고 공무원들의 승진에 금품이 오고 갔다며 언론에 공개한 내용이다.

이후 서울중앙지검 특수 3부가 지난 주 김효겸 관악구청장을 소환 조사 하고, 구체적으로 전달한 돈의 액수와 증언자가 드러나 공직 내부의 '관직 거래'의 실상을 보여준다.

지난 주 광주지검 목포지청은 "전라남도와 완도군의 인사비리에 대한 수사 결과 풍문 수준의 의혹에 불과했다"며 수사를 종결했다. 계좌추적 압수수색 등 가능한 수사 방법을 다 동원했지만 물증을 잡지 못했다는 것이다.

이를 두고 몇몇 자치단체장들은 "그것 봐라. 나는 깨끗하다"고 외칠지 모르지만 실상 목포 신안에서도 계장 승진은 O천만 원, 과장 승진은 O천만 원 등 매우 상세한 액수와 전달해야 할 사람의 이름까지 나돌고 있는 것이 정가의 현실이다.(실제 돈을 건네야 할 사람의 이름으로 자치단체장의 실명이 거론되는 경우는 적다.)

"인사는 나를 통하면 된다?"

더구나 몇몇 불나방 같은 무리들은 "나를 통하면 된다"고 거드름까지 피우며 '뒤에 앉은 자치단체장, 밤의 자치단체장' 행세를 하고 있으니.

실상을 모르는 당사자만 허수아비가 된 꼴이다.

여기에는 각종 체육회니 산악회니 하는 사조직과 형제의 우애를 나눴다는 사회단체 기관장들이나 선거에 도움을 준 인사들까지 거들먹거린다.

이런 사람들의 행세를 분석하는 학자들은 '청백리 도태의 법칙'을 말한다. 지방 수령을 "함께 보험 들자"며 아전과 토호들이 공동의 수탈 시스템에 연루 시키려고 갖은 방법을 동원하다가 여의치 않으면 음모와 방해공작으로 상관을 제거한다는 것이다.

"신임 관리가 살아남으려면 관리가 적당히 부패해야 한다"는 이 어처구니없는 말은 옛 사람들도 이미 파악했듯이 중국 사서에서는 '관계(官界)의 누규(陋規)', 즉 '숨겨진 규칙'이라고 부른다.

일본 교토대학교 수장고에 묻혀 있다가 최근에 공개된 '상찬계시말(相贊契始末)'이란 책이 있다. 다산 정약용의 제자 이강회가 쓴 책인데, 제주도 아전들의 모임인 상찬계와 양제해의 모반사건을 둘러싼 숨겨진 이야기를 기록한 것이다.

아전들의 가혹한 착취와 수탈에 항거하여 일어난 양제해를 반대로 아전들이 무고하여 역모로 뒤집어 씌워 입을 막아버린 사례다.

속담에 "두메 앉은 이방(吏房)이 조정(朝廷)일 알 듯 한다"는 말이 있다. 출입 없이 들어 앉아 있어도 아전이 먼 바깥일을 잘 알고, 수령의 일을 잘 안다는 이야기다.

이방이 조정일 알듯?

"인사는 포함되는 것이 좋고 구조조정은 제외되는 것이 좋다"고 했듯이 포함 안 된 사람들은 인터넷으로, 술자리에서, 보이지 않는 투서로 낙마하는 자신들의 억울함을 하소연한다.

요즘은 정치적으로 반대파들의 입담까지 가세를 하니, 자치단체장들은 그야말로 사면초가요, 벼랑 끝에서 이 사람 저 사람 눈치를 봐야 하는 형국이다.

모든 정보가 공개되는 현대사회는 무뢰배들과 어울리며 적당히 부패했다가는 함께 구설수에 오르거나 패가망신하기 쉽다.

그나마 관료 사회의 부패 시스템에 발을 담지 않고, 공정함을 추구하며, 정책적 결단이 얼마나 합리적인가를 보여주는 것이 스스로 권위를 세우는 길이다.

너는 지역감정, 나는 애향심

2000년 3월 14일

깊은 잠 속에서 꾸는 악몽과도 같은 주술, 지역감정에 물든 요즘 정치를 탓하는 한탄의 소리다.

모 정당의 부대변인이 "지역감정 발설자들은 고대 그리스 도시국가에서처럼 오스트라시즘 제도를 도입, 10년간 국외로 추방해야 한다"고 제안했다는 짤막한 기사를 읽은 적이 있다.

오죽하면 같이 정치를 하는 사람의 입장임에도 지역감정 유발자들을 국외 추방까지 하자고 할까.

그러나 대부분의 정치인들은 지역주의 망국병 타령을 하면서도 자신은 지역주의의 피해자고 상대방은 수혜자라고 거세게 비난한다. 얼핏 지역주의 청산의 신봉자 같지만 자신의 정치적 본거지에서의 행동은 또 정반대다. 자신은 지역사랑의 전령사라는 것을 강조하고 있지만 교묘하게 지역주의를 부추긴다. 혈연, 학연을 들먹거리고, 타 지역을 농락하는 발언들을 무슨 무용담 마냥 떠든다.

김종필, 김광일, 이기택, 이인제 씨 등 여야에서 알만한 사람들이 입을 바꾸는 것을 여러 번 봤다. 총선 마당에서 추임새 넣는 모든 정치인들이 입 벌리고 너도나도 망국적 지역주의의 피해자라고 외친다는 비아냥도 있다. 단골 메뉴로 등장하던 호남, 영남 등이 몇 년 전부터는 충청도로, 강원도로, 이제는 서울까지 확대되었다.

어디서 갖다 붙였는지 이름들도 그럴 듯하다. 영남 싹쓸이, 충청 무대접론, 호남 푸대접, 색깔론, 지역 등권론, 곁불론, 핫바지론, 강원도 감자바위론, 중부권 대망론, 문둥이 단결론, 중부권 대망론 등등.
너도나도 '망국적 지역감정론'의 타파에는 동감하지만 돌아서면 여전히 지역감정을 부채질하는 발언들이 난무한다. 또 덩달아 이들의 발언에 박수를 치는 사람들이 있다. 심지어 '나의 지역감정은 애향심 너의 지역감정은 망국병'이라는 자가당착식 해석도 있다.

지난해 광주와 대구에 각각 본부를 둔 한국청년연합회와 동서화합청년운동본부가 언론 등에 보도된 발언 내용들을 분석하여 '지역감정 발언 정치인 베스트 5'를 선정했는데 1위가 김영삼 전 대통령이었다.
'정부의 삼성자동차 처리는 나에 대한 정치보복이자 부산경제 죽이기다' '경상도 사람이 중요 직책에서 다 쫓겨나고 특정지역 사람들이 다 가져갔다' 등의 발언이 입도마에 오른 것이다.
지역감정을 기어이 없애버리자고 종교계까지 나서서 중재를 하지만, 때가 오면 또 악령의 주술처럼 나타난다. 현직 대통령을 괴수중의 괴수라고 표현한 김광일 의원에게서 이러한 이미지가 연상된다. 도대체 왜 그러는 것일까. 김씨는 "민주당에서 고발한다면 좋은 소식이지, 당선은 따 놓은 거여"라고 말했다. 다분히 고향말뚝만 보고 표를 찍는 주민들을 의식한 발언이다. 정책보다 우선한 지역감정 유발 전략이다. 초원복집사건, 우리가 남이냐, 싹쓸이론 등의 시각이 이러한 전략 아래 우리들을 맴돌고 있는 것이다.

역사학자들은 지역감정의 원조로 후백제 지역을 '배역지(背逆地)'로 규정,

이 지역 출신에게 관직을 제한토록 유도 한 고려태조 왕건의 '훈요십조'를 예로 들거나, 조선시대 이중환의 '택리지', 안정복의 '팔도평' 등도 사례로 꼽는다.

그러나 최근의 지역감정은 정치권에 의해 조장되었다는 것이 틀림없다. 타 지역을 죽이는 애향심은 지역감정에 뿌리를 둔 지역 패권주의에 다름 아니다.

기독교 불교 천주교 등 3개 종교 총선연대는 최근 발표한 '현 시국에 대한 종교인 공동성명서'에서 "지역감정은 민주주의의 기초질서를 파괴하는 독이자 지역주민을 담보로 도박을 자행하는 악"이라고 규정했다. 달콤한 애향심의 뒤편에 숨은 지역감정의 독가시를 경계하자는 메시지다.

누구를 위한 선거인가

2000년 4월 11일

　선거 유세장 나들이는 흥겨운 잔치다. 입지자들의 그럴듯한 입심에 웃음꽃이 피고, 야유의 삿대질도 해보고, 때론 연설 중간에 간 크게 민초들의 소망도 담아 악도 써보고. 동네 할아버지도 신이 나 연설장에 내내 자리를 차지하고, 또 운만 좋으면 오랜만에 만난 벗들과 막걸리 한 잔 걸치고.
　내가 지지한 후보와 맞선 반대의 적이라도 끝나면 다정한 이웃이었다. 부정시비, 민주화 투쟁 등 처절함도 있었지만 그래도 우리네 선거판은 낭만적인 기억들이 많았다.
　그러나 이제 선거판 문화도 변화되었다. 우리들이 알고 있던 후보자들이 갑자기 비리와 범죄에 연루되어 파렴치한 사람으로 낙인찍히는 경우들이 많다. 이번 총선 출마자들 중 1백 80여 명이 전과자이고 뺑소니, 사기, 횡령, 공갈, 뇌물수수, 무고 등 파렴치한 범죄자들도 85명이나 된다.
　어느새 선거판이 폭로의 장으로 변질되고 관객들까지 동참하고 있는 지경이다.
　연설장마다 갖은 소문들이 넘친다. 누구는 아들의 병역문제, 누구는 섹스 캔들 등.
　차라리 폭로하고 공격하려면 화끈하게 하라는 주문까지 들린다. 사정이 이러다 보니 다른 후보들의 약점을 최대한 부각시키는 네거티브 선거가 판을 치고 있다고 우려하는 목소리도 커지고 있다. 심지어 선관위 관계자들까지 이번 총선이 국내 사상 최악의 헐뜯기 선거로 기록될 것이라고 걱정할 정도이다.

후보자들의 납세실적 병역 재산 전과기록 공개 등 후보자 제대로 알기가 본래 취지와는 달리 경쟁판에서 악용되는 사례들이 급증하고 있는 것이다. 심지어 후보자들은 "내 공약이 이렇소"보다는 "A는 숨겨놓은 자식이 있고 B는 이권에 개입했다"는 상대방 약점 부각시키기에 최선을 다한다.

병역비리, 납세실적, 개인의 전과 등 사생활까지 모든 것이 하나 둘 공개되어지고 관객들도 알게 모르게 마치 심판관 마냥 누군가를 판단해야 하는 처지에 어느새 놓여 있음을 발견하고 소름끼치는 전율을 느끼게 된다. 과거처럼 정책, 좋아하는 당, 평상시 지역사회에서 보였던 성실함 등으로 판단했던 투표의 기준이 처음부터 뒤흔들리고 있는 것이다.

보이지 않는 큰 힘이 뭔가를 강요하는 듯한 느낌이다.

아쉽게도 사회가 점차 하나 둘 개방되었지만 마치 꿩처럼 머리를 풀 속에 쑤셔 넣고 숨었던 것이 과거 우리들의 정치판이었다. 은밀한 비밀과 각종 이권, 로비가 횡행한 것은 그들만의 정치 때문. 그러다가 곪아 터져 국민들에게 죄송하다고 사과하던 것이 그들의 정치 아니었던가.

평상시부터 숨김없이 국민들에게 까발리고 그 대책들을 논의했다면. 당나귀 귀를 꽁꽁 숨기려했던 미다스 왕 같은 인물들도 애초부터 존재하지 않았을 것이다.

상대방을 죽이는 네거티브는 이제는 서로 살아남는 상생의 정치로 발전되어야 한다. 당선이 되면 어떻고 원외에서 입바른 소리를 하면 또 어떻단 말인가.

그러나 살아남는 자들에게만 온통 특권이 부여되고 그들만의 세계가 구축되니 상대방을 죽이자는 마타도어가 횡행한다.

폭로하려면 선거 때만 하지 말고 평상시 하라. 그래야 시민들에 의한 감시의 정치가 정착되고 평소의 열린 정치가 네거티브 선거를 몰아낸다.
 살아남아 선량의 대열에 끼였다고 해서 깨끗한 정치인이고 떨어졌다고 해서 더러운 정치인이라고 단정하기에는 아직 무리다. 한국정치가 나갈 길은 아직도 험난하다.

린다 김의 연서와 사랑로비의 교훈

2000년 5월 19일

린다여.

사내들 흥분시키는 이야기가 있소. 백성들 앞에서 호령하는 권력이 보이고, 적절하다 못해 부적절하고 야하다는 이야기가 넘치니. 선글라스 낀 여인네가 있는가 하면 가정을 팽개치고 싶다는 장수들도 엿보이오.

동경한다는 여인들도 있구만요. 미모와 우아한 매너(필자가 확인해보지 못해 확신할 수 없지만)로 일국의 장군들과 국회의원들을 좌지우지했다는 이야기이니. 실패한 신데렐라이지만 일순간의 화려함이 부럽다는 것이오. 백두사업(통신감청용 정찰기 도입사업)의 중개업자였던 '린다 김(한국명 김귀옥)', 당신의 로비가 사람들의 화제거리라오. 20여 년 전에 가수로 한국에서 활동한 적이 있다든가, 얼마 전 대중들에게 얼굴을 드러내면서 쓰고 나왔던 색안경이 유행을 타고 있다는 풍문들 속에 심지어 얼굴의 어떤 부분을 성형수술했다는 등의 시시콜콜한 이야기까지 나돌아요.

국경을 넘나들면서 적절한 관계를 맺었다고 이양호 전 국방장관은 실토하는 데 당신은 절대로 몸으로 로비를 하지 않았다고 주장하니 누구 말이 맞는지. 사랑 놀음이 아니라고 확언하지만, 여러 사람들과 주고받은 연서만은 순정이 넘치는 듯 하오.

A 전 의원은 "배우는 필요할 때 눈물을 흘릴 수 있지만 보통사람은 마음 속의 감정이 발로되지 않고는 그렇게 되지 않는 것으로 알고 있는 나는 언젠가 너의 붉은 색이 감도는 눈망울과 그 가장자리를 적셔내리는 눈물을 보고 너는 나를 아끼고 사랑하고 있는 사이임에 틀림없다고 믿게 되었다"고 연서를 보낸 것으로 알고 있소.

또 B 전 장관은 "오래 전부터 알고 있었던 사람들처럼 완벽한 심정적 일치를 몇 번의 대화와 우리들의 기적적인 해후처럼, 쌍무지개가 서는 것처럼 눈빛에서 일어났던 것이오."라고 했다는데.

이들이 마치 순수한 열혈 청년의 정열처럼 사랑의 시어를 토해내니. 어떻게 해석하는 게 올바른지 혼동스럽소. 경제 개발과 민주투쟁의 험난한 시간을 거쳐 오늘날을 이룩한 소위 성공한 한국 남성들의 공허함으로 봐야될 지. 왠지 당신에게 넘어간 남자들한테서 외로움이 느껴진다는 여성들의 주장도 봤소. 이왕 터진 김에 로비를 양성화하자는 주장도 입심 센 사람들한테 나오고 있으니, 필자 같은 필부들은 세상 돌아가는 바를 모르겠소.

몇 사람들에게 린다 당신이 받는 지금의 고통이 도리어 자신들의 괴로움일지 모르지만. 필자는 군사용 비행기를 놓고 고위 장성들과 정치인들이 외국에 의해 고용된 여자에 의해 놀아났다는 사실이 충격적이오.

미모를 앞세웠던 독일의 스파이 마타하리가 생각나오. 파리의 스트립쇼의 댄서로 일했던 마타하리는 프랑스 장관 줄르 캄브론, 독일의 황태자, 네덜란드 수상, 브론스위크 백작 등을 애인으로 두고 수많은 사람들의 목숨을 손에 쥐고 뒤흔들었다오. 독일이 그녀를 버렸을 때, 그녀를 사랑했던 많은 사람들이 마타하리를 프랑스로부터 구하려 했으나 결국 그녀는 총살대에서 숨을 거두고 말았소.

이왕 로비를 하려면 조국을 위해 하라는 말이 궤변이고, 어이없는 말이오? 전형적인 미인계의 주인공으로 꼽히는 중국 춘추시대의 서시는 범려를 위해 부차를 주색으로 빠지게 만들어 기어이 월나라의 승리를 이끌어내었소.

린다 당신은 사랑, 조국애, 돈 등 서로 상충되는 다양한 가치들 속에서 우리들의 책무가 뭔지 생각해 볼 기회를 제공했소.

그것은 이때까지 우리가 지켜온 공동체라는 소중한 가치가 아니겠소. 몇 사람의 이권을 위해 공동체를 무너뜨리는 부패, 여성로비스트들의 환심을 위해 공동체를 파멸의 구덩이로 몰아넣은 철부지 사랑, 그리하여 국가 기밀까지 그녀들의 치마 속으로 넘기는 행위.

위선의 사랑보다는 차라리 대가 없는 공동체의 소중함을 택하라고 권하고 싶소. 공동체는 최소한 당신들이 겪고 있는 어이없는 낯 뜨거움은 없으니까.

목포시청 사조직의 산타기? 줄타기?

2009년 2월 18일

"6급 이하는 200만 원씩, 5급 이상은 300~500만 원씩 돈을 갹출, 모두 7900여만 원을 모았다. 그 돈은 시장의 선거운동을 돕기 위해 조성한 것이다. 처음에는 5~6명의 핵심 인원으로 시작했다가 세월이 흐르면서 40여 명까지 늘어났다. 고위급 한두 명을 중심으로 6-7급이 다수를 이루고 있다. 새 회원으로 가입하려면 만장일치가 있어야 한다. 생사고락을 같이한다는 결의서까지 채택한다. 공무원 조직 내 인사뿐만 아니라 지역 업체와 결탁, 금품수수와 자금 일부의 공동 관리로까지 발전한다."

아마 이 글을 읽는 목포시청 내 일부 직원들은 경악을 하거나 얼굴을 붉힐 정도로 뜨끔할 내용들일 것이다.

지역 각 기관들의 정보라인들과 사정 수사팀들도 "드디어…"하고 앞에서 언급한 내용들에 대해 관심을 보일 것이다.

결론부터 말하자면 필자가 언급한 내용은 2002년 인사개입과 금품수수 등으로 적발되어 회원 일부가 구속된 동두천시 공무원들의 사조직인 '형제회' 사건 파동이다.

문제는 목포시청 직원들이 이와 비슷한 정황이 목포시청 안에서 발생했다고 주장하고 있으며, 내부에서 사조직 문제를 해결하지 못하고, 외부로까지 소문이 확산되고 있다는 점이다.

현재 목포시 공무원 노조 인터넷 홈페이지는 '형제회' 사건을 연상시키는 '정인산악회'의 인사 개입 논쟁으로 가히 폭탄이라 할 정도로 시끄럽다.

조회수가 1천여 회가 넘는 글도 있다. 구체적인 장소와 금액까지 언급되고 있다.

지난 2월 13일 목포시가 단행한 사무관 이상 인사에서 최창호 주민복지국장을 비롯, 인사라인과 주요 핵심 보직을 '정인산악회' 회원들이 차지를 했다는 것이 '비 정인파' 공무원들의 반발이다.

필자가 취재한 진실은 이렇다. 정인산악회는 20여 년 전 북교동 사무실에 근무하던 최창호 씨를 중심으로 11명으로 발족됐다. '정인'이라는 명칭 때문에 한때 권이담 전 시장의 비호를 받는 조직으로 낙인찍히기도 했다.(권 전 시장은 퇴임 이후 전북 정읍의 정인과학대학을 인수하여 2003년 전북과학대학으로 교명을 변경하여 현재 학장으로 일하고 있다.)

최창호 국장은 "정인산악회 이름은 동 사무소 여직원의 아이디어로 권 전 시장 취임 전에 발족한 모임이었으며, 전태홍 시장 때 이미 해산되었다. 현재 산악회는 나와는 관계없는 만보산악회다"고 했다.

정종득 현 시장이 초창기 사조직 폐단으로 보고 받은 산악회 명단은 37명으로 알려져 있다. '만보산악회'는 활동이 뜸하다가 다시 '시청산악회'란 이름으로 재건되어 활동하고 있는데, 박 모 과장이 다시 회장을 맡았다. 한때 100여 명이었던 회원들 가운데 회비 미납자들을 정리하여 현재 40여 명이 못된 것으로 확인됐다.

목포시청 내에는 배드민턴 마라톤 등 여러 개의 취미단체와 향우회 종친회 동창회 등이 존재하고 있으나 유독 잡음을 일으킨 조직이 바로 산악회다.

지목된 인사들은 대개 승진속도가 평균 이상으로 빠르고 노른자 자리를 차지하고 있다는 공통점을 가지고 있다. 이들은 "억울하다. 열심히 일했다. 똑똑한 사람들이다. 정인 멤버가 아니다"라고 해명하기도 하고, "취미활동인데 뭔 문제냐"고 항변하기도 한다.

그러나 다른 공무원들이 이들에게 분노하는 이유가 있다. 조직이 일부를 중심으로 폐쇄적으로 움직인다는 것이다. 상대적으로 소외감이 생길 수밖에 없다. 산악회 회장은 인터넷에 산행을 공지하는 등 공개적인 취미활동이라고 주장했다. 반면 반대파들은 '정인'의 껍데기만 바꿔 지속되는 사조직이라고 주장하고 있다.

사조직은 공조직과 개방된 정책결정 과정을 무너뜨릴 위험을 갖게 된다. 사조직이 자치단체장 선거에 개입하거나 조직의 힘으로 줄타기를 시도하면 더 이상 공무원이 아니라 정치 브로커나 공사 또는 인사 브로커로 전락하게 된다.

폐쇄적 조직이 갖는 동질성은 몇 사람의 의견을 중심으로 급속도로 세를 형성하며, 비판하는 다른 사람들을 '조직의 부적응자, 또는 바보'로 만들 독기를 품게 된다.

실제 형제회 뿐만 아니라 대전시의 만골회 공토회 등 사모임도 업자들과의 유착혐의로 잡음을 일으켰다.

마침 경남 사천시도 이와 비슷한 '칠오회' 파동이 일어 몇 개월 전 김수영 시장이 모임 해체를 지시하는 특단의 조치를 내렸다. 김 시장은 1년 이상 회원들 전원에 대해 전보 조치를 내리고, 회원들을 별도 관리하고 있다. 목포시도 타 자치단체를 타산지석으로 삼아 사조직의 실태를 전면적으로 파악하여 불이익을 당하는 사람이 없도록 대책을 마련해야 할 때다.

벗기기전쟁 시끄러움? TV를 메고 중세로 갈까

2000년 8월 8일

시청률을 먹고 산다고 했던가. 경쟁사의 프로그램과의 전쟁에 밀렸던 어느 방송국의 제작팀은 한탄뿐이었다.

"그러니까. 어쩌란 말이야. 벗기고, 두드려 패야만 사람들이 몰리니. 제대로 된 작품하나 만들기가 이렇게 힘들어서야"

"정 작가, 그러길래 뭔가 시청자를 잡을 수 있는 쇼킹한 것 넣으라고 했잖아"

밀리고 도태당한 팀들이 기울이는 소주잔의 결론은 '생존'으로만 가닥이 잡힌다. 이들 역시 시청자의 눈을 끌 수 없는지 각국의 베스트 프로그램을 구해 연구를 한다.

마치 인터넷 성인토크쇼를 보는 듯 사회자의 몸매를 드러내 보이고, 단순한 게임도 잘 빠진 여자 출연진들을 물속에 빠뜨려 눈 구경을 시켜준다. 범죄 수사 프로그램도 소설기법과 개그작가의 유머감각을 도입하여, 코미디와 실제상황을 적절히 혼합시킨다.

여기에는 새로운 포맷 도입이라는 그럴듯한 언론학계 교수들의 평가들이 뒤를 잇고, 내부의 자화자찬이 뒤따른다.

새로 들어오는 인력들도 토크, 개그 등 쇼프로그램 쪽을 기웃거리지, 농촌

지역이나 문화를 배려한 고리타분한 팀들을 기피하는 경향이 역력하다.

작금의 방송을 누가 이렇게 만들었는지. 돈 벌기 위한 방송국, 안방에 앉아 훔쳐보는 시청자, 인기라면 최후만 남기고 다 벗겼다는 연예인, 살아남는 그 날을 위해 기어이 눈을 사로잡겠다는 방송팀, 그래 벗어라, 때려라, 그 사이에 물건하나 더 팔아보자는 기업들의 상혼인가.

범인을 잡아내는 것은 거의 무의미하다. 우리 모두 구경하고 박수치고 부채질한 당사자들이 아닌가.

그런 와중에 박지원 문화관광부장관이 방송에서 선정성과 폭력성을 몰아내는데 장관직을 걸겠다고 공언을 했단다. 불과 몇 시간 뒤에 방송위원회위원장과 방송 3사 사장들이 일제히 박수를 치며 박 장관의 발언에 지지를 표명하고.

몇 가지 생각이 교차된다. 우선 소위 우리 사회의 TV권력자들이 진작 좀 그렇게 나서 보지라는 생각, 또 이때까지 시청률경쟁 부채질하다가 장관이 한 말 하니 우수수 태도를 변화시키는 세태가 웃긴다.

마치 내가 나서면 모든 것은 해결되리라는 권위와 자신만만함이 내비쳐있다. '장관'직을 걸고 해결하겠다는 식의 추진력(?)이 도리어 시청자들을 어지럽게 만든다.

영화 속의 키스와 TV의 키스가 어떻게 다른지, 거리에서 포옹한 청소년들과 TV의 포옹이 왜 다른지, 설명이 없다.

미국의 경우, 국회차원에서 '외설 및 도색물에 관한 조사위원회'를 설치하여 여러가지 쟁점들에 관해 다양한 연구들을 수행해 왔다. 법무부 장관도 TV 도색물의 영향을 연구하기 위해 위원회를 별도로 임명했다.

이러한 위원회들은 TV의 성적 자극에 시청자들이 노출되면 어떠한 영향이 있는 지를 다양하게 연구하여 그 대안책들을 제시하고 있다. 이 연구들은 프로그램들 속에서 성적(포옹, 입 맞추기, 매만지기, 성교 등)인 행위들을 분류하여 이들이 연령별 시청자들에게 미치는 영향들을 연구했다.

즉 장관의 눈으로 판단한 선정성과 폭력성이 아니라, 시청자들의 다양한 의

견과 이들 프로그램들이 인간 보편적인 정서에 얼마만큼의 영향을 끼쳤는지를 분석하여 대안을 제시했던 것이다.

최근 인터넷을 포함한 대중매체에 도입되고 있는 내용등급제와 성인 전문 채널 등은 이러한 연구에서 비롯되었다. 사회의 도덕성을 염려하는 것은 이해할 만하지만, 방송위원회 등의 역할을 무시하는 것은 옳지 않다.

만약 키스하는 장면도 선정성이라고 한다면 할 말이 없다. TV 싸매고 중세로 돌아갈 수밖에.

부자서열 대 거지서열

2000년 3월 25일

국내 워드 프로그램의 대명사인 '아래한글'을 개발한 이찬진은 한때 컴퓨터 업계의 황제로 불려졌다. 1991년 그가 설립한 국내 벤처산업의 원조 격인 한글과 컴퓨터사는 신세대들의 우상이었다. 컴퓨터 프로그램으로 돈을 모으고, 미녀 탤런트 김희애와 결혼하고 15대 국회의원을 역임하는 등 숱한 화제를 몰고 온 부러움의 존재였다.

그런 그도 10여 년이 지난 작금의 벤처 열풍 속에서는 그 흔적을 거의 찾아볼 수 없다. 대신 그 자리를 로커스의 김형순, 새롬기술의 오상수 등 또 다른 30대들이 자리를 차지하고 있다. 정보통신업계의 불과 10여 년이 일반 제조업의 30여 년을 능가할 만큼의 변혁이 있었던 것.

과거 제조업에 기반을 둔 재벌들이 이제는 신 벤처재벌들에게 밀려나고 있다는 자조의 소리가 넘친다. 폭발하고 있는 벤처주식에 힘입어 새로운 신흥 재력가들이 탄생, 이른바 부자서열이 뒤바뀌고 있기 때문이다.

이들의 부자서열에는 얼마만큼 지폐가 깔려 있을까.

증권거래소의 평가에 따르면 3월 15일 현재 국내 10대 그룹 회장과 명예 회장들이 보유한 상장 주식의 총 평가액은 2조 1383억원, 작년에 비해 46% 정도 증가한 액수이다.

1위는 삼성 이건희 회장으로 평가금액 8,621억 원의 삼성 계열사 주식 547만 5,000여 주를 소유하고 있는 것으로 알려지고 있다. 2위는 현대그룹 정주영 명예회장이 3,999억 원, 3위는 현대 정몽헌 회장이 3,233억 원, 4위는 현대 정몽구회장 1,560억 원, 5위 SK 최태원 회장 1,195억 원의 순이었다. 모두들 소유하고 있는 주식만 1천억 원이 넘은 것을 알 수 있다.

재미있는 것은 일반인들이 엄두를 내지 못할 돈을 갖고 있는 이들도 신 벤처 재벌들의 돈 모으기, 재산 늘리기에는 고개를 설레설레 흔들 정도라는 것이다.

국내 벤처기업인들 중에 갑부 1위로 떠오른 로커스의 김형순 사장은 작년 12월 코스닥시장에 주당 3만 3,000원에 등록한 뒤 15일 현재 주가가 19만 원으로 급등하면서 그가 가진 지분의 평가금액은 7,533억 원으로 치솟았다. 10대 그룹으로 따지자면 삼성 이건희 회장에 이어 2위인 셈이다. 29세 때 직원 4명과 2,000만 원으로 사업을 시작한 지 10년 만에 7천억 원 대에 이르는 신화를 달성한 것이다.

이밖에 반도체 장비업체 주성엔지니어링의 황철주 사장이 주식평가금액은 6,869억 원. 대표적 인터넷기업인 다음커뮤니케이션의 이재웅 사장과 새롬기술의 오상수 사장은 각각 2,473억 원, 2,116억 원의 자산가로 변신했다. 버추얼텍의 여성 벤처기업인 서지현 사장(35)도 3,000억 원 대의 평가 금액을 기록 중이다.

불과 몇 년 만에 부자서열에 합류한 이들이 부를 이룩한 밑거름은 주식시장으로 과거 제조업과는 전혀 다른 기업 문화적 배경을 갖고 있다.

그러나 미국의 경제전문지 포천은 20일자에서 벤처기업들이 무분별한 편법 축재로 전통적인 기업윤리가 소멸됐다고 다음과 같이 지적하고 있다.

"많은 벤처기업 경영인들이 자신을 기업 경영자로 여기기보다 기업 공개를 통해 단기간에 큰 부를 축적할 수 있는 투자자로 생각하고 있다".

한국사회가 벤처열풍으로 달아오르고 있는 와중에서도 끊임없이 벤처경계론이 제기되고 있는 것도 이와 맥을 같이 하고 있다.

지난 15일 코스닥시장에서는 이러한 벤처열기를 다시 검토해보는 기회가 마련되었다. 국내 최대 인터넷 경매 사이트인 옥션(www. auction. co.kr)이 코스닥 등록심사에서 보류결정을 받았다. 옥션은 회원수 85만 명으로 거래물건의 종류가 18만5000개나 되는 국내 최대의 경매 사이트였기에 벤처기업들의 상상을 깨뜨렸던 것이다. 앞으로 수익이 불투명한데 무조건 기업 가치를 과대평가 할 수 없다는 경계의 메시지이다.

H. 조지는 '사회적인 제문제'에서 부자가 되는 길은 세가지 밖에 없다고 말했다. "근면과 증여와 도둑이다. 그런데 근면한 자가 얻는 몫이 왜 그렇게 적은가 하는 분명한 이유는, 거지와 도둑이 너무 많이 차지하기 때문이다."

H. 조지가 오늘날 한국사회를 봤다면 이렇게 수정하지 않았을까.

"단 시간에 부자가 되는 길은 기업 가치를 뻥튀기 시키는 일이다. 벤처 거품에 편승하는 일이다. 뻥튀기 된 만큼의 피해는 투자자에게 돌리면 되는 일이다"

사태가 이러하다면 이제 '부자서열' 뿐만 아니라 깡통 찰 '거지서열'에도 관심을 돌려야 되지 않을까.

불법 은폐로 버텨온 조직들 위기극복은

2000년 10월 31일

경제계가 불신과 불법으로 온통 난리다.

정현준 씨의 동방금고 불법대출이 금융감독원의 조직적 은폐로까지 확산되고, SK텔레콤과 신세기통신의 합병에는 공정거래위원회가 심사를 조작했다는 의혹까지 제기되고 있다. 코스닥은 정현준 씨 사례가 보여주듯이 이른바 작전세력들의 조작으로 개미군단들의 피해가 속출하고 있다는 것이 알려지면서 맥없이 무너지고 있다.

벤처와 대기업, 경제관련 부서와 감독기관까지 경제계의 전 라인이 허둥지둥 쓰러지고 있는 꼴이다. 경제계가 살아나기를 희망한 것이 세상물정 모르는 사람들의 짝사랑에 불과할 정도로 이들 세계가 검은 거래로 엉망진창이었다는 것이 하나 둘 밝혀지고 있다.

속이고 속여 온 경제계의 대 위기를 우리는 어떠한 관점에서 볼 것인가. 그동안 우리 경제는 성장 위주로 앞만 보고 달려왔다. 부채가 급증하고 안에서부터 곪아 터져도 외형상 매출을 키우는 데만 급급했다. 외부자본 끌어당기기, 주가조작, 시세차익 등 외형적 성장을 위한 기술만을 최고로 여기는 분위기였다.
　그러다 보니 경영인들도 위기 관리법에 대한 연구가 태부족이었다. 세계화와 정보화가 급격히 진행되면서 각 기업과 조직들도 부정, 제품불량, 재무악화, 불법적 관리 등 위기 발생가능성이 과거보다 훨씬 커지고 있다. 위기를 어떻게 관리하느냐에 따라 기업의 생명이 좌우되기도 한다. 위기를 신속하게 대응하지 못하는 조직은 죽지만, 위기관리가 뛰어난 조직은 도리어 이미지가 상승되고 주가가 뛰는 경우가 태반이다.
　이번 금감원의 정현준 씨 불법대출 은폐기도에서 보듯이 숨기고 있는 것만이 능사는 아니다. 도리어 조그만 불씨가 결국은 커질 대로 커져 일시에 무너지는 암적 요소가 되기도 한다.
　지난 6월 일본에서는 2개의 회사가 외부적 요인에 의한 위기에 봉착했다.
　유키지루시유업(雪印乳業)은 자사의 저지방 우유를 마신 고객들이 식중독에 걸려 대거 입원하는 사건이 발생했다. 산텐제약(안약 전문회사)은 2천만 엔을 송금하지 않으면 눈에 치명상을 주는 화학약품인 벤젠을 넣은 안약을 무차별 살포하겠다는 협박을 받았다.
　자, 당신이 회사의 중요 정책 결정자라면 어떠한 방법을 선택하겠는가.
　유키지루시유업의 경영진들은 사태가 발생했을 당시 책임회피에만 주력하면서 1주일을 보냈다. 그 결과 1주일 만에 1만 명이 넘는 사람들이 입원하는 초유의 사태가 발생하고 일본정부는 공장 폐쇄를 명령하고 유통 중인 유키지루시유업 전 제품의 판매중지 및 회수를 단행했다. 창사 이래 유키지루시유업은 최악의 위기에 봉착하면서 주가가 일시에 21%나 폭락하고 사장이 사태에 대한 책임을 지고 사임했다.
　반면 산텐제약은 즉시 기자회견을 열어 자사의 제품이 독극물 협박을 받고 있다고 공개하고 전국에 배포된 제품을 회수하여 폐기할 것을 지시했다. 산텐제약은 전국 7만개 소매점에서 판매했던 가정용 안약 24개 품목 250만 개를 1주일 만에 모두 회수했고, 동시에 TV광고를 중단했다. 협박범은 사건 공개 10일 만에 체포되었다. 사건이 알려지자 소비자들의 격려전화와 전자메일이

쇄도하고 회사는 소비자 안전을 감안하여 포장이 대폭 개선된 제품을 출시하였다.

이처럼 위기관리 능력은 모든 것을 있는 그대로 인정하고 반성하면서 뼈아픈 노력을 기울인다는 공통점이 있다.

어쩌면 최근 정현준 사태와 비슷한 일본의 노무라증권의 사례를 봐도 그렇다. 1997년 4월 노무라증권은 폭력단에게 이익을 나눠주고 정부관료를 접대한 것이 문제가 되어 사카마키 사장이 구속되고 회사는 5개월 간 채권업무 취급이 중단되는 등의 제재를 받았다. 이에 따라 사장을 포함한 15명의 고위 임원이 모두 퇴임하고 최하위 서열이었던 우지이에 상무가 취임하여 개혁을 추진했지만 1999년 3월 결산에서도 사상 최대인 4천억 엔의 적자를 기록하는 등 당시의 충격을 벗어나기에는 역부족이었다.

그러나 우지이에 사장은 법령준수 등을 최우선 과제로 내세우고 내부에 감시위원회를 설치하는 등 불법을 추방하기위해 노력을 기울였다. 결국 노무라증권은 올해 3월 결산에서 순이익이 3천억 엔을 넘어섰고 10년 만에 가장 많은 보너스를 임직원들에게 지급하는 등 회생의 길을 걷고 있다.

은폐와 불신의 가면으로 생명을 버텨온 조직들이 맥없이 주저앉고 있는 한국적 조직 관리 시스템을 다시 한 번 점검해 볼 때이다.

사모님 치맛바람을 어찌하리오

1999년 7월 21일

　인천 구치소 수번 200번. 임창열 경기지사의 부인 주혜란 씨가 경기은행 로비 커넥션으로 죄인의 몸이 되면서 부여받은 죄수 번호이다.
　경기도의 힐러리로 불리울 만큼 파격적인 내조로 눈길을 끌었던 주 씨의 수감 소식을 전해들은 경기도청 직원들은 그동안 주 씨의 언행이 살얼음판 위를 건너는 듯한 느낌이었다 한다. 언젠가는 불거질 가능성이 농후할 정도로 주 씨의 평소 내조가 너무나 화려(?)했다는 것이다.
　주 씨는 지난해 6월 도지사 관사 입주를 앞두고 1억 2천만 원을 들여 관사를 전면 새 단장한 적이 있고 임 지사의 생일날 지역 유지들을 1백여 명이나 초청하여 파티를 치르기도 했다. 아무리 품위를 생각한다 해도 서민들의 정서와는 어울리지 않다.
　이 밖에도 주 씨는 경기오페라단이 기획한 푸치니의 오페라 '토스카'에서 나폴리의 여왕 역으로 출연한 적이 있고 우리 한복 패션쇼에서 한복 모델로 등장하기도 했다. 또 관사를 방문한 VIP들에게는 직접 피아노 연주까지 곁들인 노래를 선사하기도 했다는 것이다.
　새삼 주 씨의 언행이 호사가들의 화제가 된 것은 권력과 부와 미 등 이야깃거리의 요소가 한데 어울려 있기 때문일 것이다. 경기도 최고 관아의 안방,

그리고 주 씨가 운영했던 강남의 대표적인 건강클리닉이었던 '주클리닉' 등은 부와 권력을 상징한다.

퇴출대상이었던 경기은행 측이 주 씨를 로비대상으로 선택, 4억 원을 상납한 것은 그동안 상류사회의 안방이 로비의 주 대상이었다는 입증하는 터라 더 씁쓸하다.

아마 건국 이후 권력형 치맛바람의 원조로는 이기붕(李起鵬) 씨의 부인 朴마리아 씨를 꼽을 수 있을 것이다. 부인들이 '베갯머리 송사'를 부탁하며 朴씨에게 모피코트를 선물한 사건으로 옷 로비의 원조이기도 하다.

이와 비슷한 사건들은 최근 몇 년 사이에도 끊임없이 발생했다. 김영삼정부 때는 이성호 전 보건복지부장관 부인 박성애 씨가 당시 안경사협회로부터 의료기사법시행령 개정을 청탁받고 1억 7,000만 원을 받은 사실이 밝혀져 구속됐다. 비슷한 시기에 수뢰혐의로 구속된 이양호(李養鎬) 전 국방부장관의 부인은 노태우(盧泰愚) 전 대통령의 딸 소영 씨에게 청탁한 사실이 드러나기도 했다.

또 올해 들어서는 1월에 김인기 강원 동해시장의 부인이 인사와 관련해 현금 등 9,300만 원의 뇌물을 받은 혐의로 구속됐으며 5월에는 김옥현 광양시장의 부인도 승진청탁과 함께 3,000만 원을 받아 철창 신세를 졌다.

이들의 공통점은 상류사회와 남편의 권력에 취해 자신의 권력까지 동등하게 생각한 것이다. 정통적으로 행정관료의 길을 걸으면서 닦아온 공복의 자세가 이들에게 있을 리 없다. 모 마님은 남편의 직원을 자신의 하인처럼 심부름시키다가 언론에 망신당한 사례도 있다. 그리하여 오늘날의 '사모님'을 있게 한 남편까지 된서리를 맞게 만든 것이다.

구속집행 직전 화장할 시간을 달라고 했던 주 씨. 호수에 비친 자신의 미모에 취해 빠져 죽은 나르시스. 주 씨 사건은 스스로 권력과 우아함을 표방할지 모르겠지만 상류사회라는 허상에 취해 자멸의 길을 걷는 나르시스 형 여인들을 떠오르게 한다.

주 씨가 1평짜리 독방에서 처음 맛본 식사는 쌀 80% 보리 20%의 주식과 우거지 국에 반찬 3가지가 곁들인 관식이었다. 주 씨는 절반을 먹다가 숟가락을 멈췄다 한다.

사이버 도박 그 화려한 꿈과 좌절

2000년 1월 26일

　인터넷도 아직 경험해보지 못한 사람들에게는 생소한 이야기겠지만 요즘 '사이버 도박'이 암암리에 사회 각 계층에 빠른 속도로 파고들고 있다고 한다. PC통신 인터넷 등의 발달과 더불어 각종 도박을 인터넷으로 서비스하는 방법인데, 온라인 신용카드 결제를 이용하여 실제로 거액의 판돈이 오고 간다. 심지어 안방에 앉아 외국의 카지노에 인터넷으로 접속, 수천 만 원을 잃은 사례도 있다.
　최근 인터넷으로 카지노 도박장을 운영하던 사람들이 국내서도 적발, 그 비밀스런 사이버 공동체가 공개되었는데 그 규모가 놀라울 정도였다.
　이들은 Casino-Treasure, CasinoFantasy, FirstLive, Casinolux 등 외국의 유명 사이버 카지노 업체와 파트너십 계약을 맺고 특수 프로그램을 제공받아 사이버 카지노사이트를 개설하여 불특정 다수인이 자신들의 사이트를 통해 룰렛, 블랙잭, 슬롯머신, 비디오포카 등 사이버 도박을 하게 한 뒤, 수익금을 배분하는 방식(총 수익금의 10-25%)으로 도박 영업을 해왔다.
　국내서만 이들의 사이버카지노를 들락거린 사람들이 20만여 명. 전국의 시. 도청, 교육청, 금융기관, 공기업, 초중고교, 사관학교 등 인터넷 전용선이 설치된 관공서와 기업체 직원들이 망라되어 있었다.

이들 중 김모 씨는 2곳의 사이버 카지노를 운영했는데 불과 수개월 사이에 3억여 원의 운영이익을 냈는데 그중 2억 4천만 원은 외국 파트너업체가 챙기고 6천만 원이 김 씨에게 배당금으로 돌아갔다는 것이다.

도박하면 떠오르는 것이 탐욕, 낭비, 죄악 등 부정적인 이미지가 많다.

아무래도 정상적인 돈벌이보다 요행이나 탈법으로 돈을 거머쥐는 장면이 연상되기 때문이다. 그럼에도 많은 사람들이 그 화려한 꿈을 꾼다. 보들레르까지 "인생에 있어서 참된 매력은 하나밖에 없다. 그것은 도박의 매력이다"라고 읊었을 정도다. 어쩌면 일반인들이 이해하기 힘든 마약 같은 흡입력을 가지고 있는 듯하다.

필자는 도박으로 행운을 얻은 몇 사람들을 알고 있다.

몇 년 전 국회에서 도박을 하던 의원들까지 명단이 공개되어 망신을 당한 경우도 있지만 영국의 윌리엄 노스모어는 도박으로 국회의원이 된 사람이다. 원래 윌리엄 노스모어는 전 재산 약 85만 파운드를 한 장의 카드에 걸었다가 실패하여 빈털터리가 되었다. 운명의 카드는 다이아의 에이스였다. 완전히 망해 그 후 몇 년간 금전상의 어려움을 겪었는데 유권자들의 동정을 사서 그는 1714년 국회의원으로 선출되어 19년 간이나 국회의원의 직을 유지했다.

찰스 데빌 웰즈는 카지노의 루울렛 바퀴에 0이 들어가게 만든 사람으로 유명하다. 카지노 측이 테이블 위의 판돈을 모두 쓸어가는 0의 존재는 처음에는 카지노에 없었다. 3일 만에 4만 파운드(오늘날 80만 파운드를 능가하는 액수)를 따서 몬테칼로의 은행을 파산시켰던 웰즈가 사용했던 방법은 매번 질 때마다 두 배씩 판돈을 거는 방식이다. 매우 위험한 방식이지만 이 방식은 질 때마다 이길 확률과 판돈은 도리어 커지는 방식이다.

또 윌리엄 재거스라는 사람은 완벽히 평형을 이루는 루울렛 바퀴는 없을 것이라는 가정 아래, 한쪽으로 기울인 테이블을 발견하여 그곳에서 8만 파운드를 땄다. 물론 나중에 그 바퀴는 폐기되고 말았지만.

원래 도박은 사용하는 용구와 대상에 따라 주사위, 패, 기계, 스포츠 등을 사용하는 종류로 나눠 볼 수 있다. 이중에서도 컴퓨터 등 기계를 사용하는 도박은 사람들을 고립화시키고 몰 개성화시킨다는 점에서 가장 위험한 도박으로 지적돼 왔다.

삼국사기의 백제본기(百濟本紀) 개로왕(蓋鹵王) 21년조에는 박혁(주사위 놀음의 일종)에 대한 대목이 나오는데, "박혁에 미치면 나라도 망치며, 개인적으로는 집안을 망친다"하였다. 1천 5백여 년이 지난 사이버 카지노시대에도 놀이와 도박을 구별하는 절제력이 필요할 때이다.

사이버섹스의 빛과 그림자

1999년 7월 20일

K형은 자유분망하고 진취적이다. 요새 신세대들의 눈에 띌만한 여러 모습들을 웬만하면 가볍게 웃고 넘어갈 수 있는 정도의 아량도 가졌다.

그런 그가 하루는 허둥지둥 중학생 아들문제로 상담을 자청했다. 아들이 요새 유행하는 PC게임방을 너무 자주 들락거리는데, 친구들끼리 전화통화 내용을 우연히 듣다보니 그곳에서 음란물까지 보고 있다는 것이다.

본보 6월 9일자 'PC게임방 음란물 방치' 보도를 본 사람들의 반응은 대체적으로 깜짝 놀란 표정이었다. 설마 도시 한복판에서 그런 음란물이 거의 제재없이 청소년들에게 노출되거나 유통될 수 있느냐는 의문 때문이다. 그러나 사진으로 포착된 것처럼 이러한 현상은 이미 청소년들 사이에서 대중화되었다고 보는 것이 확실하다. 어느 PC게임방 주인도 설마 자신들의 고객인 청소년들이 그런 정도로 음란물에 빠졌는지 몰랐다고 한탄을 할 정도였다.

새로운 전자매체의 음란물 유통이 과거보다 훨씬 쉬워진 것은 인터넷의 등장과 디지털문화의 속성 때문이다. 비트로 모든 정보를 저장하면서 심지어 인간의 육성과 역동적인 모습까지도 하나의 정보단위로 변환이 가능하게 되었다.

즉 디지털화된 정보는 컴퓨터와 저장장치만 있으면 누구든지 맘대로 유통하고 악용이 가능한 시대가 되었다. PC게임방에서 얻은 섹스장면 등은 쉽게 복사해 자신의 친구들에게 유통시킬 수 있는 것이 사실이다. 인터넷의 확산 탓에 어린 아이들도 맘만 먹으면 세계 곳곳의 분홍빛 문화를 언제든지 탐닉할 수 있다. 온라인 홍등가는 끈질긴 생명력을 과시하는 생물처럼 사이버 공간 곳곳을 잠식하면서 다양한 사회문화 속으로 침투하고 있다.

최근 이러한 경향 때문에 학자들은 다양한 방법의 방비책들을 모색해왔다. 프로그램 등급제, 온라인 경찰 운영, 포르노 차단 소프트웨어 배포 등등. 그러나 아마 이 모든 방법들이 완벽한 해결책이 될 것이라는 것을 확신하는 사람은 없을 것이다. 그만큼 인터넷은 복잡하고 방대한 전자적 공간이다.

심지어 모자이크된 여자의 나체 부위만 원상회복시키거나 부모가 나타날 때는 즉시 공부하는 화면으로 전환시키는 프로그램들까지 청소년들 사이에서 유통되고 있다. 일각에서는 사이버섹스가 성적 무기력증에 빠진 환자들의 심리적 치료요법에 응용될 수 있다고 주장하고 있으나 자제력이 약한 청소년들을 제물로 삼는 사이버 섹스는 범죄에 가깝다.

캐나다의 제임스 올수와 피터 밀러의 실험은 통제와 절제력이 없는 성적 유희가 어떤 결과를 가져오는 가를 보여준다. 쥐를 작은 방에 가두고 한쪽 버튼을 누르면 음식이 나오고, 다른 한 쪽을 누르면 쥐의 뇌에 장착된 자극기가 작동돼 쾌락중추가 자극되는 경우, 쥐들은 쾌락버튼만 미친 듯이 누르다가 결국 뇌가 타서 죽게 된다는 실험이다.

얼마 전 미국의 인터넷 뉴스 사이트인 '시네트'는 섹스게임 제작자들을 인터뷰한 적이 있다. 게임 '리아나 루즈'를 만든 미국의 블랙드래곤 프로덕션즈의 창립자이자 게임 개발자인 질리언 보너는 섹스하는 장면 등 야한 스토리의 전개가 얼마나 이용자들을 끌어들이는 데 중요한 가를 설명하였는데, 성공하기 위해서는 더 야한 스토리와 더 생동감 있는 화면을 제공할 수밖에 없다는 것이다.

이미 전자적 공간의 섹스게임은 브레이크 없는 자동차마냥 앞만 보고 질주하고 있다. 미국의 픽시스 인터렉티브사가 만든 인터넷 섹스게임 울트라빅센은 일본의 포르노성 애니메이션을 연상시키는 장면들이 수두룩하다. 국내서도 변태주식회사, 짐승 선생, 음탕한 여자 아키코, 가정부, 붉은 돼지 등 음란 전자게임이 유통되고 있다는 것이 확인된 바 있다. 일본 ILF사가 만든 '동급생'이란 게임은 고3 남학생의 탈선행각을 그리고 있는데 여자친구는 물론 의붓어머니, 이웃집 과부를 유혹하여 적나라한 성행위를 벌이는 장면 등이 수시로 등장한다.

인터넷 등 신 정보매체들은 빛과 그림자를 동시에 갖고 있다. 빛만 보고 무한정 방치할 때는 어둠의 나락으로 무섭게 떨어질 가능성도 높다. 청소년들이 전자매체에 매달리는 시간이 점점 늘어나고 있는 시기이다. 학부모들의 특별한 관심이 필요할 때다.

성상납은 대중문화의 적이다

2000년 5월 10일

　TV 브라운관의 화려한 조명, 그리고 아우성치는 팬들의 열기, 끈질긴 사랑을 구걸하는 스토커의 행적에서 스캔들까지. 연예인들의 행적은 어느새 우리 시대의 가장 큰 화제거리로 등장했다. 심지어 신세대들의 1순위 우상으로 연예인들이 꼽힐 정도이다.
　최근 몇 달만 해도 서갑숙의 섹스이야기 공개, 강남길의 이혼소동처럼 이들의 일거수일투족이 사람들의 관심거리다. 그만큼 현대사회서는 연예인들이 중요하고 영향력 있는 인물로 인식되고 있으며, 이와 더불어 공인의 마음가짐을 끊임없이 요구받고 있는 것이다.
　그러나 최근의 논쟁들은 이러한 연예인들의 세상이 또 다른 거래와 추문으로 물들어 있음을 암시하여 충격을 주고 있다.
　최근에 방영된 SBS의 연예인 매춘 관련 시사 고발프로인 '뉴스 추적-연예브로커의 은밀한 거래'는 그동안 소문으로만 떠돌던 연예인들의 매춘을 사실로 밝혔다.

　그러나 실제 방영된 '뉴스 추적'은 원본 그대로의 '은밀한 거래'는 아니다. 연예인 노조들이 성상납을 요구한 PD 등의 명단을 공개하겠다며 보도 수위를 낮춰줄 것을 요구하고 이를 방송국이 수용해 상당부분을 편집해 방송했기 때문이다.

그럼에도 하룻밤 대가로 백지수표까지 제안받았다는 여성 연예인의 이야기나 1천 만 원이면 알만한 애들을 데리고 놀 수 있다는 어느 브로커의 이야기는 이러한 여성 연예인 매춘이 실제하고 있다는 것을 짐작하게 한다. 방송 내용보다 실제 상황은 더욱 심각하다는 이야기다.

지난해 연예인 노조가 실시한 설문조사에서는 연예인 12.9%가 "성상납 제의를 받았다"는 결과가 나오기도 했다. 대개 돈 있는 자들의 유혹처럼 보이지만 내부의 유혹과 강요도 상당했다.

그동안 방송가에는 누구누구 스타들이 돈이나 몸으로 '떴다'는 소문들이 설득력 있게 맴돌곤 했다. 실력은 있어도 빽이나 돈이 없어서 밀린다는 주장들도 있었다. 이를 입증하듯 성상납의 선물을 요구한 사람들은 연출자(38.8%), 매니저나 브로커(18.3%), 방송사 고위 관계자(7.3%), 방송사 직원(5.2%), 작가(4.3%), 외부 권력기관이나 권력자(1.9%) 순이었다.

에드리안 라인이 감독하고 데미무어가 주연한 '은밀한 유혹'이라는 영화 한 편이 떠오른다. 백만 달러를 제공받는 대신에 아내를 하룻밤 빌려준 다음 일어나는 부부 간의 갈등을 다룬 영화이다.

"누군가 당신의 아내와 하룻밤을 자는 대신 백만 달러를 제공하겠다고 제의한다면 당신은 어떻게 하겠는가?"

'은밀한 유혹'은 흥미위주의 소재를 잘 다듬어 관람객들을 끌어 모으기도 했지만, 성(性)이 거래의 수단으로 전락하고, 은밀한 돈의 유혹이 부부애까지 깨뜨린다는 점에서 혹평을 받기도 했다. 미국에서는 개봉 당시 "영화와 같은 상황이라면 어떻게 하겠는가?"라는 설문조사에 80%의 여성이 '제의를 받아들이겠다'고 대답하여 사회적 이슈가 되기도 했다.

오로지 브라운관의 데뷔를 위해 얼굴을 뜯어고치고, 춤과 노래를 연마하고, 남과 다른 특기를 개발하기 위해 학교 수업까지 내던지는 신세대들이 늘고 있는 실정이다. 이들에게 브라운관의 인기를 빌미로 삼은 성적 요구의 유혹은 벗어나기 어려울 만큼 강렬할 수도 있다.

문제는 이러한 거래들이 매매춘이라는 극히 도덕적인 비판뿐만 아니라 대중문화의 창달을 뿌리부터 썩게 만드는 독버섯이라는 것이다.

일부 연예인들이 성상납에 의한 스타로 떠올랐다면 이는 대다수의 연예인들에게 정당한 경쟁일 수 없다. 대중문화는 참여자들과 관람객들이 서로 공존하여 경쟁하면서 발전하는 것이다. 내려간 바지지퍼가 방송가에 널려 있다는 자체가 천박한 자들의 가면 놀이이자 관람객을 우롱하는 일이다. 성상납과 은밀한 거래의 쾌락만 즐기다가는 경쟁력없이 자멸만을 초래할 뿐이다. 먼 숲을 바라보는 심정으로 연예인들 스스로가 크게 반성하고 자정노력을 벌여야 한다.

세도가 늘어나면 혈세가 뒤따른다

1999년 10월 17일

우리나라 사람들이 세금을 부정적으로 바라보는 시각은 혈세(血稅)인가 세도(稅盜)인가의 크게 두 가지이다. 전자가 정부로부터 과도한 세금을 당하는 서민들의 아픔을 담았다면 후자는 조세 정의를 흐트러뜨리면서 탈세하는 세금도둑들을 일컫는 말이다.

당하는 자와 훔치는 자, 전혀 상반되는 입장이지만 역사를 살펴보면 이 두 사이에는 묘한 관계가 있다. 한 쪽이 성하면 다른 쪽도 필연적으로 기승을 부리게 된다.

세금 때문에 남근을 자르는 기막힌 사연이 담긴 정약용의 시 애절양(哀絶陽)은 우리 선조들이 겪었던 혈세의 처절함을 잘 드러내 보인다.

"칼 갈아 방에 드니 흘린 피 자리에 흥건하고 / 스스로 한탄하길 애 낳은 죄로 이런 군색한 액운 당한다오 / …말이나 돼지를 거세하는 것도 가엽다고 하거늘 / 하물며 우리 백성 자손 잇는 길임에랴"

어린 아이들까지 병역을 대신해 베로 세금을 물리는 군포(軍布)에 시달린 백성이 스스로 남근을 잘라 세금의 굴레에서 벗어나는 길을 택한다는 내용이다.

　물론 조선조의 혹독한 세정이 지금까지 계속되지는 않고 있지만, 세금이 공평하게 부과되고 있다고 믿는 사람들은 거의 없는 것 같다. 도리어 각종 통계들은 세금 부과의 부익부 빈익빈 현상이 두드러지게 나타나고 있음을 입증해준다. 통계청이 작년 상반기 중 도시근로자를 소득별로 5단계로 나눠 조사한 결과 소득이 적은 최하위 20% 계층의 세금납부액 증가율은 전년 대비 17.6%로 다른 계층에 비해 크게 높아진 반면 소득 최상위 20%의 세금납부액 증가율은 3.6%에 그쳤다. 정부 입장에서는 재정적자를 줄이기 위해 쉽게 거둘 수 있는 교통세 등 간접세를 인상하는 방법들을 택하지만 애꿎은 서민들의 세부담만 가중되기 일쑤다.

　이미 우리 사회는 많은 학자들의 부정에도 불구, 새로운 자본주의적 계급사회로 접어들고 있다. 부는 갖은 수법을 다 동원해 대물림되고 지켜져 소위 'VIP가문'이 보이지 않는 권력들을 휘두르고 있다.

　최근 보광, 한진, 통일그룹 등 연이어 드러나고 있는 재벌들의 탈세수법을 보면 우리 사회의 기업윤리가 과연 존재하고 있는가 의심이 갈 정도로 실망감이 앞선다. 상식을 뛰어넘는 온갖 수법을 동원, 오로지 세금 줄이기에 혈안이 된 인상이 짙다.

　국경을 뛰어넘어 시차를 이용하거나 자산을 싸게 팔아 비싸게 재 구입하기, 허위계산서 꾸미기 등 악의적이고 지능적인 탈세수법들이 수시로 등장한다.

　대한항공의 경우 해외에서 거액의 리베이트로 챙긴 1685억 원은 국내로 들여온 뒤 조중훈 그룹 회장과 조양호 대한항공 회장 등이 개인적으로 사용했다. 이 과정에서 무려 18차례의 돈세탁 과정을 거쳤다 한다.

　한진해운은 국내 금융기관의 해외 송금시간에 일정 시차가 생기는 점을 악용했는데, 거래은행을 통해 해외송금을 부탁한 뒤 1시간 후 쯤 이를 취소하고 돈을 되찾는 방법이다. 돈을 이미 보낸 것처럼 송금 영수증을 확보, 96년 이후 16차례에 걸쳐 38억 원을 빼돌린 것으로 조사됐다.

우리가 상류층 탈세를 세도로 규정하는 것은 국가의 기업 구조조정과 금융개혁 등에 필요한 재정을 압박하고 결국은 중산층에 조세부담을 더욱 가중시키기 때문이다.

세도가 득실거리면 혈세가 꿈틀거리는 법이다. 세금도둑의 몫까지 남아있는 자에게 전가된다. 그러기에 힘없는 자들의 혈세는 더욱 처절해진다. 이런 사회에서는 사회정의가 단지 구호에 머물고 불로 소득자와 호화 사치 생활자가 판칠 수밖에 없다.

세도는 당연히 국가 기강 확립차원에서도 단호하게 처리해야 한다.

탈세의 메카니즘을 깨부수고 있는 조세정의의 바람이 어디로 향하고 있는지. 그 결과를 지켜본다.

시민장과 정종독 님에 얽힌 인사

2009년 2월 25일

　만약 시민들이 정종득 목포 시장을 '시장님'이라고 부를 수 없는 상황이라면 무슨 일이 일어난 것일까. 아니 입에 재갈이 물려 '시장'이란 호칭마저 말할 수 없다면.

　이런 기막힌 일이 지난 20일 목포시 인사를 앞두고 목포시 공무원 노조 인터넷 홈페이지 자유게시판에서 발생했다. 지금은 삭제되어 일반 시민들이 읽을 수 없는 조합원 전용 토론실로 옮겨진 '영석 씨와 정종독 님'이라는 글에는 믿기 어려운 사례가 공개되었다.

　인터넷 자유게시판이 '시장'이란 말을 적으면 글이 못 올라가게끔 조치되어 있어 어쩔 수 없이 '시민장(민자를 빼고 읽으세요)'과 '정종독 님'으로 표기하니 오해 없이 읽어달라는 내용이었다.

　'시장'을 '시장'이라고 부를 수 없는 난처한 상황에 직면하자 실제로 많은 공무원들이 '시장'이라는 말 대신 '사장'이라는 표현을 게시판에 쓰고 있었다. 제보자는 '농약'이란 글도 본문에 포함시키면 글이 안 올라간다고 했다. 인사를 비판하는 글에 등장하는 '시장'이란 단어와 목포 농산물 유통센터가 5년간 학교급식을 독점했다는 비판 글에 등장하는 '농약'이란 단어를 불량 단어로 통제하여 아예 이를 언급하는 시민들의 입을 원천적으로 막은 것이다.

기술적으로 이런 제한조치는 아주 간단하다. 게시판 관리자가 불량 단어 필터링 항목에 제한하고자 하는 단어만 삽입시켜 놓으면 된다.

인터넷 쿠데타? 비판도

나는 이 현상이 정종득 시장의 지시로 이뤄진 것은 아니다는 것을 확인했다. 또한 이 사실을 비판한 글이 게시된 이후 다시 '시장'이란 단어가 불량단어 항목에서 삭제되어 자유롭게 글을 게재하고 있음을 확인했다.

그러나 게시판에 시 인사에 대한 내부 공무원들의 비판과 우려가 잇따르자, '시장'이란 단어를 불량단어로 등록하여 글을 통제한 것을 우리는 어떻게 해석해야 될까.

그것은 일부 충성파의 '인터넷 쿠데타'였다. 게시판의 글들이 명예훼손의 우려가 있다고 판단했다면 그 글만 운영안에 맞춰 정리하면 되는 것이지, 게시판 전체를 굳이 '시장'을 불량단어로 만들어 통제할 필요는 없다. 그 쿠데타로 정종득 시장은 '시민장'이 되고 '정종독 님'이 돼야 했다. 이 때문에 일순간이지만 "시장을 포기했다"라든가 "사조직의 볼모가 되었다"는 비아냥까지 받았다.

지난 금요일 하위직 인사를 앞두고 정종득 시장과 목포시 직원들은 일주일 동안 괴로움과 고난의 길을 걸었다. 시청 내 사조직을 비판하거나 비판자의 과거 행동을 폭로하는 글에서부터 인사권자를 공격하는 내용들이 줄을 이었다. 또 "지긋지긋하다" "게시판을 없애자"는 내용 등 고통을 하소연하는 글도 눈에 띄었다.

정조도 '호로자식' 욕하기도

필자가 지난 주 이 란에서 썼던 '목포시청 사조직의 산타기? 줄타기?'란 글이 조회수 1천여 회를 넘으며, 누군가 그 글이 사람들 눈에 안 띄게 '밀어내기 전법'(관계없는 엉뚱한 글들을 계속 올려 주요 글을 뒤로 밀어내는 방법)을 펼치면, 또 다른 공무원들이 앞으로 퍼 나르는 장면들을 봤다.

난 그런 장면들을 보면서 최근 공개된 조선의 임금 정조가 심환지에게 보낸 편지의 일부 내용을 떠올렸다. 정조는 자신을 공격하는 신하에게 '젖 비린내 나는 놈' '호로 자식' 등의 욕설을 내 뱉기도 했다.

또 전라도의 누구에게 벼슬하라고 했는데 안 올라오니까 "저 놈이, 조상 대대로 국록을 받아먹은 놈인데 내 말을 안 듣고 있으니 개새끼냐? 돼지새끼냐?"고 울컥했다. 반면 연말 인사에 대해 당파들 간에 불만이 없자 기분이 좋아 "하하(呵呵):웃는다."고 편지를 썼다.

인사를 고르게 하겠다는 의미로 '탕탕평평실(蕩蕩平平室)'이라는 액자를 침실에 달고 살았던 정조 또한 인사 문제로 극심한 스트레스를 겪었던 것이다.

그런 정조도 비판하는 말이 없으면 걱정을 하면서 이런 말을 남겼다.

"언로(言路)는 국가로 치면 혈맥(血脈)인데 요즘 와서는 조용하기만 하고 진언(進言)하는 자가 없으니 아마도 과인(寡人)이 과오를 듣기 싫어하기 때문에 그런 것이 아니겠는가.

자리를 물려받은 초기에 바른말을 들을 수 없다는 것은 사실 위에 있는 사람이 통솔을 잘못하기 때문이기는 한 것이지만 말하는 것이 직분인 자들로서는 입을 다물고 있는 것이 왜 죄가 아니겠는가. ……"

정 시장의 "남농기념비를 옮깁시다"

2009년 1월 2일

능선 자락 사이에 추운 바람을 피하고, 따사로운 햇볕이 그리 좋으니 척박한 목포 땅 가운데도 이곳은 명당이다. 지금은 갓바위로 이어지는 입암산 능선을 잘라낸 도로를 따라 자동차가 다니고, 문화예술회관 문학기념관 등 하나 둘 건물들이 들어서니 사람들은 갓바위 문화벨트라고도 부른다. 용암이 분출되어 만들어진 목포 입암산 아래 평탄한 땅덩어리가 얼마나 좋았던지 많은 사람들이 가만히 놔둘 리가 없다.

언제부터 이곳은 문화라는 탈을 쓴 잡동사니의 소굴로 변했다. 식당이 들어서고, 천막 모양의 부조화된 간이 시설과 주차장까지 들어서더니 예술인들을 추모하는 글을 새긴 돌들이 하나 둘 무질서하게 세워지고, 심지어 여러 동물 석상까지 즐비하게 늘어서기 시작했다. 사람들의 이동 경로나 시선에 따른 배치나 인근 자연과의 전체적인 조화를 생각하기 보다는 누가 빈 곳을 먼저 점령하느냐는 식이다. 목포문학관의 빨간 간판을 보고 어떤 사람들은 북한식 건물이 떠오른다고 말하고, 돛선 모양의 시설물을 보고는 포장마차 같다고 비아냥거리는 사람도 생겼다.

온갖 감언이설의 수법에 익숙한 사람들과 기획자란 명함을 내미는 사람들은 음악공원을 만들자니, 난(蘭)공원을 만들자니 하면서 어떻게 시민들의 세금을 더 가져갈 수 있을까 고민까지 한다.

찬바람이 산자락을 타고 사람들의 가슴을 휘어 감고, 겨울 한기가 땅에서부터 솟구친 지난 12월 23일. 목포시와 목포예총이 남농 허건 선생 탄생 100주년을 기념하여 차가운 시멘트 도로 위에 의자 여러 개를 놓고 만든 기념비 제막식 행사장은 유난히 을씨년스러웠다.

전국에서 온 1백여 명의 문화계 인사들 앞에서 축사를 하기 위해 연단에 오른 정종득 목포시장은 "지금 저 기념비가 위치한 곳은 좋은 장소가 아니니 맞은편으로 옮기도록 합시다. 제가 와서 위치를 확인하지 않았더니 이런 일이 벌어졌는데, 아무래도 기념비는 남농기념관 쪽에 더 가까운 것이 좋지 않겠습니까"라고 예상 밖의 발언을 하면서 기념비가 이전할 새 장소를 지목했다.

뒤이어 임점호 목포예총 회장은 "문화에 관심이 많으신 시장님이 현명하게 새로운 자리까지 지정해주셨다."며 "시장님에게 감사의 박수를 해 달라"고 좌중에 요청했다.

두 사람이 유도된 박수소리에만 귀를 기울이고 그 결과에 흡족했다면 이는 잘못된 것이다. 행사를 목포시가 주최하고 주관을 목포예총이 했지만, 민주주의적 의사 결정 과정을 무시했거나 최소한 기념비 장소를 선정하는 등 준비과정을 소홀히 했다는 비난을 면키 어렵다.

그 장소는 목포시, 목포예총, 남농기념관이 사전에 의논하여 결정됐다. 물론 여기서 말하는 목포시란 정종득 시장이 아니라, 문화 예술 관련 공무원들이다. 기념비 이전이 결정되기 전 남농의 아들 허경 남농기념관 이사장은 "기념비가 잘 보이는 길목에 선생이 생전에 즐겨 그리던 소나무를 배경으로 위치해 좋네"라고 남농선생의 제자들과 담소하고 있었다.

아. 정 시장의 발언에 얼마나 낯 뜨겁고 민망한 사람들이 많았을까. 차라리

"다시 한 번 의견을 수렴하여 검토해 보겠습니다"라고 했더라면.

우리는 이 조그마한 소동에서 남농 탄생 100주년 기념비 등의 장소는 시장에게도 보고되지 않고 일선 공무원이 자의적으로 결정할 수 있다는 것을 알 수 있었고, 또 이미 세워진 기념비가 어떤 과정으로 단숨에 번복되는지 공개된 장소에서 목격하고 말았다. 기념비에는 박지원 김영자 김병고 등 추진위원과 제자 유족 등 총 68명의 이름이 적혀 있었다.

나는 이 현장에서 당서(唐書) 방현령전(房玄齡傳)이 떠올랐다.
당태종이 신하들에게 물었다.
"제왕인 사람의 사업은 창업(創業-나라를 세우는 일)과 수성(守成-세운 나라를 지켜 나가는 일) 중 어느 것이 더 어려운가?"
신하들 중 방현령은 "난세에서 무수한 적을 격파해야 나라를 세우니까 창업이 어렵다"고 대답했고, 위징은 "교만해져서 정사(政事)에 게을러지고 백성을 안정시켜야하니 수성이 어렵다"고 말했다.
어떤 사람이 주변에 물었다. "정 시장은 경제시장입니까? 문화시장입니까?" 경제시장을 슬로건으로 내세우고 당선된 정 시장이 문화시장으로 선회하는 듯한 느낌을 준다는 것이다. 이는 그만큼 문화에도 관심이 늘었다는 말로 문화계의 감사를 전하는 뜻이지만, 또 역설적으로 비판하는 말이기도 하다.

경제 분야에서 세계적인 경기침체의 덫에 빠져 개인기를 맘껏 발휘하지 못하고 있는 정 시장은 최근 부쩍 문화계 행사를 찾으며 문화에서 위안을 삼는 듯하다.

그러나 무심코 드러나는 경제 논리로 문화를 보는 것은 곤란하다.
이날 갓바위 문화벨트는 숱한 사람들의 열정으로 쌓아올린 전통의 문화적 유산이 더 이상 아니었다. 즉흥적인 결단으로 좌우지 되는 보이기 위한 자리였다. 사람들이 함께 어울리고 담소할 여유가 사라지고, 윗사람 눈치만 봐야 하는 자리였다. 유난히 행사장에서 "정시장님께 박수를…" 남발하는 예총 회장의 이날 행동도 상당히 빗나간 과공비례(過恭非禮:지나친 공손함은 오히려 불쾌감을 준다)에 가까웠다.

진정 국민회의 간판을 내릴 것인가

1999년 7월 27일

4년 전 1995년 7, 8월은 동교동계에게는 잊지 못할 숨가쁜 시간이었다.

7월 13일. 14대 대통령선거에 패배하여 92년 12월 19일 정계은퇴를 선언한 김대중 대통령은 2년 7개월의 정치 휴면을 깨뜨리고 정계복귀를 선언한다. 이후 1개월 동안 김 대통령은 신당창당이라는 숨가쁜 행보를 시작한다.

신문광고를 통해 새정치국민회의(가칭) 창당주비위원회의 이름으로 신당의 철학과 계획이 공개된 것은 7월 31일께다.

오늘날의 새정치국민회의의 당명은 8월 20일 지도위원회의에서 최종적으로 확정된다. 국내적으로 모든 분야의 국민이 참여하는 정치를 표방하며 통일에 주도적 역할을 하고 21세기에 능동적으로 대처하는 정당이라는 의미이다.

DJ가 민주당의 이기택 씨 등과 등을 지고 김근태 씨 등 민주세력들이 DJ에게 합류한 시기가 바로 이 때이다.

당시 신당 측 대변인이었던 현재의 박지원 문화관광부장관에 따르면 민주·자유·통일 등의 용어를 조합한 통상적인 당명 대신 새정치국민회의라는 이름이 등장한 것은 반 DJ 정서를 의식, '김대중당'이라는 비방에서 벗어나기 위한 자구적 성격이 강했다. 즉 특정인의 카리스마보다는 다양한 정치세력과 여러 계층의 의견수렴을 통해 운영되는 집단 의사결정 책임을 강조하기 위한 것이다.

이러한 전략이 어느 정도 적중했는지 김대중 대통령은 국민회의의 이름으로 대통령에 당선되었다. 또 국민들도 다소 생소(?)했던 국민회의라는 이름을 여야 수평적 정권교체를 달성한 민주적 정당, 국민에 친숙한 정당의 한 유형으로 받아들이는 경우가 많았다. 아무래도 투쟁적이며 격식적이고 권위적이기보다는 서민적인 냄새가 더 많이 풍기기 때문일 것이다. 실상 IMF를 이기고 사회 각 계층에서 개혁을 달성하고 있는 것도 국민회의의 이름 아래서이다.

그런데 최근 청와대측은 내년 4월 총선에서 승리하기 위해서 신당을 만들겠다는 의지를 분명히 내비치고 있다. 현재의 분위기로는 국회의 안정과반수 확보가 불투명하다는 분석 때문이다.

그러나 설사 이러한 승리의 시나리오 때문이라 하더라도 대통령을 만들고 여야 정권교체를 이룬 당을 불과 4년여 만에 간판을 내린다는 것은 너무나 아쉬운 일이다. 한국처럼 정당이름을 자주 바꾸는 경우도 드물 것이다. 걸핏하면 정치적 상황에 따라 정당이 파편화되어 탄생되고 별똥별처럼 사라진다. 이러한 정치상황이 수십 년 동안 되풀이 되었다.

현재의 상황은 어떤가. 4년 전 3김 대결과 거의 비슷하다. DJ와 YS의 역할만 바뀐 것 같다. 김영삼 전 대통령까지 민주산악회를 재건하면서 정치무대에 다시 뛰어오를 태세이다. 김종필 씨는 여전히 내각제를 내세우고 있다.

또한 설사 DJ가 신당 창당으로 세를 확산하고 총선에서 승리한다 하더라도 이는 여당의 양적인 팽창을 의미할 뿐 질적인 성장으로는 귀결될 가능성이 적다. 정치이념이 서로 상이한 사람들이 단지 눈앞의 전선만을 생각하여 뭉칠 때 결국은 혼란과 분열을 낳고 정치가 혼란해진다는 것이 과거 한국 정당사의 교훈이 아니던가.

YS도 대통령 시절 총선을 앞두고 신한국당을 거대여당으로 탈바꿈시켜 총선에서는 승리하지만 결국 갈기갈기 찢겨진 당을 만들고 IMF위기를 자초했다.

이제 역사의 승리자로 기억된 김대중 대통령의 손에 한국정당의 미래가 달려있다. 군이 국민회의의 간판까지 내릴 필요가 있는가. 외부 수혈도 중요하지만 내부의 채찍질이 더 필요할 때도 있다. 장기적으로 힘 있는 정당을 키울 토양, 한국에는 이러한 전통있는 정당이 있다는 소리를 한 번 들어보는 정치판이 아쉽다.

짜가가 판치는 세상

2000년 9월 13일

"세상은 요지경 요지경 속이다. 잘난 사람은 잘난 대로 살고 못난 사람은 못난 대로 산다. 야야야들아. 내 말 좀 들어라. 여기도 짜가, 저기도 짜가, 짜가가 판친다."

1993년 여름쯤으로 기억되는 신신애 씨의 노래가 식탁에서 지금처럼 실감나게 귓가를 맴도는 시기도 없을 것이다. 추석을 앞두고 연일 터지는 중국산 농수산물의 유통과정이 그야말로 요지경 세상이니까.

꽃게뿐만 아니라 아귀 복어 홍어 병어 등 온갖 생선류의 몸속에서 무게를 늘리기 위한 납덩어리가 발견되고 심지어 한약재인 감초 천마 육종용까지 벽돌 납탄과 쇠못이 섞여 있다니 충격적이다.

목포 지역도 안전지대는 아니다. 벌써 무안 등지서는 납이 든 생선들이 발견되었다.

해도 너무 한다는 생각이 든다. 사람을 죽이는 용도로까지 사용된 납을 마구잡이로 각종 음식물에 넣었다는 것은 인간의 존엄성을 철저히 무시한 행위이다.

우리는 그 동안 납과 쇳가루로 뒤범벅이 된 꽃게탕을 끓이고 반지르르하게 윤이 나게 타르를 시커멓게 바른 참깨로 요리를 했고, 심지어 사랑하는 가족들의 건강을 빌며 정성껏 다린 약탕도 실은 납탕일 가능성도 있다니 어이가 없다.

이 요지경 중국산 농수산물의 오염 행위는 상상을 초월할 정도다. 감자 양파는 싹이 나지 않게 하려고 방사선을 쐬인다든가, 인삼에다가 살충제인 BHC를 뿌린다든가, 심지어 가짜 비아그라까지 판치니 그 행위가 일반적인 상식으로는 짐작할 수가 없을 정도이다.

임어당은 '음식과 약에 관하여'라는 글에서 음식이 주는 기쁨을 이렇게 읊은 적이 있다.

"날씨가 좋은 날 아침, 잠자리 속에서 마음을 가라앉히고는, 도대체 이 세상에서 정말로 기쁨을 가져다주는 것이 얼마나 될까 하고 손꼽아 세어보면 단연코 맨 처음에 손을 꼽아야 할 것은 음식이라는 것을 알게 된다"

이제 우리 세대는 음식을 먹는 기쁨이 사라진 시대이다. 도대체 먹거리 문화가 왜 이렇게 엉망진창이 되었을까.

문제는 바로 중국이다. 자본주의의 잘못된 모습들이 급격하게 그들의 사회를 병들게 하고 음식문화까지 장난을 칠 정도가 된 것이다. 그들의 모습은 그래도 끊임없는 사회 조정기능을 거쳐 자율적으로 성장한 오늘날의 우리 사회와는 다르다. 최소한 우리들 사회에서는 한약재에 벽돌을 넣든가, 수산물에 납을 집어넣는 행위는 없었다. 국가는 국민의 건강을 지켜야 할 의무가 있는 법이고, 국민들도 최소한 지켜야할 도리가 있는 것이다.

그러나 중국 당국은 최소한 중국산 농수산물 관리에 있어서는 낙제점수에 가깝고 국민들 사이에서는 물질 만능주의가 판치고 도덕성이 무너지고 있다는 징후가 농후하다.

가령 꽃게를 예로 들어보자. 꽃게는 무게에 따라 가격이 많게는 6배 이상 차이 난다. 300g짜리는 중국에서 1마리에 10위안(1350원), 300~500g 짜리는 20위안, 500g짜리 이상은 60위안을 받는다. 즉, 납 몇 덩이만 넣으면 손쉽게 하루 일당 이상의 돈을 덤으로 벌 수 있다는 계산이 나온다.

지난해 우리나라에 수입된 중국산 수산물은 29만여 톤, 올 들어서도 7월말 현재 18만여 톤을 수입했다. 최근 문제가 된 꽃게의 경우 지난해 국내 소비량 2만885톤 가운데 6278톤을 수입했으며, 이중 절반이 넘는 3514톤을 중국에서 들여왔다.

흔히들 세계화가 대세라고 한다. 앞으로는 중국뿐만 아니라 북한과의 교류도 증가할 것으로 보인다. 서로 다른 문화들이 부딪히는 문화적 충격이 크겠지만, 어떠한 이유로도 인간 존엄성까지 해치는 장난질은 없어야 한다.

친자확인소동과 애정불신시대

1999년 9월 22일

최근 방송인 백지연 씨가 아들이 전 남편의 아기인지 친자확인을 해달라고 주장하여 화제가 되고 있다.

사건의 내막은 이러하다.

백 씨는 올해 초 남편과 이혼을 했는데 PC통신 등에 이혼배경과 관련 "남편과의 사이에 낳은 아들이 아니다"는 소문이 퍼졌다. 백 씨는 소문의 진원지로 미주통일신문 발행인 배모 씨(54)를 지목, PC통신에 "백 씨 아들은 전 남편의 친자가 아니다"는 허위 사실을 게재하여 자신의 명예를 훼손했다며 배 씨를 서울지검에 고발, 현재 공판이 진행 중이다. 이와 더불어 백 씨는 자신의 결백을 입증하기 위해 자신의 아들에 대한 유전자 감식을 요구하고 있다.

최근 자신의 아이가 맞는지를 구별하는 유전자 감식이 급증하고 있다.

"아내가 바람난 것 같은데, 아무래도 내 자식이 맞는지 유전자 감식을 해주세요."

아. 이 얼마나 당혹스럽고 침통한 이야기인가. 집안 어르신들이 보면 땅을 치고 애통할 노릇이지만 오늘날 우리 가정은 어떠한가. 세기말적 혼란과 무질서, 불신 등이 가정에까지 엄습하고 있지 않은지.

부부간 이혼율은 갈수록 높아지고 있는데 지난해 한 해 동안 3쌍의 부부가 결혼하면 1쌍이 이혼했다 한다. 문제는 이혼이라는 극한상태까지는 아니어도 부부간 불신이 극도로 높아지면서 가정 내 화목까지 깨지고 있는 경우가 늘고 있다는 것이다.

의처·의부증의 만연, 아내 남편 뒤를 쫓는 개인 흥신소의 성행, 친자 확인 의뢰의 증가 등 가정이 붕괴되고 있다는 증거는 곳곳에서 찾아볼 수 있다. 국내서 유전자 감식을 통해 친자확인을 해주는 업체에 따르면 의뢰인의 약 20%가 실제 자식이 아니라는 것이다. 친자확인 의뢰는 "내 아이가 아니다"는 불신이 대부분이지만, 이들 중에는 아내들이 자신의 결백을 입증하기 위해 의뢰하는 경우도 열명 중 한명 꼴이다.

이러한 현상은 전 세계적으로 공통적인 것 같다.

뉴욕타임스 등 해외 언론들은 최근 영국 다이애나의 해리 왕자가 찰스 왕세자의 아들이 아니라 연인 겸 승마 교관이었던 제임스 휴이트 소령의 아들일 것이라는 추측들을 내세우고 있다. 해리왕자가 찰스보다는 휴이트를 꼭 빼닮았기 때문.

미국의 클린턴 대통령도 아들이라고 주장하는 소년 때문에 홍역을 앓은 적이 있다. 결국 같이 잠을 잤다고 주장하는 흑인여성 보비 앤 윌리엄스와 그녀의 아들 대니의 혈액을 채취해 유전자를 감식, 이들의 주장이 거짓이라는 것을 밝혀냈다.

백 씨의 경우 결백을 위한 친자확인이지만 이 또한 "남편의 아이가 아닐 것"이라는 사회의 불신 때문이다.

배우자에 대한 불신은 혈육에 대한 불신과 부정으로까지 이어진다. 이는 우리 가정이 건강하지 않고 흔들리고 있다는 증거가 아닐까.

얼마 안 있으면 민족의 명절이라는 한가위이다.

향로의 연기 가물거리는 차례상에 있어야 할 사람이 없으면 섭섭하고 휘영청 밝은 달에 그리운 이들 생각나는 시기이다.

불신이 있는 가정이라면 아이들이 때때옷 입는 추석이 있을 리 없다. 부모들의 등 돌림이 아이들에게는 영영 지울 수 없는 상처로만 남는다.

 오랜만에 멀리 떨어져 있는 가족들이 한데 모이는 시기. 부부간에도 형제간에도 자식 간에도 친척 간에도 우애가 넘치고 훈훈함이 넘치는 가족들의 축제로 삼아보자. 불신의 시대가 끝나고 더도 말고 덜도 말고 늘 가윗날만 같이 가정에도 넉넉함이 넘쳤으면 한다.

퍼스트레이디의 추억

2009년 3월 11일

'한국의 퍼스트레이디'라는 '황금가지'에서 나온 책이 있다. 프란체스카에서 이희호 여사까지 역사의 가쁜 순간을 목격한 8명의 '대통령 아내'들에 얽힌 이야기다.

미국 조지타운 대학에서 대통령학을 공부하고 1998년 청와대 비서관을 역임한 조은희 씨가 집필을 했는데, 학문적 성격뿐만 아니라 숨겨진 이야기도 담겨 있어 '비밀스런 그들의 세상'을 훔쳐보는 재미도 있다.

문득 '퍼스트레이디'를 떠 올린 것은 '자치단체장 - 광역자치단체장 - 대통령' 이라는 여러 중첩된 조직 사회 안에서 살고 있는 현 시대 소박한 시민들에게 과연 퍼스트레이디란 어떤 존재로 자리잡고 있는지에 대한 의문에서부터 시작됐다.

2월 25일자 '헤럴드경제'라는 경제신문에 따르면 이명박 대통령의 월급 통장을 손수 관리하는 부인 김윤옥 여사는 지난 1년 간 불우이웃에게 계좌이체로 매달 생활비 20만~25만 원 씩 전달하고 있다고 했다.

신문은 "불우이웃을 돕다 보니까 정작 대통령 가족의 생활비가 바닥난 적도 있다고 한다"는 김 여사의 목소리도 전했다.

"불우이웃을 돕다보니 대통령 생활비가 바닥난다"는 말에 "아~ 경제CEO를 외친 대통령 가족도 부도나기 직전이니, 아직도 버티는 가계들은 그래도 행복하구나"하는 생각도 들고, 대통령으로부터 생활비를 지원받는 사람들은 누구일까라는 호기심도 들었다.

대통령 생활비도 바닥?

고려대 최고은 씨가 쓴 '퍼스트 레이디의 역할에 의한 유형화'라는 논문이 있는데, 8명의 대통령 아내들을 리더십 역할에 따라 분석한 것이 특징이다.

이 논문에 따르면 프란체스카 여사는 탁월한 실무능력을 바탕으로 건국초기 체제가 정비 안된 경무대에서 대통령의 대소사를 챙긴 '실질적 비서실장'으로, 육영수 여사는 박정희 전 대통령에게 여론을 가감 없이 전달, '청와대 안의 제1야당'으로 분류했다.

반면 전두환 전 대통령 부인 이순자 여사는 '유별난 영부인형'으로, 노태우 전 대통령 부인 김옥숙 여사는 '베갯머리 내조형'으로 평가됐다.

최규하 전 대통령 부인 홍기 여사는 편안한 이웃 할머니 같은 '내조형'으로, 윤보선 전 대통령 부인 공덕귀 여사는 당시 시대적 상황에 묶인 '전략적 후퇴형'으로 분석됐다.

재야 투사 출신으로 청와대 입성한 YS와 DJ의 퍼스트레이디는 상당히 대조적이다.

김영삼 전 대통령 부인 손명순 여사는 '전통적인 안주인' 역할에 충실했고, 이희호 여사는 민주화투쟁 동지로서 가장 엄격한 비판・조언자 역할을 한 것으로 평가됐다.

경제위기의 시대에 가장 바람직한 유형의 퍼스트레이디로 많은 사람들이 육영수 여사를 꼽는다.

육 여사의 비극적 죽음이 가져다주는 상징성에 대한 기억 탓도 있지만, 평소 육 여사의 많은 봉사활동과 엄격하고 사리사욕이 없었던 행동 때문으로 추정된다.

박정희는 밉지만 육 여사는 밉지 않다고 할 정도로 육 여사에 얽힌 이야기들이 갈수록 힘을 얻고 있는 것도 육 여사가 나환자촌의 사람들 손을 덥석 잡을 정도로 마음을 열었기 때문이다.

서민 어루만지는 퍼스트레이디

마침 2006년 5월 30일자 목포투데이를 보니 목포시의 퍼스트레이디인 정종득 시장의 부인 위경숙 여사의 인터뷰가 눈에 띈다.

"공직자 부인의 역할은 매우 제한적이고 특수한 분야에 한정되어야 하는데, 여성의 섬세함과 따스함이 요구되는 복지문제나 여성스스로의 문제를 다루는 여성권익 향상 같은 일에는 공직자의 부인이 관심을 가질만한 분야"라는 위 여사의 의견이었다. 위 여사는 "한 가정을 부자로 만드는 원동력은 아내에게서 나온다"고도 했다.

'퍼스트레이디'가 '미소만 짓는 황후'라든가 '세인의 입에 오르내리는 돌출형'이라면 그 정체성에 대해 진지하게 의문을 제기할 수밖에 없다.

국가나 자치단체의 장식용 퍼스트레이디보다 서민의 어려움을 어루만지는 여사의 손길이 그리워지는 시기다.

A 의원도 명단에 끼어 있소?

2000년 1월 21일

만나는 사람들마다 궁금증을 못 참고 물어본다. A의원은 명단에 끼어 있소? B의원은 어떤 죄(?)요?

시민 노동단체들이 16대 총선 때 낙천 낙선운동을 위한 '표적 명단'으로 작성한 일종의 살생부 파동이다.

그 와중에 선정 기준이 불명확하거나, 부적격 이유로 고소하겠다는 정치인들의 분노, 모 의원이 자신의 이름만은 빼달라고 애걸복걸했다는 후문 등도 끊이지 않는다. 급기야 정치인과 각 단체들의 감정싸움으로까지 확산되고 있다.

우리를 당혹케 하는 것은 그 명단에는 여당 야당 양쪽에서 중책을 맡고 있다든가, 다선의 경력을 쌓는 등 지역 사회에서 어느 정도 인정받고 있는 사람들의 이름도 있다는 점이다. 더구나 시민단체들이 발표과정에서 선정기준을 놓고 논란을 거듭하다가 발표된 명단도 엎치락뒤치락 했다는 후문은 신뢰감을 떨어뜨린다.

도대체 이 무슨 혼란인가. 주체가 되어야 할 시민들은 방관자로 한참 뒤에 있고, 정치인들과 각 단체들의 이해관계만 맹렬하게 충돌하고 있는 듯한 느낌이다. 그 명단공개는 이미 정당정치까지 허물어뜨리고 만다. 여와 야의 구분

보다는 자칭 '시민'이라는 기준이다. 우리는 여기서 다시 한 번 시민의 개념을 생각할 수밖에 없다.

전쟁터에 나서는 아군에게는 나팔수도 있고, 춤쟁이도 있고, 욕쟁이도 있고, 식사병도 있고 소총수도 있다. 이들은 모두 다 한 팀이지, 적은 아니다. 그러기에 정당정치에서는 소속된 정당의 정책이 중요한 역할을 하게 된다.

특정 법률제정에 반대를 하거나 단순히 욕을 했다는 등의 품위를 떨어뜨렸다고 해서 정치인이 되지 말라는 법은 아집이다. 이것은 고치고 반성해야 할 이유이지 낙선운동을 위한 시민단체의 괘씸죄(?)의 항목은 될 수 없다. 가령 5.18 관련 가해자 출신의 정치인에게 욕을 했다 해서 개인의 선거권까지 제한 받아야 할 필요는 없다. 우리는 5.18의 가해자들 앞에서 바지가랑이가 찢어질 정도로 잡아당기고, 저주의 욕설을 퍼부은 유족들에게 도리어 동정의 시선을 보낸다. 그들의 하소연이 욕설이고, 폭력이라 하더라도 그것은 보편타당한 인류의 정의와 진리에 유족들이 더 근접해 있기 때문이다.

특검제에 반대했다가 표적이 된 국민회의 박상천 총무는 "자기주장과 다르다고 부적격자로 매도한다면 '시민단체당' 외에 복수정당은 존재할 수 없다는 뜻이냐"고 따졌다 한다. 의약분업 반대론자로 분류된 한나라당 정의화 의원은 "의약분업의 조속 실시를 주장했는데 엉뚱한 '혐의'를 받고 있다"며 속기록을 검토해 보라고 도리어 역공을 취했다.

이러한 혼란은 도미노처럼 각 사회단체로 확산되고 있다. 지난 10일 경실련의 공천 부적격자 명단에 이어 11일 의료보험 통합에 찬성한 의원들을 표적으로 지적한 전국직장의보노조의 명단, 그리고 총선 시민연대의 정치권 퇴출자 리스트, 5.18단체들의 표적 명단 등.

사태가 이쯤 되면 한국 사회는 이미 기존 시민사회를 건너뛰는 또 다른 이해 권력들이 자리를 잡아가고 있다는 것을 눈치챌 수 있다. 명단 공개의 의미는 국가 헤게모니에 대한 각 단체들의 도전이자, 우리 사회가 여와 야, 공산주의와 민주주의의 이분법적 분류를 벗어나 자신들의 이익에 따라 뭉치고 흩어지는 다원주의 사회로 접어들고 있음을 말해 준다.

이들의 명단이 사회 일반적인 윤리를 저버리거나 각종 비리로 뒤덮인 정치인들을 어느 정도 걸러내는 데는 큰 도움이 될 것이다. 그러나 공개명단이 '지나가는 나그네를 잡아 쇠침대에 묶고는 침대에 맞춰 키가 작으면 강제로 잡아 늘려서, 키가 크면 머리와 다리를 잘라 죽여버렸던 프로크루스테스의 침대'가 되어서는 안된다. 프로크루스테스도 결국 아테네의 영웅 테세우스의 손에 걸려 자신의 침대에서 목이 잘리고 만다.

 '귀에 걸면 귀걸이, 코에 걸면 코걸이'식의 선정이 되지 않도록 각별히 주의해야 한다.

노무현과 전태홍의 배팅이냐? 재테크냐?

2004년 7월 2일

올인(All-in)배팅이 유행이다. 도박판에서 시작된 용어가 행정, 정치까지 스스럼없이 사용된다. 대통령은 대중 앞에 '자신에게 배팅하라'고 외치고, 정치적 시련을 겪을 때마다 올인 배팅의 쾌감을 맛보려 한다.

아니, 대통령뿐이던가. 로또 복권 앞에 줄은 선 사람들도, 총선을 향해 뛰어들었던 숱한 입지자들도, 한 표 권리를 행사한 시민들도, 25만 시정을 이끌고 있는 전태홍 목포시장의 정책적 판단도 때로는 성공과 실패가 교차된다는 점에서 마찬가지이리라.

당내 경선을 끝까지 포기하지 않고 통과하고 강력한 맞수를 이겨낸 노무현 대통령이나 전태홍 시장의 당선사례는 엇비슷하다. 낮은 단계에서 출발하여 이인제, 한화갑, 정동영, 김근태, 이회창의 무릎을 꿇게 한 노 대통령. 김홍래, 김정민을 차례차례 물리친 전 시장.

이들은 정치CEO, 경제CEO로서의 강한 자부심과 승리감에 젖어 있다.

그러나 그 외형적인 자부심 내부에는 묘한 자존심과 두려움이 상존되어 있는 것 같다. 올인배팅을 이뤄 낸 신화 못지않게 이제는 성과를 직접 보여줘야 할 시기가 오고 있기 때문이다. 실패하면 자존심이 깨지고, 시민들의 성난 목소리가 두려움으로 다가올 것이다.

예산의 유혹 항상 경계, 리스크 관리 필요

경제CEO를 부르짖었던 전태홍 시장은 취임 초반기 상해~목포 직항로 취항, 가톨릭병원 살리기 등에 집착해 왔다가 지금은 외달도 개발하기, 스포츠 마케팅, 지역축제 등에 관심을 쏟고 있다.

정치개혁을 주창하던 노무현 대통령은 행정수도 이전에 사활을 거는 듯한 느낌이다. 성과에 가위눌린 이들은 이제 막대한 예산동원까지 서슴지 않는다. 맘만 먹으면 일반인들이 상식으로 생각할 수 없는 돈을 동원할 수 있다는 것을 이미 체득했기 때문이다. 아니 용비어천가를 부르는 모리배들이 하나 둘 그 방법을 온갖 감언이설로 진상하고 있기 때문이다.

노 대통령은 행정수도 이전에 45조에서 120조 원의 천문학적인 돈이 들어갈 것으로 추정되는 데도 거리낌이 없다.

전 시장은 MBC 꽃장식대회 3천만 원, 유달산꽃축제 1억 5백만 원, KBS전국육상대회 5천 6백만 원을 지원하는데 도장을 찍었다. 이 금액은 다른 예산 항목에서 일부를 전용하는 방법을 동원, 수 천만 원씩 보태준 것이다. 수천만 원을 집행하는 외달도 개장식도 마찬가지다.

자치단체 CEO(최고경영자)들이 조직의 비전을 제시하고 이를 달성하기위해 총력을 기울이는 본연의 역할을 벗어나 단기성과와 이해관계에 따라 돈을 쓰려고 하면 CFO(최고재무책임자)의 영역을 숙달되지 못하게 넘보게 된다. CFO의 역할은 CEO를 조언하여 안정성, 수익의 미래성과 리스크 관리, 투자와 자금, 지역사회와의 상관관계 등을 예측하고 결정하는 일이다.

올인배팅보다 재테크식 도시브랜드 관리를

CEO가 단기 배팅전략을 추구한다면 CFO는 눈치를 볼 수밖에 없다. 여기에 '무늬만 CFO'계열이고 이들이 CEO에게 의도되거나 적당한 정보만 주면서, 자신의 보신과 자신들의 인간관계를 먼저 생각한다면 목포시와 시민으로서는 악몽일 수밖에 없다.

목포시의 2004년 사회단체보조금 지원을 보라. 77개 단체, 5억 5천 여 만 원을 지원하는데 목포문화연대가 편중적으로 지원된 3개 단체와 목포시의 관계를 확인해보니 심의위원들 중에 이 단체 소속 5명이 포함되어 있었다. 당사자가 지원 금액을 심사하는 웃지못할 사태가 나온 것이다.

노 대통령이여! 전 시장이여! 예산으로 배팅을 하지 마시라. 배팅의 감언이설이 달콤하더라도 승리자는 소수에 그치고 위험은 커진다. 배팅보다는 지역사회와 서로 상의하며, 견제하는 기본에 충실하는 재테크에 힘쓰시라. 모양새가 그럴싸한 어떤 훌륭한 차라도 브레이크 기능이 고장나면 항상 위태로운 상황에 처해진다. 장기 경기침체에 억눌린 목포는 배팅보다는 꼼꼼한 지도자의 모습이 더 이상적이다.

황금 제사상 만들기 돈쓰고 지키기 백태

2004년 9월 15일

"금으로 제사상을 만들어 아들에게 물려줄까?"

이 얼토당토않고 약간은 황당하게 들리는 이야기가 요즘 부자들 사이에 은밀하게 나돌고 있는 '부자 가문 지키기' 비법이란다. 현재 세법상 '제기(祭器)'는 상속세 비과세 품목이기 때문에 금으로 제기를 만들면 상속세를 안 내도 된다는 해석 때문이다.

한국에서는 10억 원의 돈이 있다면 이 돈을 고스란히 자식들에게 물려줄 방법은 극히 제한되어 있다. 증여세로 3억 6천 만 원을 납부해야 한다.

IMF 때 보다 실물경제가 더 악화되고 서민 가계가 무너지고 있다는 소식이 줄을 잇고 있는데, "부자들이 돈을 안 쓴다"는 이색 분석이 눈에 띈다.

부자나라 통해 부자되기 갈수록 퇴색

정치인들 욕하기도 지치고, 기업인들 일으킬 힘도 없는 서민들의 원성이 이제 부자들을 겨냥하는 모양이다. 한 쪽에서는 불법과 부정으로 만든 부를 원상 복귀시키자는 주장이 나오고, 한 쪽에서는 부자들 주머니를 열게 할 묘안을 만들고 있다. 또 다른 쪽은 부자들이 더 이상 쉽게 돈을 벌지 못하게끔 각종 제재조치를 발표하느라 분주하다.

그러나 알 만한 사람들은 안다. 국제 기름 값이 어떻고, 세계 경제의 여파 때문이라고 죽는 시늉을 해도…. 정부가 나서서 부정부패 정치인들을 줄줄이 감옥으로 보내고, 불량 기업인들을 줄줄이 감옥으로 보내도, 대부분 자신들의 삶과는 얼마나 무관한 지를.

정부도 기업인들도 돈 가마를 쉽게 던져 줄 리는 없다. 그렇다고 이들에게서 희망을 기대하는 일이 얼마나 피곤하고, 힘든 일인지 우리는 경험적으로 알고 있다.

김영삼 전 대통령의 아들, 현철 씨가 수사를 받던 도중 송곳으로 복부를 찌르며 자해 소동을 벌였다 한다. 한때 권력의 단맛을 알았던 사람들의 부정과 좌절감도 우리를 슬프게 한다.

이 격동의 시대에, 좌와 우의 이데올로기의 분쟁이 이제 남녘 땅까지 내려오는 시대에, 자신의 삶의 가장 큰 책임자는 바로 자신 밖에 없다는 평범한 인식에 도달하게 된다.

돈 밖에 믿을 것이 없다는 사람들은 자금 출처를 묻지 않는 비실명 채권을 구하느라 혈안이 됐고, 호당(그림엽서 1장 크기) 1억 원~2억 원 하는 박수근의 그림 구입하기에 열중이다. 졸부들은 주식으로 갔다가, 아파트로 몰렸다가, 땅 구입을 위해 발품을 팔고 있다.

재테크니 10억 모으기 열풍이니, 모두들 불나방으로 변했다.

여기서 우리의 불행은 시작됐다. 부자나라, 부자동네를 통해 부자가 되겠다는 생각보다 믿지 못하는 나라, 믿지 못하는 동네 때문에 혼자라도 돈을 숨기고, 세금 피하기 강좌를 수강하는 비극인 것이다.

수상 스키장 1시간 6300만 원에 빌려

넘치는 돈을 갖고 있기 불안한 부자들은 이에 TV의 몇몇 드라마에서 배운 방법으로 돈을 펑펑 쓴다. 전에는 볼 수 없었던 희한한 방법으로 연인에게, 가족들에게, 자기 자신의 몸치장과 성형 인조 미남 미녀에….

얼마 전 졸부 한 사람이 청평호 수상 스키장을 1시간 사용료로 6300만원을 내고 통째로 빌렸다 한다. 애인과의 1시간 수상 스키를 위해. 경기도 한 놀이 공원은 아들 생일잔치를 원하는 한 사람의 고객을 위해 1시간 30분 동안 다른 사람을 받지 않았다 한다. 물론 특별한 돈을 업주에게 지불했다.

출연하는 앵커 옷까지 협찬으로 해결하고, 등장하는 소품까지 협찬으로 해결하는 추태를 보이면서 졸부들의 소비를 화려하게 미사여구로 꾸미는 저 망할 놈의 TV여. 이것이 인생이라고 달콤하게 말하는 허수아비 앵무새 같은 텔런트들이여.

스타들을 등장시켜 이러한 수법으로 여자 꼬시기, 아들 만족시키기를 일상화하고 있는 그대들은 우리들의 이웃이 아니다. 그대들의 삶이 행복한 것은 아니다. 마릴린 먼로도 죽었고 장국영도 죽었다. 우리는 그대들의 삶을 비극이라 부른다.

아. 불량 만두 같은 우리네 삶이여. 졸부들이 설치는 나라들보다 '부자 나라'를 보고 싶다고 얼마나 불러봐야 하는가. 명예와 사회공헌으로 만족하는 '영적 부자'가 갈수록 줄어드는 세태가 안타깝다.

피내음 나는 보수반격 노 대통령의 갈 길은?

2004년 9월 22일

"나라가 이 상태로 간다면 앞으로 내 자식이나 손자들이 '너희 애비 할애비가 공산당을 얼마나 죽였느냐'고 취조를 당할 상황이 오지 않는다고 볼 수 없어요. 간첩과 빨치산이 우리 군 장성을 취조하는 상황이 벌어지고 있는 상황에서 이제 우리는 역적이 된 것이 아니냐."

최근 서울에서 열린 국보법 폐지반대 시위에서 할복한 상이군경회 한 회원의 분노는 앞으로 대한민국이 겪을 사상적 혼란과 공포를 예고하고 있다.

과거 수십 년의 세월이 민주와 반민주, 독재타도와 정권교체의 싸움이었다면 이제 그 누구도 예측하기 곤란하고, 경험해 보지 못한 '단순한 정권 차원이 아닌 사회 체제의 정체성을 놓고 투쟁하는 새로운 전쟁'이 안개처럼 우리들의 몸과 뇌를 축축히 적셔 오고 있다는 것을 뜻한다.

이 상황은 이미 특정인의 의도대로 한국 정치의 미래가 흘러가기 어려운, 예측불허의 상태로 빨려들어 가고 있다는 것을 보여준다.

보수 청년들의 특공대?

지난 주말 광화문 앞에서는 개혁의 방향과 나라의 미래를 다시 생각하게끔

하는 격한 장면이 등장했다. 검은 티셔츠에 건장한 청년들이 군복차림으로 '멸공'이라는 구호를 외친 '국민행동 특공대' 발대식이었다. "국민생존권 보장의 차원에서 신명을 다 바쳐 국보법 사수를 맹세한다"고 선서한 이들의 모습은 과거 어떤 시위보다 충격을 줬다. 마치 해방 후부터 10여 년 동안 한반도를 갈기갈기 찢어 놓은 우익계 좌익계 청년단의 피내음 나는 전쟁의 징후를 보는 듯한 느낌이었다.

우리는 한반도에 살면서 최근 수십 년 동안 미국 허수아비 화형식, 군중집회, 할복자살 시도 등을 시도 때도 없이 목격하며 살고 있다. 그러나 그 어떤 시위도 살해, 습격, 암살, 파괴 등 피로 물들었던 해방 후 좌우익의 전쟁에는 못 미친다.

"모두 불사르고, 모두 죽이고, 모두 약탈하라. 그리하여 불태워 없애고, 죽여 없애고, 굶겨 없애라" 이른바 '삼광(三光)' '삼진(三盡)' 작전으로 제주도 수천 여명의 희생자를 발생시킨 대량 학살극의 주인공들이 바로 우 좌익 전쟁으로 피를 부른 우리 선조들이다.

제주 사계리 공동묘지의 '백조일손지지(百祖一孫之地)'라는 묘비에는 다음과 같은 내용이 적혀 있다.

"…50년 음력 7월7일 좌가 무엇인지 우가 무엇인지조차 모른 채 불순분자 예비검속에 걸려 섯알오름에서 집단 희생된 132분. 이 분들이 시체를 뒤늦게 발굴했으나 뼈가 엉겨붙어 누가 누군지조차 알 길이 없으니, 뼈를 나눠 무덤을 각기 만들되 후손들은 이 모든 분들을 같은 조상으로 모시기로 하고 그 뜻을 이 유래비에 새긴다…"

피 부르는 보수의 대 반격

100명의 조상에 1명이 자손이라. 100명이 넘게 한꺼번에 죽어 시신을 구별할 수 없으므로 같은 무덤에 같은 날 제사를 지내니 한 자손이 모시는 것과 같다는 뜻으로 유족들이 이름을 붙인 것이다.

이 얼마나 불행한 과거인가.

개혁 세력의 전유물처럼 느껴졌던 집단 시위가 이제 보수 세력까지 확산되고, '국민행동특공대' 같은 조직이 생겼다는 것은 노무현 대통령에게 대단히 불길한 조짐이다. 국가 권력을 믿을 수 없다는 일종의 사설 군대 조직이기 때문이다.

이들도 이제 시위하고, 정치 집단에 압력을 가하고, 인터넷으로 선전하는 법을 알고 있다. 이에 따라 사회 제 집단들도 보수의 세력화를 직접 눈으로 목격하면서 맹목적으로 개혁을 지지할 수 없게 됐다.

좌파 청년단체들에 맞서 자유진영 단체로 자칭하는 미래한국연구회, 자유민주주의를 지키는 사람들, 민주참여 네티즌연대, 안티MBC, 무한전진, 자유청년연대, 청년아카데미 등이 연대를 가속화하고 있어 앞으로 사상 충돌이 가장 큰 담론으로 등장할 것으로 보인다.

이런 이야기를 기껏해야 선술집이나 호프집에서 술 한잔하면서 그냥 그렇고 그런 이야기 정도로 치부해서는 안된다. 이 상황은 매우 위험하다. 친일행적 규명은 이미 단절된 죽은 역사가 대상이지만, 친북 좌익활동은 지금도 살아있고 진행되고 있는 역사이다.

우리들의 불행은 세 싸움을 위해 값 비싼 대가를 치르고 있고 평화적인 개혁이 이미 실종됐다는 점이다.

제2장

유쾌한 상상

김대중 기념관에서 학습적으로 놀기

2013년 6월 18일

　통상적으로 말하는 '학습' '유희' '기념'은 매우 다른 목적으로 사용되는 용어이며, 사실상 이 단어 사이에 뒤따르는 행위에 대한 공통점은 없다. 아니 없는 줄로만 알았다.
　그런데 지난 6월 15일 개관한 김대중 노벨평화상 기념관을 방문한 나는 이 세 가지 개념이 때론 독특한 공감대를 가지고 상호 소통할 수도 있겠다는 생각을 잠시 했다.

　일반적으로 현대인들이 '기념관'에 열광하고, 기회만 되면 '기념관'을 남기고 싶어 하는 것은 생물체 본연의 DNA적 생존본능과 관계가 있다. 현대적 의미의 거대 디자인적 기념물이 아니라도 인류 역사를 살펴보면, 수많은 기념물이 아직도 지구촌 곳곳에 널려 있음을 알 수 있다. 이스터 섬 모아이 거대 석상에서부터 현존하는 지구촌 곳곳의 미스터리 서클까지 그 기념물들은 뭔가 나름대로 메시지를 담고 있는데, 대개 주변의 공동체에 알리거나 간직하고 싶은 신호들이다.
　미개한 동물들이 자신의 소변을 남기거나 타 개체의 흔적을 찾아 킁킁 대는 것도 실은 유전자 속에 흐른 생물체적 흔적을 찾는 것들이다. 그것은 진화

발전에 있어서 유전적으로 매우 중요하고도 강한 흔적을 찾는 본능이다. 우리 선조들이 남긴 숱한 비석이나, 책, 각종 유물들도 마찬가지다. 특히 기념관은 인간에게 존재하는 이러한 DNA적 본능의 결정판이라 할 것이다. 기념관이란 미명아래 모든 흔적을 남기고 뭔가 배울 것을 찾고, 그것을 남겨 종족 번식의 비결로 삼으려 하는 것들이기 때문이다. 김대중 기념관도 목포인에게 있어서 단순한 기념관보다는 목포의 진화발전에 있어서 '강한 목포'를 만들어내고 '강한 목포인'을 만들어내는 중요한 상징물로 작용해야 한다.

지난 15일, 김대중 노벨평화상을 찾아 전국의 여러 중요한 인물들이 순식 간에 물결처럼 왔다가 물결처럼 빠져나갔다. 약 1~2시간에 걸쳐 일어난 일이 다. 어떤 사람들은 다큐멘터리가 상영되는 방송물에서, 어떤 이는 사진 앞에 서, 또 어떤 이들은 취재하는 기자들 앞에서. 김대중 대통령을 좋아했다며 감 개무량하다는 사람도 있었고, 또 화해와 용서라는 이름아래 전두환 노태우 김 대중 등이 함께 있는 사진 앞에서 분노하는 사람도 보였다.

나는 목포투데이 기자들과 함께 DJ 기념관에서 '홀로 놀 수 있는 유희적 기념물'들을 찾고 있었다. 보는 것, 듣는 것, 그리고 그 속에서 김대중 대통령 의 포효하는 연설과 함께 같이 외치고 싶었고, 같이 뛰어 나가고 싶었고, 같 이 분노하고 울고 싶었다.

나에게 있어서 김대중 대통령 기념관은 '유희'에서 '학습'으로 이어져 강한 목포의 철학이 되기를 기원하는 그런 것들이었다. 쉽게 말해서 목포인 그 누 구든지, 이제 황혼의 나이에 접어든 노인이든지, 사회로 나아가려는 청년이든 지, 이 기념관에 와서 울고 웃고 사색할 수 있는 공간이기를 기원한 것이었 다.

건물의 모양, 투자비용, 누구누구가 방문했다는 등의 다른 것들은 사족에 불과한 것이다. DJ 일대기, 남북관계, 노벨평화상에 얽힌 에피소드 등 기념관에서 나는 목포가 나아가야 할 철학을 학습하고 있었다.

그날 기념관에서 찍어 온 사진들을 보라.
김대중 대통령이 감옥에서 책을 읽고 있는 모습을 재현한 독방 앞에서 나는 DJ와 함께 두 손을 기도하듯이 모아보고 사진을 찍었다. 잠깐 가슴 아픈 사색의 침묵이 흘렀다. 한국 축구팀의 월드컵을 응원하는 사진 앞에서 나 또한 두 손을 번쩍 올리고 응원을 했다. 내 가슴에선 한민족을 응원하는 듯한 열정이 토해 나왔다. 대통령 집무실에 앉아 현대사를 생각해봤다.
그리고 어떻게 살아야 하는지 잠시 생각했다. 삶의 가치관 방향 이런 것들이 곱씹어져 가슴 깊은 곳에서 꿈틀거렸다.

방문객들이 전하고 싶은 메시지를 보내는 로비 스크린에 나는 "서민의 아픔과 함께 하는 신문이 되겠습니다. -목포투데이 ♥"라고 적어 투사시켰다.
'기념'이 먼저 간 자를 추모하는 소망의 기도에서 그치는 것이 아니라 '유희'적 '학습'으로 목포를 강하게 만드는 철학으로 발전할 수도 있겠다는 생각을 해본 것이다. 기념, 유희, 학습 등이 서로 소통하고 공유하며 목포인들의 진화의 방향을 제시하는 것이다.

동양척식주식회사 목포지점 같은 일제의 침략 증거물들 앞에서 '근대 문화유산'이라고 읊조리고 있는 현대 목포에서, 김대중 기념관이 강한 목포의 철학적 수양동, 강한 목포의 DNA가 되기를 기대해 본 것이다.

영국의 프랜시스 크릭과 미국의 제임스 왓슨이 DNA 구조를 밝혔다면, 이제 김대중 기념관은 목포인의 몸에 내재된 새로운 DNA의 구조가 되어라. 그것이 우리가 만들어 낸 시대적 소명이다.

프라이드 목포퀴즈, 대박이라는 뒷이야기?

2013년 5월 10일

지난 일요일, 어린이날인 5월 5일 목포문화예술회관 야외 광장에서 열렸던 제1회 프라이드 목포퀴즈왕 대회에 대한 호기심과 현장의 재미가 많은 목포인들의 뜨거운 애정으로 계속 이어지고 있다.

어떤 분은 수업시간에 출제문제를 활용하고 싶다고 문제은행의 제공을 요청하고, 현장에 있었던 교육 관련 인사들은 '프라이드 목포 퀴즈대회'의 유치와 제휴에 대해 의견을 제시했다.

이날 행사는 지난 2012년 1월부터 1년 반 동안 목포투데이신문과 극동방송을 통해 필자가 목포와 관련된 문제를 출제하면서 목포의 비전과 목포인의 철학을 해설 등으로 소개했던 내용들이 야외 공개행사로 업그레이드 된 것이다.

월요일 나는 출근하자마자 지인들로부터 몇 가지 조언들을 받았다. "야외보다는 실내에서 하는 것이 좋겠다. 다양한 난이도의 출제가 가능한가. 장학금을 전달하고 싶다. 학교로 유치하려면 어떻게 해야 되는가. 지속적인 도우미로 참여하고 싶다" 등의 이야기였다.

프라이드 목포퀴즈의 고안자이면서 이날 행사 기획자였던 나는 행복하면서도 행여 "관심있는 분들이 입시위주 스타일의 과열경쟁을 지향하는 것이 아니냐"하는 걱정도 생겼다.

결론부터 말하자면 프라이드 목포퀴즈 대회는 우수 인재를 선발하는 대회가 아니다. 퀴즈를 하나 둘 풀어보면서 목포를 사랑하고, 목포에 대한 긍지를 갖도록 정교하게 기획된 일련의 의식훈련 과정이다.

나는 이 퀴즈를 활용하여 목포인들의 의식에 잠재된 "조폭의 도시, 만년 야당도시, 소외받았다는 피해의식" 등을 씻겨내는 시민운동을 지향하고 있었다. 임진왜란 때 왜군으로부터 민중을 지키는 노적봉 야화에서 시작된 문제는 마지막 결승자가 남았을 때 즉석에서 출제된 문제가 유달산과 김대중의 이름을 한자로 쓰는 것이었다. 유달산의 유는 선비 儒를 쓴다. 김대중은 고난을 이겨낸 노벨평화상 수상자. 꿋꿋하게 의기가 있는 선비정신과 세계평화를 강조했던 것이다.

지난 2012년 5월 9일자 목포투데이 신문에 게재되었던 내용을 다시 옮겨 적으려 한다.

<<목포가 발전하려면 시민의식이 중요하다는 사람도 있고, 중앙정부에서 예산을 많이 가져와야 한다는 의견도 있습니다. 뭐, 지역경제가 발전해야 한다는 원론적인 이야기도 있고요.
 정치 지도자들 역할도 중요하지만, 시민들은 어떻게 무슨 생각으로 단결해야 합니까. 또 새로 유입되는 타 지역출신들이나 외국에서 온 다문화 가정 식솔들은 뭘 생각해야 합니까.

월드컵 4강 당시 한국 팀을 응원하던 붉은 악마 응원단처럼 열정적인 목포시민 팀은 못 만들까요? 그런데 무엇으로 동질성을 만들고, 무엇으로 우리 팀을 사랑할까요?

PM테스트, Pride Mokpo(프라이드 목포)의 약자로 목포긍지 테스트란 의미입니다.

실상 PM테스트는 5년여 전부터 생각했던 것인데, 실제 실현된 것은 올해부터입니다.

질문 유형과 해설에 목포의 비전과 여러 문화적 요소, 철학적 견해 등을 담고 싶다는 의욕과 한국 지역신문에서 이러한 사례가 없었기에, 그만큼 실현가능성에 대한 두려움이 커서 늦어진 것입니다.

매주 질문 문항을 선정하고 해설을 할 때마다 많은 고민을 합니다.

2012년 1월부터 연재된 PM테스트를 다시 모아, 사은행사를 마련했습니다. 목포시민들의 많은 관심과 애정을 부탁드립니다.>>

이 글을 쓰는 새벽, 누군가 인터넷에 "통할 때는 노무현과, 이제 안철수가 먹히는 것 같으니 그와 찍은 사진 내걸고 정치하는 속빈정치, 호남 출신 리더가 디제이 이후 없는 것은 이런 작자들만 호남서 판치기 때문이다"라는 글을 올리자 친노(친노무현세력)의 돌격대장급으로 알려져 있는 영화배우 명계남이 트위터로 "당근 RT"라며 3만 5천여 명에게 이글을 전송한 것을 발견했다.

정치인과 거리가 멀지만 그 글을 읽은 난 서글픔과 분노로 "당근명계남을 몰랐던 게 다행"이라고 역시 반박 글을 올렸다.

아마 우리들의 노력이 없다면 지금 현재 타 지역에서 목포를 바라보는 편견을 극복할 수 없을 것이다. 지역의 이미지는 스스로 구축하는 것이다.

김연아, 싸이 이길만한 정치인 있나?

2013년 3월 19일

누군가 인터넷에 이런 글을 올렸다.

"청문회하는 장관들을 한 만 명쯤 후보자를 지명하면 좋겠다. 장관 내정자만 되면 몇 년씩 밀렸던 세금을 한꺼번에 완납하니 국가세수 확보에 엄청난 도움이 되니깐. ㅋㅋ"

난 신랄한 비판의 미학을 완성한 이 분의 뜻을 빛내고자 "허~걱!, 창조아이디어부 장관감?"이라고 성실한 답변을 올리고, 새로운 중앙정부 부서까지 만들어 그를 척 가상 내각의 장관에 앉혀놨더니 글을 읽는 사람들마다 웃음이 터져 나왔다.

자, 글을 읽는 독자님들도 웃어봤는가. 그렇다. 만약 웃었다면 독자님은 그래도 한국을 이성적으로 사랑하시는 분이라고 나는 믿고 싶다.

2013년 대한민국을 이끌고 있는 지도자들은 서로 외연 넓히기와 목소리 높이기로 어떤 정치적 계파에 속해 있다하더라도 우왕좌왕하고 있다. 밥그릇 싸움이라는 비판, 보수와 진보의 전쟁, 지역과 지역의 격돌, 민주 대 반 민주, 주류 대 비주류 등 여러 비평가들의 말들이 횡행하고 있다.

눈여겨봐야 할 현상 중 하나는 '정치 민주적'이라는 이름 아래 정치적 반대파가 발목을 잡으면 어떤 정책이라도 추진하기 어렵게끔 사회구조가 최근 몇 년 사이 급변했다는 것이다. 이제 반대하기는 아주 탁월한 재주도 아니다. 링 위에 오른 K1이나 프라이드 같은 격투기 선수들이 서로 싸우는 법을 배워가며 진화하듯이, 정치적 투쟁방법도 서로 닮아가며 진화한 탓이다.

정치 주역이 아닌 서민들이 이 칼럼 첫 부분처럼 하루하루 소박한 순진 개그와 희망 개그로 웃어보고자 하는 것도 내심 이해가 된다.

국회의원 장관 대학 총장 등을 하셨다가 은퇴한 정시채 전 장관이 설립한 무안 에덴원 사무실을 방문했다가 나는 책상 위에 김연아 사진이 있는 것을 발견했다.

"왜? 하필이면 어린 김연아를?" 묻는 듯한 나의 눈빛에 그는 "연아가 국민들에게 얼마나 기쁨과 희망을 주는데…"라고 답했다.

나는 순간 "아, 맞는 말이다."면서도 대한민국에 사진을 걸만한 국가 지도자가 줄어들고 있음에 소스라쳐 놀랐다.

싸이 김연아 등 정치와 관계없는 젊은 개인 청년들은 전 세계인을 즐겁게 하고 경쟁력도 세계 1위인데, 정치 집단은 왜 짜증을 주며 사람들을 실망시킬까. '세계로 도전' 對 '우리끼리 험담' 차이일까. 아니면 지도자 부재일까? 생각해 봤다.

아무리 생각해봐도 김연아와 싸이를 이길만한 정치인은 없을 것 같다.

난 지난 대선 국면 때 새누리당에 맞서 야권 연대의 한 축이었던 안철수가 서울 노원 병 지역구 보궐선거 국회의원 출마를 선언하자, 왜 그렇게 한때 그의 지지자였던 사람마저 등을 돌리는 것일까 고민을 했다.

그리고 나는 '안철수 출마로 본 이상한 정치읽기'라는 글을 다음과 같이 만들어봤다.

"1. 단일화= 너 양보해, 2. 대안임= 넌 2등이야, 3. 도와줘= 등 돌릴 준비하네, 4. 배신자= 내 지역 출마하니까, 5. 위선자= 과거 잊었거든, 6. 정권교체= 내가 당선, 7. 민주소통= 끼리끼리, 8. 내 지지자= 침묵하니까, 9. 청문회통과= 거짓말 연습."

정치에 있어서 '3김 시대' 같은 정치인들의 진지함과 성찰은 많이 없어졌다. 기타를 들거나 춤춘다든가, 앞뒤 안 가리는 공약을 남발하는 등 정치 마케팅이 넘친다. 정치꾼들이 '정치적 장인'들을 몰아세우는 형국이다.

대부분 쉽게 얻고 버리는 너무 쉬운 정치를 지향했다. 정치적 목표나 가치관이 깔린 소신의 외길을 걷기보다는 합종연횡, 눈속임, 말 바꾸기 등의 쉬운 정치적 유혹을 버리지 못했다. 정치인들이 쉽게 선거와 여론조사서 이기는 방법에 몰두한 탓에 각 자치단체마다 행정은 위축되고 서민은 숨죽인 대신, 정치는 역설적이고 자업자득으로 가벼운 행위, 누구나 비판할 수 있는 동네북이 되고 말았다.

시민들은 정치인들의 목소리와 각종 정책 발표에 대해, 때가 되면 찾아왔다가 무반응이면 조용히 사라지는 장사꾼 스피커 소리처럼 여기기도 한다.
천년의 영웅들은 역사에서 사라지고, 정치판 날림꾼들만 득실거리니, 이제 '정치적 위선 개그'는 폐기처분할 때도 되었다.

이정현의 바꿔와 낙선운동

2000년 2월 3일

"모두 제정신이 아니야, 다들 미쳐가고만 있어. 어느 누굴 믿어, 어찌 믿어, 더는 못 믿어. 바꿔, 모든 걸 다 바꿔, 거짓은 다 바꿔, 세상을 다 바꿔"
한창 뜨고 있는 노래 '바꿔'의 주인공인 가수 이정현은 이따금 묘한 충격과 반향을 일으킨다.

그녀가 처음 대중 앞에 모습을 보인 것은 지난 1996년 개봉된 영화 '꽃잎' 이었다. 그녀는 5.18 광주항쟁으로 부모와 오빠들을 계엄군에게 잃어버리고 방황하는 소녀의 역할을 리얼하게 소화했다는 평을 받았다.

장선우 감독에 따르면 당시 여배우 공모 오디션에서 이정현은 다부진 음정과 다양한 춤, 노래 등으로 무려 3천여 명이나 몰렸던 경쟁자들을 물리치고 주인공으로 선정될 정도로 '끼'가 탁월했다.

아마 '꽃잎'을 본 사람들은 당시 15세 소녀 이정현이 보여줬던 인간의 마지막 절망을 보는 듯한 알몸연기와 신들린 듯한 한의 눈빛을 기억할 것이다.

문화평론가 김민성 씨는 고요하면서도 알 수 없는 슬픔이 서린 눈동자를 가진 이정현을 보면 창백할 정도로 흰 얼굴에 얇은 입매, 무엇보다도 섬뜩할 정도로 눈빛이 꼭 닮은 영화배우 장미희가 연상된다고 말한 적이 있다.

그런 이정현이 몇 달 전 노래 '와'로 가수로 데뷔하면서 이번에는 가요계에서 줄곧 화제가 되고 있다. 그 신들린 듯한 눈빛은 그대로였다. 또 마치 영화 '동방불패'의 임청하를 보는 듯한 의상. 그리고 새끼손가락을 이용한 핑거 마이크 사용 등. 색다르면서도 신비로운 이미지와 테크노댄스는 이미 시대적 흐름이었다.

국회의원 선거를 몇 달 남겨놓고 최근에는 이정현의 두 번째 노래 '바꿔'도 뜨고 있는데 이는 바꿔버리자는 강렬한 이미지가 내포하듯, 선거운동의 로고송에 적합하기 때문이다. 또 국회의원 후보 진영들은 '바꿔'를 자신들의 이미지에 맞게끔 편곡하여 쓰려는 움직임을 보이고 있다.

일반적으로 '바꿔'의 정치학은 선거를 통해 보수세력을 뒤엎고 권력을 쟁취하자는 진보적 메시지이다.

그렇지만 '바꿔'의 노랫말은 사랑을 쟁취하기 위해 모든 것을 바꿔야한다는 의미이다. 또 작사 및 작곡자인 최준영 씨는 "자꾸만 나태해지는 자신을 채찍질하고 새롭게 창작의 틀을 갖추기 위해 스스로 정신 좀 차리고 살자는 뜻에서 '바꿔'를 만들었다"며 사람들이 '바꿔'를 왜곡한다고 말하고 있다.

왠지 기성세대의 정치놀음에 온 세상이 노랫말 "어찌 믿어, 더는 못믿어. 바꿔"처럼 변해버린 느낌이다.

얼마 안 있으면 많은 입지자들이 자신만이 진실로 선량이 될 수 있다고 주장하고 다른 사람들을 '바꿔'라는 로고송으로 조롱하면서 흥얼흥얼거릴 선거철이다.

매력적이고 춤 잘추는 이정현이 '바꿔'를 연발한다면 사랑의 아픔이라고 이해라도 할 터인데.

행여 가짜 냄새가 풍기는 시민단체, 양심세력을 자청하는 사람들이 '바꿔' 공연으로 바람을 잡는다면 총선을 관람하는 팬들은 또 어찌해야 할지. "그러는 너 얼마나 깨끗해, 너 나 할 것 없이 세상 속에 속물들이야"라는 노래가사가 어쩔 수 없이 뒤따라 떠오른다.

총기와 색소폰 연주 그 이질적인 차이

2005년 6월 22일

　지난 주 나는 목포에서 열린 해군군악연주회에서 어느 해군 병사가 관중들 사이에서 색소폰을 연주하는 모습을 보면서 내가 색소폰을 배워 저 자리에 있었더라면 어떠했을까 상상해봤다.
　"군인도 문화적이고, 매력미가 물씬 풍길 수 있다. 신세대 소녀들도 이렇게 열광시킬 수 있다"고 외치면서 말이다. 어쩌면 훨씬 더 관중을 의식하며, 음악에 몰입하는 무대정신(?)을 보여줬을지 모를 일이다.
　사실 지난 6월 17일 목포시 시민문화체육센터에서 열린 해군군악연주회는 문화도 서비스 상품이라는 것을 절실히 보여준 공연이었다. 관중석까지 내려와 흐느적거리며 색소폰을 부는 해군 장병에 소녀들이 열광했다. 연주회 도중에 무대 앞으로 나와 막춤 비슷한 춤을 추는 장병들에게 관중들은 나이를 잊으며 함께 환호했다. 악대장을 포함한 43명의 악단, 이들의 관객에 대한 배려야 말로 문화 상품을 강하게 만들며 관중의 소유물로 만드는 비밀이 숨어있지 않을까 생각해봤다.
　무대의 마지막 장면이 '독도는 우리 땅'을 편곡한 음악으로 태극기가 휘날리며, 청중들을 열광하게 했다면, 앵콜 무대의 피날레는 목포의 눈물이었다. 이들은 어떻게 하면 목포지역 청중들을 사로잡는가도 알고 있었던 것이다. 군대중문화와 영 거리가 먼 신세대까지 매혹시킨 그 군악대의 진화에 감탄할 만했다. 전투력을 최대로 자극하기 위해 태어난 군악대가 전장이 아닌 대중들 무대에서 진화하여 발전하고 있다는 점은 주목할 만하다.

군악대의 기원은 멀리 고대 이집트나 로마에서도 찾아볼 수 있다. 한국도 1900년(광무 4)에 처음으로 군악대가 편성되었다. 큰 북과 심벌즈 등 타악기를 쓰기 시작한 것은 터키 군악대가 처음이다. 금관악기와 타악기가 합쳐진 관악협주의 원조는 17세기 중엽 프랑스 국왕 루이 14세의 명으로 작곡가 J.B.뤼리가 창설한 것이 가장 오래된 것으로 알려져 있다. 프랑스의 가르드 레퓌블리케느 군악대, 영국의 그레나디어 가즈 군악대, 미국 위싱턴의 해병군악대 등은 명성있는 군악대로 시민들의 사랑을 받고 있다.

이들은 때로는 거리로 나와 시민들과 함께 어울린 축제의 모습을 선보이기도 한다. 한국 지역축제의 해결책으로 간혹 인용되는 영국 에딘버러의 축제는 세계 군악대 축제로도 유명하다. 군악대 문화를 하나의 문화상품으로 개발하고 있는 것이다.

북을 치고 가는 장엄한 행진, 군대는 어느새 동경의 대상으로 떠오른다. 수십 명이 줄을 서서 행진하는 스코틀랜드 군악대의 백파이프 연주는 그림 속의 한 장면으로 승화된다.

에딘버러 군악대 축제의 정식명칭은 에딘버러 밀리터리 타투이다. 타투라는 말은 17세기에서 18세기에 걸쳐 네덜란드 등 베네룩스 국가에서 선술집 주인들이 외치는 소리에서 유래되었다. 문 닫을 시간이 되면 군대의 고적대가 시가를 행진하였다. 행진음악은 숙소로 돌아갈 때가 되었음을 알리는 신호였다. 고적대의 음악이 울리면 술집주인은 Doe den tap toe(술병 마개를 닫으세요)라고 외쳤다. 'tap toe'에서 유래한 'tattoo'는 세계 곳곳에서 군악축제를 뜻하는 공식용어로 사용된다. 바로 한국 원주의 따뚜 축제가 바로 여기서 연유되었다.

목포 해군군악연주회 마지막 장면에서 이순신 복장을 한 최병혁 병장이 '한산섬 달 밝은 밤에'를 열창할 때 느꼈던 군대에 대한 인상은 이순신의 외로움과 고독을 뛰어넘은 아름다움이었다.

하지만 이런 나의 꿈과 환상은 불과 이틀사이 철저히 무너졌다. 전방부대 총기난사 사건으로 8명이 사망했다는 소식을 듣고 나는 주변 사람들이 "저러니 군대를 보내겠나, 국적을 포기하지"라는 소리를 종종 들어야만 했다.

현역군인의 약 5%정도로 추정되는 군대 부적응자는 내무반의 시한폭탄이라 할 정도로 언제 대형사고가 발생할 지 무방비 상태라 한다. 영화 포트리스처럼 사람들의 정신을 통제할 수 없는 한 이런 위험은 언제까지나 노출될 수밖에 없는지도 모르겠다.

그러나 총기의 공포를 한국에서 제거하지 못하면 시민들과 함께 되는 군악대의 축제 환상은 언제나 불안한 꿈으로만 머무를 것이다.

하트해변에 눈 밝힌 군상들

2009년 3월 18일

"참 희한하게 그림을 그렸네, 꼭 이쁜 사슴 궁뎅이가 가시 찔린 거 같네."

지난해 한국화가 내촌 최정렬 선생의 전시회 때 필자가 한 그림을 보고 불쑥 내뱉는 말을 듣고 주변 사람들이 웃음을 터뜨렸다.

최 선생이 직접 나서 신안 비금면 내월리에 위치한 '하트 해변'을 그린 것이라 설명을 했다. 그러고 보니 약간 찌그러진 하트 모양 같긴 했다. 최 선생의 호 '내촌'이 바로 하트해변 옆에 있는 그의 고향 마을에서 따왔다는 것도 이때 알았다.

작품을 보고 우린 고향을 떠올렸다. 서로의 눈빛과 웃음은 마법처럼 사람들을 따사로운 마음으로 사로잡았다. 한 폭의 그림이 그리 훈훈한 이야기 거리가 될 수 있다는 것도 오랜 기억거리였다.

2006년 KBS 드라마 '봄의 왈츠' 촬영지로 알려지면서 점차 입소문을 탄 이곳을 호사가들이 가만히 놔두지 않고 있다.

전남도 해양항만과가 올해 초 8개 주요 해수욕장을 각각의 특색을 살린 새로운 명칭으로 바꾼다면서 이곳 이름을 원래 '하누넘해수욕장'에서 '하트해변'으로 제시했다. 명목은 해수욕장 하면 여름 한 철로만 인식되니까 사계절 휴양지 의미를 살려 관광객들을 끌어당기겠다는 것이다. 완도의 금일명사십리해

수욕장도 금일해당화해변으로 바꿨다.

그러더니 지난 14일 화이트데이(남성이 좋아하는 사람에게 사탕을 선물하며 사랑을 고백하는 날)를 앞두고 전남도는 새로운 버전의 이벤트 계획을 발표했다.

화이트데이에 하트해변을 찾아온 연인들에게 사탕 증정과 추첨을 통해 사탕 바구니를 선물하고 사탕을 주고받는 특별 행사를 준비했다. 또 하트해변을 배경으로 커플사진 촬영 인화 서비스를 제공하고 모든 관광객들에게는 자전거를 2시간 동안 무상으로 대여해주며 숙박업소에서는 숙박료를 50% 할인한다고 발표했다.

이에 한발 더 나아가 매월 14일을 연인의 날로 지정, 1월 14일 다이어리데이, 2월 14일 발렌타이데이, 3월 14일 화이트데이, 4월 14일 블랙데이, 5월 14일 로즈데이, 6월 14일 키스데이, 7월 14일 실버데이, 8월 14일 뮤직데이, 9월 14일 포토데이, 10월 14일 와인데이, 11월 14일 무비데이, 12월 14일 머니데이로 운영한다는 것이다.

여기까지 제시한 이벤트 행사를 보자니 기가 찰 수밖에 없다.

목포에서 2시간 배를 타고 도착하는 비금 수대리 선착장에서 차로 15분 거리에 있는 하누넘해수욕장의 뜻은 "산 너머 저편에는 하나 밖에 없다"는 의미다. 아직 모래가 온전하게 보존되어 물이 들어오면 "하늘과 바다 밖에 안 보인다"는 그런 곳이다.

산 위로 꼬불꼬불 위태롭게 운전하여 15분 정도 가야 할 정도로 안전시설도 제대로 안 된 곳이다. 아직 식수대 한 곳, 화장실 한 곳도 없는 이곳을 전남도는 "사랑을 이룰 수 있는 장소"라며 "화장실 세면대는 없어도 되는 모텔(?) 정도로 생각하는 이벤트 장소"로 만들고 있는 것이다.

가만히 이벤트 데이를 살펴보니 7월 더울 때 어르신 날(실버데이, 반지 집에서는 은반지 선물하라는 날이다)이고, 12월의 머니데이(남자가 여성에게 돈을 팍팍 쓰라는 날로 전파되고 있다)가 하트해변에서 뭔 필요가 있는지 모르

제2장 유쾌한 상상 151

겠다.

영어 머니(money)가 '돈'이라는 뜻이니, 경기침체에 지갑 마르는 사람을 약 올리는 것도 아니고, 정말 돈(money)것 같은 날이다.

3월 14일 비금에 들어간 배는 오후 1시와 오후 3시 출발했는데, 오후 1시 배를 탄 사람들 중 비금 가산에 내린 사람이 54명, 수대에 내린 사람이 2명이었다. 오후 3시 배는 가산 89명, 수대 6명이었다. 이중 주민을 제외한 몇 명이 사탕을 기대하고 간 사람이었을까.

메시지가 담겨있는 날 하나 제대로 못 만들고 이리저리 가져다 붙이느라 정신없는 전남도가 한심한 하트해변이다.

신안 숱한 섬에 얽힌 신화나 전설을 활용하여 스토리를 담는 의미 있는 날을 공모라도 하여 만들어 보면 이처럼 조롱거리로 전락하지 않고 진지하게 보일 것이다.

허수아비에서 발견하는 재미

2005년 10월 12일

가을이 오면 어김없이 등장하는 허수아비를 기억하시나요.

벼들이 누렇게 익어 들판이 황금빛으로 물들 때 벼들 사이를 지키는 허수아비는 농경문화의 가장 친숙한 벗이기도 했죠.

헛간에서 짚과 낡은 옷으로 허수아비를 만들다가 잠이라도 들면 허수아비는 우리들의 꿈속에서 함께 들판을 달리는 친구가 되기도 하였답니다.

요즘 아이들은 각종 가면 놀이기구와 페이스페인팅에 익숙한 세대입니다. 심지어 교내 축제 때도 전통 문화보다 외국의 할로윈 문화적인 놀이를 더 즐기는 경향을 보인답니다.

마침 목포에서 영산강 하구둑을 막 지나면 왼쪽에 위치한 전라남도 농업박물관에서 지난 9일 '허수아비 만들기 체험행사'를 개최했습니다. 박물관이 짚, 목재, 새끼줄과 여러 가지 도구들을 제공하고, 참가자들은 옷가지 등 각종 장식물을 직접 챙겨와 재미있는 허수아비를 만들었답니다.

이들의 손길과 이마에 맺힌 땀에 따라 갖은 표정의 허수아비들이 만들어졌으니, 이 순간만큼은 참가자들도 창조자요, 예술가가 된 셈이죠. 70여개의 작품이 제출되었는데, 대상은 목포하당초등학교 3학년에 재학 중인 박요준 군의 '외계에서 온 허수돌이'가 차지했습니다. 박물관은 나머지 작품들도 제작자 이름과 학교명을 적어 야외 전시장의 우리나라 지도모형 둘레에 전시할 예정입니다.

허수아비를 축제의 소재로 개발하겠다는 것은 몇 년 안된 일입니다. 충북 옥천은 오는 10월 16일 향토사 연구 모임인 옥주문화동호회 회원들이 주축이 되어 '제5회 허수아비 축제'를 개최합니다. 가족 단위로 소망을 담은 허수아비를 만드는 방식인데, 역시 완성품은 마을 도로변에 설치하여 작은 볼거리를 제공하고, 넉넉한 마을 사람들의 인심을 재확인하는 공동체 형성에 사용됩니다. 10월 23일 열리는 경기도 평택에서 "생명의 들녘을 맘껏 즐겨요"라는 주제로 열리는 들녘축제도 허수아비 만들기 행사가 들어가 있습니다. 이 축제는 메뚜기 잡기, 농경체험, 들녘음악회 등도 함께 열립니다.

칠곡 학마을 농산물 축제도 허수아비 만들기 행사가 있습니다. 이 행사는 옥수수 구이, 찹쌀떡치기, 허수아비 만들기, 미꾸라지 잡기, 땅콩 고구마 캐기 등이 포함되어 있습니다.

목포 인근에서 열리는 강진, 무안, 함평 등지의 축제에도 허수아비가 빠짐없이 등장합니다. 허수아비도 예술적으로 진화발전한가 봅니다. 올해 10월 5일부터 10월 10일까지 열린 경기도 안성의 '안성남사당 바우덕이 축제' 행사장에는 쓰레기를 분리수거하는 허수아비까지 등장하여 화제가 되기도 했습니다.

이 축제는 옛날 남사당패에서 유일한 여성 꼭두쇠(우두머리)였던 바우덕이(박우덕)의 재능을 축제로 발전시킨 것이죠. 옛날 장터가 재현되고, 전국풍물 경연대회, 세계 줄타기 한마당, 전국 엿장수 겨루기, 탈놀음, 남사당이 체험마당 등이 잇따라 열립니다.

바우덕이는 남사당 6마당인 풍물, 버나, 살판, 어름(줄타기), 덧뵈기(탈놀음), 덜미 등에 정통했던 조선 후기에 하나밖에 없었던 여자 꼭두쇠이기도 했답니다.

그녀는 흥선대원군으로부터 경복궁 중건에 동원된 백성들에게 신명을 주었다는 공로를 인정받아 당상관 정3품의 옥관자를 받을 정도로 조선 최고의 남사당패였습니다.

남사당패에도 허수아비는 연희를 위해 일상에서 발견한 친밀한 소재 중 하나였죠. 일상의 예술과 축제문화도 시대에 따라 변화하고 있는 것입니다.

이제는 참새와 눈싸움 하던 허수아비가 인형처럼 다양한 용도로 소리도 내고 움직이기도 하는 모습으로 진화하고 있습니다.

그리 돈이 들어가지 않는 허수아비 만들기에서 공동체적 정신을 발견하고 예술의 매력과 신명나는 축제의 영감을 얻어낸 것, 이것 또한 일상의 재미나는 일이 아닙니까.

활빈당을 꿈꾸는 세상

1999년 8월 10일

억울한 일을 당해본 적이 있는지. 힘센 자에게 끌려 다녀 서럽게 울어본 적은 있는지. 그것도 아니라면 너무나 잘 사는 사람을 한 번쯤 부러워한 적은 있을 터.

노랫말처럼 잘난 사람 잘난대로 살고, 못난 사람 못난대로 사는 요지경 세상이라 하더라도 세상은 왜 이리 절대적인 평등은 없고 상대적인 불평등과 부조리만 있는가 한탄도 해봄직 하다.

그래서 사람들은 꿈을 꾼다. 완벽한 미녀가 되어 몸매를 과시하는 꿈, 또는 근사한 사장이 되어 호령하는 꿈 등등. 꿈은 마치 동화처럼 우리를 만든다.

홍길동의 활빈당을 꿈꾸는 사람들의 최근 기행이 화제가 되고 있다.

새삼 시중의 입도마에 오르고 있는 이유는 사회 정의를 외치는 이들의 희한한 무기(?) 때문. 홍길동의 칼도 아니고 로빈후드의 활도 아닌 몸빼, 때밀이 수건, 밴댕이 젓갈, 좁쌀 등이 사용된다.

이 단체는 고급 옷 로비사건과 관련, 장관부인들에게 몸빼를 보내고 대법원, 변호사협회 등에는 때밀이 수건 2천 여 장을 보낸 행동으로도 유명하다. 서민들의 몸빼철학을 배우라는 의미이고 묵은 때를 벗기라는 상징적인 메시지이다. 최근에는 경기은행 로비사건 때문에 수감된 임창열 경기지사에게 때밀이 수건과 함께 청백리열전을, 임씨의 부인 주혜란 씨에겐 신사임당 전기·신명심보감 등의 수신(修身)의 책과 함께 몸빼를 구치소에 전달했다. 서민들의 아픔을 알고 공직자의 부인으로서 행동가지를 조심하라는 의미인데 주 씨는 몸빼는 거절하고 책만 받았다 한다.

이밖에도 활빈당은 당리당략에 눈멀어 민생은 돌보지 않는 속 좁은 국회의원들에게도 밴댕이 젓갈과 좁쌀을 보낼 예정이라고 밝힌바 있다. 그 좁쌀을 버리지 말고 자기집 흰쌀을 섞어 지역구 결식아동에게 보냈으면 좋겠다는 일갈도 덧붙였다.

현대판 활빈당으로도 불리는 이들의 정확한 명칭은 활빈단. 세무 공무원 출신인 홍정식 씨가 대표를 맡고 있다. 어떻게 보면 너무 튀는 듯 하면서도 그럴 듯하고 현학적인 부패 척결 방법이다. 실상 지난해 4월에 있었던 이들의 출범식도 엄숙하고 진지했다 한다. 경기 파주의 황희 정승 묘소 앞에서 부정부패 척결 등을 내걸고 결성식을 가졌다.

이들의 활동에 대한 반응은 어떠할까. 때밀이 수건을 받은 임창열 씨는 얼굴을 붉혔다 한다. 반면 이 소식을 전해들은 서민들은 옳거니 라는 탄성으로 무릎을 치는 경우가 많았다.

의적(義賊)을 고대하는 심리는 사회 병리현상과도 밀접한 관계가 있지 않을까. 기관장 집의 냉장고에서 돈이 나오고 꽃병 속에 숨겨둔 돈이 발견되는 세상이다. 상류층을 바라보는 소시민들의 눈이 고울리 만은 없다. 어느새 한탄의 한숨이 의적을 기다리는 심리로 바뀌고 일종의 카타르시스를 고대하게 된다. '홍길동은 떼도둑의 수괴'라고 설명해도 서민들은 동의하지 않는다.(註 : 국내에서도 홍길동에 대한 평가는 상반적이다. 역사학자 이덕일·이희근 씨는 공저 '우리 역사의 수수께끼'를 통해 '홍길동은 떼도둑의 수괴'라고 주장한 반면 연세대 설성경 교수 등은 실재 존재했던 의적으로 보고 있다.

활빈당은 허균의 홍길동전에서 형상화되었지만 그런 역할을 부여받은 사람들은 역사를 따라 끊임없이 탄생했다가 사라지곤 했다. 우리네 신화와 전설 속에서 그리고 구전이야기를 통해. 그래서 활빈당은 사회 부조리와 정의라는 이율배반적인 요소와 함께 동거한다. 서민들이 활빈당을 꿈꾸는 세상은 역설적으로 서민들에게는 희망이 없고 불평만 늘어나고 있는 세상이기도 하다. IMF와 함께 등장했던 활빈당이 언제쯤 역사 아래로 다시 잠복할까. 활빈당을 꿈꾸는 세상에서 언제쯤 깨어날 수 있을까.

희망을 먹고 사는 사람들

2002년 12월 11일

뉴욕 그리니치 빌리지의 한 아파트에 사는 여류화가 존시. 심한 폐렴으로 죽음을 기다리는 그녀의 마지막 희망은 창문 너머로 보이는 담쟁이 덩굴 잎. 그녀는 마지막 잎새가 떨어지면 자신의 생명도 끝날 것이라고 생각한다. 그런 존시에게 어느 화가가 나뭇잎 하나를 벽에 그려 심한 비바람에도 견디어낸 진짜 나뭇잎처럼 보이게 하고 이것이 존시에게 마지막 희망으로 다가온다.

잘 알려진 O. 헨리의 단편 소설 '마지막 잎새(The Last Leaf)'의 주요 내용이다.

'희망을 가질 필요가 있는 것은 살아야하기 때문'이라는 이탈리아 격언이 말해주듯이 인간은 누구나 O. 헨리의 존시처럼 희망을 먹고 산다.

얼마 전 청와대에서는 김대중 대통령이 '국민에게 희망을 심어준 사람들과의 오찬'이란 행사를 개최했다.

다시 떠오르는 경제 위기설, 정치혼란, 사회의 도덕적 불감증 등 이러한 것들이 아마 김 대통령에게 '희망'이란 화두를 떠오르게 하는 계기가 되었을 것이다.

이날 전국에서 초청을 받은 157명 가운데는 올해 초 일본 연수 중 전철 역에서 사람을 구하려다 숨진 고 이수현 군의 부친도 포함되어 있었고, 경영권

세습을 하지 않겠다는 약속을 지켜 300억 원을 카이스트에 기부한 전 미래산업 정문술 회장 등 이미 매스컴에 널리 알려진 사람들도 많았다.

사회복지시설 룸비니 동산의 김금옥 씨의 인생 역정도 눈에 띄었다. 떠돌이 가수, 껌팔이, 삐끼를 전전하다 불심(佛心)을 얻은 그녀는 뜨개질 보시로 유명하다. 췌장암을 극복하고 15년 동안 뜨개질 한 스웨터를 고아원 양로원에 1년에 60~70벌 씩 전달한 그녀는 보림사 내 장애인 시설을 운영하여 고아출신 지체 및 언어 장애인 9명을 키웠다.

신안 지역에서는 대우의원의 이충열 원장이 초청을 받았는데, 이 원장은 인도주의실천의사협의회 상근 의사로서 농번기 마을방문 진료(104회), 주민건강 검진(연 65,800명) 등의 봉사활동을 전개했다.

나이 어린 학생들도 수 명이 초청되었다. 9살 먹은 임병국 군은 지난 달 물에 빠진 여학생 2명을 학교 친구 4명과 함께 인간사슬을 만들어 구조를 했다. 이밖에도 7년 동안 시어머니 병 수발로 효행의 모범을 보인 최숙자 여사도 포함되어 있다.

우리 시대 다양한 희망을 보니, 중국의 송대부터 유래된 설화인(說話人), 즉 악기의 반주나 박자를 쓰지 않고 재미있게 이야기를 들려주는 야담가(野談家)들이 사용하는 대본으로 주로 '삼국지연의(三國志演義)' '아녀영웅전(兒女英雄傳)' 등의 1절에서 취해 온 '화본(話本)'이란 것이 떠오른다. 민초들의 가장 큰 인기를 끌어 온 이 내용은 주로 현세의 최대의 희망은 승관발재(升官發財), 즉 관리가 되어 돈을 버는 희극적인 결말이 주를 이룬다.

희망의 끝이 희극이라는 데는 의심의 여지가 없다. 그리스 신화에서 인류의 모든 불행이 담겨있었던 '판도라의 상자'에도 마지막으로 남은 것은 '희망'이었다.

희망은 역설적으로 고통을 이겨내는 인내, 남을 위한 살신성인의 봉사 등의 큰 뜻도 내포되어 있다. 레바논의 시아파 회교도의 정치 군사조직인 '아말'이 '희망'을 뜻한다는 것을 알고 있는 사람은 많지 않은 것 같다. 이스라엘 점령군과 팔레스타인에 대항하여 레바논 시아파의 안전을 지키는 수호자 역할을 담당하겠다는 뜻이다.

  희망을 주는 사람들과의 오찬 자리에서 김대중 대통령은 "분명히 우리 경제가 어렵다. 이는 세계 경제가 어렵기 때문이다"며 "우리의 부정적인 면을 최소화하고 긍정적인 면을 극대화 시키자. 희망을 갖고 나가자"고 강조했다. 김 대통령이 가장 고민하는 것이 경제이고, 그 희망도 경제로 종착됨을 알 수 있다.

  집에서 직장에서, 각각 다양한 사회적 위치로 이 글을 읽는 독자들도 '희망'을 꺼안고 살아갈 것이다. 그렇다면 그 빛깔은 어느 색일까.

히딩크와 우리를 배고프게 하는 것?

2002년 10월 11일

언젠가 다시 만날 날을 기약하자는 의미로 '굿바이'(Good bye) 대신 '소롱'(So long)이라고 말하며 거스 히딩크 감독이 한국을 떠났지만 '히딩크 열풍'은 좀처럼 수그러들 줄을 모르는 것 같다.

'히딩크 열풍'은 청와대에서 교회, 학교, 뒷 골목까지 각양각색의 모습으로 온 국민의 마음을 사로잡고 있다.

얼마 전 김대중 대통령이 '히딩크에게서 배웠다'고 선언하더니, 청와대 비서실까지 'CEO 히딩크 - 게임의 지배'라는 책을 급히 펴낸 이동현 가톨릭대 교수를 초청하여 히딩크 배우기에 나섰다. 월드컵 최고경영자 겸 조직 관리자로서의 능력을 배워 한국사회의 개혁에 응용하자는 의미일 게다.

지난 일요일 목포 중앙교회 신도들 사이에서는 잠시 웃음이 터져 나왔다. 설교를 하던 조영주 목사가 '오~ 필승코리아'라는 월드컵 때 발생한 전염병이라는 유머를 잠깐 설교에 인용한 것 때문이었다. 잠을 자다가 '대~ 한민국'이라는 소리가 들리면 벌떡 일어나 박수 다섯 번을 치고, 길을 가다가 빨간 천이 보이면 '오 필승 코리아'를 외친다는 내용이다.

지난 일요일 오후 목포실내체육관에서 열렸던 '제1회 목포시 어머니 연맹컵 배구대회'에서는 엇박자 '대~ 한민국' 박수를 응용한 각 학교의 응원박수가 어머니를 휩쓸었는데, 응원막대를 두드리며 응원하는 어머니들의 모습이 그야말로 신명난 잔치였다. 집안에 머물던 주부들까지 붉은 악마 열풍에 전염된 것이다.

하긴 목포투데이 같은 점잖은 신문까지도 히딩크의 경영학을 소개하면서 구독료 납부를 재촉하는 알림광고를 내보냈으니, 히딩크 열풍이 이 사회 구석구석 안 스며든 곳이 없을 정도다. 대다수가 히딩크의 성공을 축하하고 그 승리의 열기를 한국사회 발전의 원동력으로 삼자는 의견들이 대다수이지만 보다 신중한 견해들도 눈에 띈다.

필자가 얼마 전 만난 한국가정 법률상담소 목포지부 윤혜자 부소장은 주부들까지 동참한 붉은 악마의 열풍은 억압되고 잠재된 한국사회의 새로운 변화, 과거의 억압과 관습에서 해방되고 싶은 욕구였다고 다소 멋진 해석을 하였다.

'당신들의 대한민국'이란 저서로 국내 널리 알려진 캐나다 오슬로 국립대 박노자 교수(한국학)는 "세종로를 벌겋게 물들인 군중을 보며 집단 히스테리를 느꼈다"며 비판의 칼을 곤두세우기도 했다.

국민 모두를 엇박자 박수의 세계로 빠지게 한 이 열풍의 끝은 어딜까.

축제의 뒷마당은 항상 허전함으로 가득 남는 법. 마치 끝이 안보이던 열기구가 언젠가 터지는 것처럼.

폴란드와의 첫 경기를 승리로 이끈 히딩크는 "아직도 배고프다"며 다소 시적인 표현을 사용하여 화제가 되었지만, 월드컵의 화려한 웃음과 박수 뒤편으로 아직도 여전히 배고팠던, 아니 더 배고파야만 했던 시련들이 소리 없이 다가오고 있는 것을 알고 있는 사람은 얼마나 되었을까.

'히딩크'와 '월드컵 4강'이라는 거대 담론 아래 모든 사람들이 집단적으로 박수치고 열광할 때 목포의 상인들은 매출이 뚝 떨어져서 죽을 지경이라고 울상이었다. 선창경기가 이미 빈사상태에 빠진 목포는 농번기 철만 되면 홍역을 앓는데, 설상가상으로 모든 소비자층들을 TV 앞에 한 달 동안 붙들어놨으니.

구조조정에 맞서 천막농성 중인 목포역 앞의 가톨릭 노조원들은 또 어떠했던가. 직장이 폐쇄되었던 보워터 한라제지의 가족들은.

월드컵은 끝났지만 7월부터 도입된 주 5일 근무제로 아직 정비가 안된 조직은, 계속해서 올라오고 있는 태풍으로 만신창이가 된 국토는 또 언제 정상으로 돌린다는 말인가.

월드컵의 효과가 수 조원이라는 정부의 홍보도 실상 목포와는 아무 관계없는 거대 기업, 일부 사람만의 잔치이다.

'아직도 배고프다'는 히딩크의 말에서 나는 아직도 빈사상태인 목포경제가 떠오르고, 수없이 중얼거리는 '아직도 배고프다'는 우리네 이웃사람들이 떠오른다.

잔치는 끝났지만 사람들이 해야 할 일이 세상에는 아직도 많다.

후담: 뒤를 돌아보면 잔치는 항상 과거형이고 일시적이다.

필자는 칼럼 갓바위에서 "국민 모두를 엇박자 박수의 세계로 빠지게 한 이 열풍의 끝은 어딜까. 축제의 뒷마당은 항상 허전함으로 가득 남는 법. 마치 끝이 안보이던 열기구가 언젠가 터지는 것처럼"라고 말했다.

한국 축구는 월드컵 신화 이후 계속 성적 부진으로 시달렸다. 히딩크가 한국을 떠나고, 움베르투 코엘류 감독이 취임하여 사령탑을 맡았지만 기대만큼의 성적을 올리지 못했다.

특히 2003년 10월 오만에서 벌어진 아시안컵 예선에서 베트남(0 대 1)과 오만(1대 3)에 연패를 당해 '오만쇼크'라는 신조어를 만들기도 했다.

붉은 악마의 비판자들이 지적했던 집단적 히스테리 뿐만 아니라 승리 지상주의, 빨리빨리 조급증, 빨리 달궈지고 빨리 식는 유별난 유행성 광기까지 복합되어 우리의 이성을 마비시키고 지금 현재가 최고인냥 자기함정에 빠뜨린다.

스포츠 스타, 연예계 스타 등을 보라. 어찌나 빨리 만들어지고, 빨리도 시야 저편으로 사라지는지.

축구도 승리 지상주의보다 자체의 발전이 필요하고, 지역 사회도 성과보이기식 전시행정보다 내실 있는 성장이 중요하다.

벤처시대, 문화 정치벤처는 어디에

2000년 3월 2일

정치의 계절이 되다 보니 그럴듯한 정치판의 아이디어 하나가 눈에 띈다.

지난 15대 총선에서 서울 서초을에 출마한 김상태(金相泰)씨를 중심으로 '386 벤처신당' 가칭) 창당준비위가 발족되어 창당을 준비 중이라는 것이다. 이들은 "구태의연한 로봇형 정치가 아닌 역동적 정치구현과 국민화합에 기초한 한민족공동체 정치를 창당이념으로 내걸고, 건전한 진보와 진보성향의 보수세력을 통합하는 개혁정당을 만들겠다"고 창당 목적을 밝히고 있다.

요새 유행하는 '벤처'에다 정치를 접목시킨 아이디어가 웃음을 자아낸다. 어쩌면 이들이 '한국사회서 우리의 창당은 도전이자 실험적인 정치'라는 냄새를 짙게 풍기기 위해 벤처정치를 강조한 지도 모르겠다.

지난해 하반기부터 우리 사회는 과열되었다 할 정도로 거대한 벤처열풍이 온 국토를 달구고 있다. 신문과 방송마다 성공한 벤처신화로 가득하고 그동안 숨어있던 돈 보따리들도 온통 벤처기업으로 몰리고 있다. 모두들 새 천년의 화두인 마냥 'e-비지니스, 코스닥' 등을 외친다.

여기에는 몇 가지 해석이 있다. 대기업 중심이었던 한국 경제가 IMF로 무너지면서 새로운 돌파구를 벤처양성에서 찾자는 IMF 대안론이다.

또 하나는 인터넷으로 상징되는 새로운 정보혁명을 돌파하기 위해 필수적인 정보화 벤처론이다. 여기에다 금융권을 벗어나 새로운 투자자들을 찾는 벤처 증시바람도 한 몫 했다.

물론 벤처열풍이 과장되고 거품이라는 지적도 있다. 이들 일부는 기술개발은 뒷전이고 주가관리에만 열을 올려 구설수에 오르기도 한다. 주가가 떨어지기라도 하면 무차별한 액면분할에 무상증자로 그럴듯한 미래가치를 내세워 주가를 올리고 있다. 액면가의 몇 십 배로 부풀린 공모주가들은 끝없이 비상하는 열기구를 연상시킨다. 언제 터질지 모르는.

이러한 우려감에도 불구하고 우리 사회는 이미 밑바닥부터 새로운 벤처형 문화들이 확산되고 있는 징후가 뚜렷하다.

기업 조직들은 과거의 피라미드형에서 발 빠르게 네트워크형으로 바뀌고 있다. 중간관리층들이 줄어들고 경영진들과 현장인력들이 곧바로 머리를 맞대거나 프로젝트에 따라 팀별로 뭉쳤다가 흩어지는 모습들이 앞으로는 종종 눈에 띌 것이다.

얼마 전 공개된 삼성경제연구소의 '디지털시대의 인사혁명'이란 보고서는 과거의 봉급체제가 스톡옵션 중심으로 변환되고 노사협상도 개별적으로 진행되는 대 지각변동이 기업 내에서 부터 불고 있다는 진단을 내린 바 있다.

과거의 인사조직에 익숙한 경영자들에게는 혼란스러움과 e-비지니스에 대한 두려움이 물밀듯이 몰려올 수밖에 없다. '정체된 조직'을 어떻게 변화시키고 경쟁력을 키울 것인가가 큰 화두이지만 명확한 성공의 잣대는 보이지 않는다.

사회 각 분야의 지도자들은 이제 정보혁명과 벤처열풍이라는 거대한 물결에 몸을 맡기고 있지는 않는지. 분명 수도권에는 벤처 세상, 벤처 열풍인데.

목포권 문화의 벤처는, 사회운동의 벤처는, 정치의 벤처는 어디만큼 와 있는가. 영산강변 들녘에는 벌써 봄인데. 나물켜는 아낙네들도 보이는데.

실험정신과 모험으로 가득 찬 젊음을 불러보고 싶다. 벤처의 열풍으로 낡은 조직에 활력을 북돋우라고. 그리하여 우리의 숨은 재능과 끼를 맘껏 발산해 달라고.

발가락 때도 파는 중국인
목포서 돌장사 한다면?

2004년 7월 14일

　발가락 때까지 파는 중국인들이 목포에서 '돌 장사'를 한다면?
　발가락 때까지 판다는 중국인들의 희한한 상술은 2008년 북경 올림픽을 앞두고 관광도시로 비약을 꿈꾸고 있는 북경을 본사 기자들을 이끌면서 취재했던 필자가 직접 겪은 사례이다. 이 능수능란하고 두려운 판매자들은 이번에는 목포 신외항 석재타운에 75억 원을 투자하여 한국 시장을 본격 공략할 예정이다.
　발 마사지는 중국 관광의 기본코스, 10여 년 가까이 중국을 방문하면서 수차례 발 마사지를 경험했던 필자는 올해 색다른 경험을 했다. 한참 발가락 경락 마사지에 열중이던 아가씨가 굳은살이 박혀 있다면서 좀 더 업그레이드된 서비스를 한 것. 다른 기술자가 나타나 조그만 칼로 발바닥의 굳은살을 벗겨낸 후 약초로 만든 발 세정액을 1만 8천원에 판매했다.
　무릎을 꿇고 앉아 라이트가 달린 헬멧을 쓰고 발에 조명을 비춰가며 다듬는 정성에 돈을 지불했음은 물론이다.
　중국의 개방과 더불어 시작된 지구촌의 '니하오열기'는 여전히 꺼지지 않고 있는 가운데, 목포 신외항 석재타운에 중국인의 투자가 시작됨에 따라 목포를 비롯한 서남권 지역으로서는 중국인의 상술을 파악해야하는 과제가 부여됐다.

석재전시타운이 건설되면 서남권은 본격적인 중국경제권 편입이 시작된다. 한국 석재 시장 규모는 국내 내수 시장이 2조 원, 8300억 원의 해외 수입물량 중 70~80%가 중국산이다. 부산 평택을 통해 들어오던 물량이 목포 신외항을 통해 들어오고, 물류기지로서 목포항의 위상은 더욱 증대될 것이다. 또 석재 관련 1백여 업체들과 상설 석재 전시장, 연구소, 비즈니스 룸 등이 들어서면 신외항 석재타운은 중국의 석재시장이 세계로 진출하는 교두보 역할도 할 것이다.
누가 봐도 목포경제에 획기적인 도움이 될 것이 분명하다.

중국자본 목포진출 지역사회 경계를

그러나 너무 쉽게 목포시가 샴페인을 터뜨리고 있다는 불안감이 맴돈다. 중국의 진출이 초토화된 국내 석재시장의 시체를 넘어 들어오고, 한국인을 봉으로까지 여긴다는 중국인의 상술에 대해 목포가 너무 모른다는 점, 중국산 석재타운이 지역경제와 지역사회에 미치는 파급효과에 대해 지역 단체들의 검토가 이뤄지기도 전에 빠른 속도로 진행된다는 점이 우려된다.

1970년 대 일본 수출을 시작으로 석산 개발이 본격화된 우리나라는 1974년 수출 1천 만 달러를 돌파할 정도로 수출 유망산업인 물 좋은 산업이었다. 1980년 대는 기계화 및 업체의 규모 증대로 석재산업 호황기를 맞았고, 1989년에는 수출 3억 3천만 달러를 돌파하여 국가경제 발전에도 기여했다.
불과 10여 년 만에 국내 시장이 초토화된 것은 값싼 중국산 제품이 세계 유통시장을 교란시켰기 때문이다.
가격 경쟁력을 잃어 일본시장마저 빼앗기고, 국내도 문을 닫는 기업들이 하나 둘 늘어났다. 목포, 무안에서 건실한 업체로 평가받았던 석재 가공업체들도 이 시기 대부분 문을 내리고, 살아있는 곳도 명맥만 유지하는 영세업체로 전락했다.

　목포시와 신항만주식회사가 중국 자본의 유입에 환호를 하고 있지만, 이 이유 탓에 국내 석재시장에는 기어이 올 것이 왔다는 전운감이 맴돌며 목포를 주시하고 있다. 일부에서는 장기적으로 봤을 때 불량품 및 처음 샘플과 달리 수입되는 피해를 최소화하고 중국산을 둘러싼 국내 유통망끼리의 출혈 경쟁을 막는 긍정적 요인도 있다고 애써 위안을 하는 시각도 있다.

　만약 신외항에 중국자본 75억 원이 투입된 거대 중국산 수입 농산물 가공공장이 건립되어 본격 가동된다고 생각해보라. 지금쯤 불타오르는 나락, 분노에 가득 찬 농민의 함성으로 거리 곳곳에 긴장감이 맴돌 것이다.

　목포경제의 활성화를 위해 불과 30여 년의 반짝 호황을 끝으로 역사 속으로 사라질 한국 토종 석재산업. 오늘날 세계화의 터널을 벗어나고 있는 주변인들의 가혹한 운명인 셈이다.

목포음식의 과학을 꿈꾸며 '장금이'를 불러보는 목포

2004년 8월 11일

산소미인 이영애는 MBC드라마 대장금의 장금이 역을 할 때가 연예인으로 가장 화려했던 시기로 기억될 것이다.

대만에서까지 공전의 히트를 기록한 '대장금 신드롬'에 대해 전통음식이라는 소재가 좋았다니, 이영애의 연기력이 기가 막힌다는 등 다양한 원인 분석이 나오지만, 먹거리에 대한 중생들의 입맛 당기는 현상은 만국의 공통된 관심거리라는 것을 다시 한 번 입증해 준다.

드라마 대장금에서 많은 사람들이 주목한 것은 건강과 환경을 생각하는 음식에 담긴 조상의 지혜였다. 이는 최근 전 세계적으로 불고 있는 웰빙바람과도 통한다.

음식하면 마치 전통음식이 최고인냥 여기지만, 필자의 생각에 음식은 진화 발전하는 과학이자 철학이다. 변화가 없으면 퇴보하고, 기술 개발과 보존의 철학이 없으면 그저 그렇게 사라지는 먹거리에 불과한 것이다.

베스트 전통음식에서 목포탈락 아쉬움

한때 목포는 마치 남도 음식의 보고처럼 여겨졌다. 넉넉한 손 인심, 상다리가 부러질 듯한 해산물, 나물들의 반찬 등. 홍어요리, 꽃게요리 등은 목포를 상징하는 음식이기도 했다. 목포를 찾는 많은 사람들이 나에게 좋은 먹거리를 추천하라 한다. 이들은 다른 곳에서 찾아볼 수 없는 목포만의 특색과 명성을 갖고 있는 음식을 원하고 있는 것이다. 생선회나 홍어를 권하는 나는 간혹 딜레마에 빠진다. 생선회는 어촌 어디서나 먹을 수 있고, 홍어는 목포보다는 신안의 대표 음식이기 때문이다. 신안에는 남도음식문화큰잔치에서 대상을 받은 흑산도 선우정의 박춘자 씨가 있고, 목포에는 인동주마을의 신지식인 우정단 씨가 홍어요리로 유명하다.

대장금에는 홍어요리에 대한 다음과 같은 시나리오가 있다.
"쿵쿵, 역겨운 냄새에 장금이 인상을 찌푸린다. 계속 먹어봐 한상궁의 재촉, 입을 오물거리던 장금의 얼굴이 밝아진다. 마마님 자꾸 씹으니 냠냠 맛이 납니다. 처음엔 코끝이 찡하고, 다음엔 입안이 상쾌하고 끝 맛은 청량합니다. 이것이 홍어회다. 사시사철 먹을 수 있는 생선회. 장금아, 홍어의 살과 간은 머리를 맑게 하고 소화를 촉진시키며 성인병을 예방하느니라"
대장금이 인기 있었던 것은 바로 이처럼 음식이 가져다주는 무한한 효험, 즉 음식문화와 건강문화에 대한 관심이었다.

장금이와 한상궁 같은 맛의 달인 없나

'흑산도 홍어의 화학적 특성과 전통발효에 따른 발광반응에 관한 탐구'가 전남과학전람회에서 최우수 작품상을 받기도 했다. 음식이 과학이라고 말한 것도 이런 이유 때문이다.

오늘날 음식을 뒷받침하는 과학이 없으면, 그 음식은 생명력을 잃을 가능성이 높아진다. 김치가 전 세계적으로 인기를 얻고 있는 것도 그 발효식품의 효능을 널리 알리는 과학자들의 역할이 크다.

얼마 전 전남도가 전통주류, 한과류, 음료 다류, 가공식품류 등 4개 분야별 남도 전통음식 베스트 5, 총 20개를 선정 발표했는데, 이중에는 목포 무안 신안 등 서남권 음식이 하나도 포함되지 않아 의아한 적이 있다. 주류는 봉황농협의 상이오디, 한과류는 담양호정식품 호정1호, 음료다류는 순천 명설차의 사계절 녹차, 가공식품류는 광양청매실농원의 홍쌍리 청매실장아찌가 금상을 수상했다.

모두 전통성뿐만 아니라 맛과 향, 외관 등 기호도가 뛰어나다는 평을 받고 있는 음식이다. 이제 음식도 기능성과 기호도를 반영하지 않으면 경쟁력을 잃어가는 시대이다.

목포시번영회가 창립 96년 만에 처음 만들어낸 '번영목포'(1999년4월) 창간호에는 임송전 전 목포시 경제사회국장의 '우리가 변해야 목포가 발전된다'는 글이 있다. 임 씨는 이 글에서 "외지 방문객들에게 단 1박이라도 할 수 있는 여유를 남겨줄 수 있는 목포만의 음식문화를 연구개발해야 한다. 전주하면 비빔밥이 유명하듯이 목포지역의 세발낙지를 좀 더 연구개발하여 이를 전문 식당화하는 작업은 꼭 필요하다고 본다"고 주장했다. '목포만의 음식이 있었으면...'을 상상하는 사람들의 소원이다.

목포시가 마침 북항 주변에 남도별미촌을 조성할 계획으로 예산확보에 나서고 있다. 식당가를 만든다는 생각도 중요하지만, 이를 뒷받침할 장금이와 한상궁도 중요하다. 목포음식을 살릴 장금이를 불러 본다.

제3장

함께한 아픔

개인 빚 절반 탕감? 어떻게 해석해야 되나?

2013년 3월 26일

대학생들의 학자금 대출이나 사채 빚 때문에 서민 경제가 심각하다며 대책을 촉구하던 사람들이 박근혜 정부에 들어와서 갑자기 멍한 몽롱한 상태가 되었다.

정부가 25일 1억 원 이하의 대출을 6개월 넘게 갚지 못한 연체자 약 33만 명에 대해 빚의 절반을 탕감해주고, 학자금 대출을 6개월 이상 연체한 사람도 지원한다고 발표했기 때문이다. 또 고금리에서 10%대 저금리 대출로 갈아탈 수 있는 사람도 6만 명이 지원된다고 하니, 숫자놀음에 약한 사람들도 얼추 뭔가 대 회오리바람이 불었다는 것을 알 수 있다.

워낙 충격이 커서 박근혜 대통령이 잘했다는 평가보다는 뭔가 국민 여론을 의식한 선심성 정책인지, 정말 필요한 대책이었는지 분석하느라 주변 눈치를 볼 정도다. 빚을 연기하거나 이자를 줄여주는 것이 아니라 아예 원금 절반을 탕감해준다니. 이게 하늘이 뒤집어진 것인지 헷갈린다는 반응도 있고, 만우절인가 옆을 쳐다보는 사람도 생겼다. 불과 얼마 전 이리저리 다 팔아 빚을 갚은 사람들은 '에구나'하며 한숨을 푹 쉬고, 빚이 있는 사람들은 자신도 해당되는지 문의전화가 빗발쳤다.

일단 정부의 발표를 세심하게 살펴보니 이번 조치는 2013년 2월 말 기준으로 6개월 넘게 1억 원 이하의 빚을 갚지 못한 사람을 대상으로 3,894개 금융회사와 대부업체에 연체한 134만 명 가운데 약 21만 명과 희망모아 등 기존의 공적 자산 관리회사가 관리하는 연체 채무자 211만 명 가운데 11만 4천 명이 해당된다고 한다. 이중 혜택을 받는 학자금 대출은 115억 원 정도다.

지원 대상으로 확정되면 나이, 연체기간, 소득 등을 따져 50%까지 채무를 탕감받고 나머지는 10년 내 분할 상환해도 되니, 이것이 또 웬 혜택인가. 더구나 기초수급자 등은 채무 감면율을 최대 70%까지 추진한다.

채무조정 신청은 5월 1일부터 10월 31일까지 자산관리공사, 신용회복위원회, 서민금융종합지원센터에서 받는다.

그런데 미등록 대부업체나 사채를 이용한 사람, 담보대출자, 기존의 채무조정이나 개인회생·파산 절차를 밟는 사람은 제외다. 이것을 놓고 한쪽에서는 실질적으로 제일 고통받고 정부 보호로부터 사각지대에 있었던 서민들은 제외가 되었다고 불만이다. 불법 사채 대부업자 등 법정 이율을 넘어선 살인적 이자 때문에 추락한 사람들에 대해서는 대책이 없고, 기존 금융회사를 이용한 어느 정도 신용도가 있는 사람만을 대상으로 했다는 것이다.

더구나 정부가 이렇게 개인 빚을 탕감한다면 누가 일할 의욕과 저축할 마음이 있겠는가. 국민적으로 도덕적 해이가 범람하는 것은 아닐까 라는 우려도 생긴다.

그동안 서민 경제 악화에 대한 대책을 촉구했던 전문가들도 일단은 이 조치가 과연 장기적으로 한국경제에 득이 될지 실이 될지 분석할 시간이 필요할 것 같다.

일단 개인적 빚이야 인류역사와 함께 전 세계적으로 있는 것이고 어떤 대책을 세워도 완전히 해결될 수 없는 것이기 때문에 여기서는 일단 범위를 좁혀 대학생 대출에 대해서 생각해볼까 한다.

25일 한국직업능력개발원의 송창용 연구위원 팀이 전국 2년제 전문대 졸업자 1천 35명과 4년제 대학 졸업자 807명 등 1천 842명을 조사한 결과 이중 30.3%(559명)가 학자금 대출을 받았고, 전체 평균 채무는 901만원이었다. 대출을 갚는 기간은 45.5개월이다. 이밖에도 한국갤럽이 최근 한 달간 전국 대학생 5037명을 조사한 내용은 고금리 대출 이용자는 3.7%(188명)로 2011년도 기준 전국 대학생이 298만 명인 것을 감안하면 대학생 약 11만 명이 고금리 대출을 받고 있는 것으로 추정되며 1인당 고금리 대출 잔액은 276만원이었다. 잔액 규모는 카드사(380만원)와 저축은행(278만원), 대부·캐피탈(228만원)·사채(133만원) 순이다.

그런데 이러한 대출은 한국만의 문제는 아니다.

지난해 10월 경 뉴욕타임즈를 보니 미국은 2011년 대학 졸업자들의 학자금 대출금이 평균 26,500달러(2천 941만 5천원)로 전년도 대비 5% 증가했으며, 대학 졸업생의 2/3가 학자금 빚을 가진 것으로 추정됐다.

미국의 대학 학비는 지난 10년간 40% 이상 증가했으며, 학생 부채는 1조 달러(약 1070조원)를 넘어섰는데, 학생 부채 규모는 자동차 대출과 신용카드를 넘어섰고, 소비자 부채 중 주택 모기지에 이어 두 번째로 많다.

그런데도 미국은 학자금 대출 등에 대해서 빚을 절반이나 탕감하는 정책 발표는 아직까지 없다.

미국의 쿠퍼 호웨스 바클레이스 이코노미스트라는 잡지를 보니 헤더 자르비스 변호사의 주장이 눈길을 끌었다.

"대학생 학자금 대출금의 유일한 해결 방법은 빚으로 대학교육을 받는 현 관행을 바꾸는 것입니다."

자르비스 변호사는 "상대적으로 대출 대학생들이 졸업 후 직장을 얻더라도 그들 자녀들의 교육비용 마련과 주택 소유, 은퇴 연금 대상자가 될 수 있는 기회를 박탈당하는 악순환에 부딪힐 것이다."고 했다.

부채탕감 정치적 논쟁은 반란으로 이어진다

인류학자 데이비드 그레이버 교수가 쓴 '부채 그 첫 5000년'이란 책은 인류 경제사를 '부채의 역사'로 정의한다. 과거에도 특정지역에서 주기적인 부채 탕감이 이뤄졌고, 중세의 종교들은 이자를 받는 대출을 금지하기도 했다. 그러나 부채탕감에 대한 논쟁은 위험하다.

그레이버 교수의 경고는 섬뜩하다.

"역사를 살펴보면 부채와 부채탕감을 둘러싼 정치적 논쟁은 자주 반란으로 이어졌다"

노인 빈곤율 1위에 숨겨진 사회적 음모

2013년 3월 5일

　우리나라 노인층의 빈곤율은 경제협력개발기구(OECD) 회원국 중 45.1%로 1위를 기록하고 있다는 최근 통계가 우리를 슬프게 한다.
　2위 아일랜드(30.6%)보다 14.5%p나 높고 30개국 평균(13.5%)의 3배 이상이다. 특히 한국 독신 노인가구의 빈곤율은 76.6%에 달한다고 한다.
　이 통계는 2011년 OECD 자료로 노인층 만 65세 이상의 빈곤율을 전체 가구 중위소득 50% 미만 비율을 조사한 것이다.
　한류 열풍과 정보기술 강국으로 이름난 대한민국의 노인 위상이 이 정도일까. 의심이 갈만큼 충격적인 소식이다. 과연 이 나라에 복지는 있는가. 그 많던 자칭 복지공화국의 복지예산은 다 어디로 갔을까 고민해 볼 문제다.
　산업화 시대에 아이들 가르친다고 모아 둔 돈은 없고, 노인들이 일할거리가 없으니 그럴 만하다. 노인들이 일을 하겠다고 하면 사회 시선도 이상하게 보거나 곱지 않다.
　자식들이 불효하느냐고 놀려대는 사람들도 있고, 이제 그만 쉴 때가 아니냐고 채근하는 문화도 있다.
　그렇지만 다른 나라와 비교해봤을 때 우리나라의 노인층 빈곤율 1위라고 하는 것은 부정할 수 없이 뭔가가 잘못되었다. 국가 정책이나 사회적 철학이

혼선이 있다는 것이 분명하고, 그 이면에도 다른 이유가 있다는 생각이 문득 든다.

실버 일자리의 촌스러움, 무기력을 벗자

설마 '노인 빈곤율 1위'라는 오명 뒤에는 어떤 사회적 음모가 있는 것은 아닐까. 실제 대한민국의 놀랄만한 성장의 비밀 뒤에 노인층의 희생이 있을 수도 있겠다는 생각을 해봤다.

젊은 층의 취업을 위해 은퇴 시기의 앞당김, 국가 경제성장을 위한 노인층의 장롱 안 돈 끌어댕기기 등과 같은 것 말이다.

대한민국의 신 성장 동력을 설마 노인층의 희생으로 마련하고, 우리 모두는 암묵적으로 여기에 동의하고 있지 않는지.

나는 실제 목포시가 승강장 질서 지키기 등에 노인 일자리를 마련하지만, 간혹 무기력하게 삼삼오오 모여 주머니에 손을 넣고 시간만 때우는 어르신들을 발견할 때 안타까움에 화가 난다.

왜 생산적인 일자리에서 그들의 경험을 살리지 못하고, 시간 때우기에 나서서 되레 도시 이미지와 다른 부조화를 만드는지. 노인 일자리란 왜 촌스러움, 무기력, 단순 노무직으로 상징되는지. 은퇴와 동시에 무기력이란 수레를 타게 되는지.

영국 BBC가 2009년 존 윈드햄의 소설을 기반으로 만든 2부작 '더 데이 오브 더 트리피즈'라는 드라마가 생각난다.

육식 식물의 공격에 지구가 폐허더미로 변하면서 이에 맞서 싸우는 사람들의 이야기인데, 수도원은 공격을 받지 않은 사람들의 안식처다.

그 비밀은 원장 수녀에 의해 늙은 신부나 쓸모없는 사람을 육식식물인 트리피드에게 주기적으로 식량으로 제공하면서 인간과 육식신물이상호 공존한 것이다. 주인공들은 '안전한 수도원'으로 포장된 이 비극적 절망감과 맞서 싸운다.

젊은 세대에 세상 전부 넘기지 마라

셰익스피어가 남긴 글 중에 중년 노년에 즐기는 아홉가지 생각이라는 게 있다.

첫째, 학생으로 계속 남아 있어라. 배움을 포기하는 순간 우리는 폭삭 늙기 시작한다.

둘째, 과거를 자랑마라. 옛날이야기밖에 가진 것이 없을 때 당신은 처량해진다. 삶을 사는 지혜는 지금 가지고 있는 것을 즐기는 것이다.

셋째, 젊은 사람과 경쟁하지 마라. 대신 그들의 성장을 인정하고 그들에게 용기를 주고 그들과 함께 즐겨라.

넷째, 부탁받지 않은 충고는 굳이 하려고 마라. 늙은이의 기우와 잔소리로 오해받는다.

다섯째, 삶을 철학으로 대체하지 마라. 로미오가 한 말을 기억하라. "철학이 줄리엣을 만들 수 없다면 그런 철학은 꺼져 버려라"

여섯째, 아름다움을 발견하고 즐겨라. 약간의 심리적 추구를 게을리 하지 마라. 그림과 음악을 사랑하고 책을 즐기고 자연의 아름다움을 만끽하는 것이 좋다.

일곱째, 늙어가는 것을 불평하지 마라. 가엾어 보인다. 몇 번 들어주다 당신을 피하기 시작할 것이다.

여덟째, 젊은 사람들에게 세상을 다 넘겨주지 마라. 그들에게 다 주는 순간 천덕꾸러기가 될 것이다. 두 딸에게 배신당한 리어왕처럼 춥고 배고픈 노년을 보내며 두 딸에게 죽게 될 것이다.

아홉째, 죽음에 대해 자주 말하지 마라. 죽음보다 확실한 것은 없다. 인류의 역사상 어떤 예외도 없었다. 확실히 오는 것을 일부러 맞으러 갈 필요는 없다. 그때까지는 삶을 탐닉하라. 우리는 살기위해 여기에 왔노라.

아홉가지 중에 나는 젊은 사람들에게 세상을 다 넘겨주지 마라는 말이 가장 가슴에 와 닿는다. OECD 국가 중 노인 빈곤층 1위라는 사회적 음모를 막는 길, 젊은 사람들에게 세상을 다 넘겨주지 마라.

가난한 사람들 왜 부자위해 투표하나

2013년 3월 12일

최근 시중에 나도는 유머가 한국의 씁쓸한 정치적 상황을 잘 말해준다.
"아버지가 뉴스를 봤다. 집에 라면이 늘었다. 집에 담배가 쌓였다. 집에 걱정이 늘었다."

최근 긴박한 남북 대결상황에 따른 라면사재기, 담배 값 인상에 따른 담배사재기를 풍자한 것이다. 이집 저집을 들여다봐도 서민들의 한숨이 늘고 주름살이 깊어지고 있다.

서민들은 이를 박근혜 대통령의 소통 부족이나 야당의 무기력함이 가져오는 필연적인 정치력 부재로 해석하고 있다.

대의정치랍시고 뽑아준 사람들이 그렇게 시끌벅적 서로를 죽일 듯 싸우면서도 자신들의 연봉올리기, 수당챙기기 등 밥그릇 챙기기는 꽤 바삐 움직인 반면, 이들을 믿은 서민들의 삶은 갈수록 팍팍해지고 있는 것을 실감하기 때문이다.

술이나 담배 기름 등 서민들의 밀접한 생활과 관련된 것들에는 숨은 세금이 유난히 많다. 시중 유통되는 기름 값의 45%, 담배 값의 61%, 술의 72%가 세금으로 정부가 가져갔다.

그럼에도 이 돈들이 국가의 발전을 위해 사용한다고 해서, 또는 그 내막을 잘 몰라서 큰 불만을 표출하지 않았으니 나는 이것을 이 지면에서 잠시 '대한민국의 애국세'라고 불러보겠다.

나이 들고 서민일수록 진짜 애국자

학교 다닐 때부터 다른 친구들보다 좀 더 사회생활을 일찍 배워 선생님 몰래 담배를 피거나 술을 먹은 사람일수록 세금을 더 많이 낸 대한민국의 진정한 애국자였던 것이다.

이중 그럭저럭 평범한 시민으로 살아온 어르신들은 공부 좀 잘한다고 으시대다 권력자되어 각종 투기나 비리혐의로 엉망된 사람들보다 얼마나 남 등쳐 먹지 않고 가족들 보살피며 열심히 잘 살아 왔는가.

젊은 청년보다 나이 든 서민형 어르신일수록 자신의 소득 비율에 비해 가장 열심히 국가에 세금을 냈으면서도 표창장 하나 못 받고 그저 투표일에 묵묵히 일찍부터 줄 섰던 추억을 갖고 있을 것이다.

담배를 피는 대한민국 성인남자의 45%, 하루생계를 위해 1t차량을 운영하거나 한 잔 소주에 일상을 달래는 서민들에게는 숨어있었던 세금이 사실상 국민적 생활고였다.

술 담배 기름 값 세금 얼마를 내는데.

이 '대한민국의 애국세'는 자신의 소득에서 가난할수록 비율이 커진다. 가령 이명박 전 대통령의 담배값이나 박근혜 대통령의 전용차 기름 값은 필자 정태영 친구들의 것보다 그들의 소득기준으로 볼 때 훨씬 저렴한 편이다.

그럼에도 한갑 2,500원하는 담배값을 2,000원 추가하는 인상안을 검토한다니.

담배값이 2,500원에서 4,500원이 되면 담배값에 붙는 세금 비율은 62.0%에서 73.7%로 높아질 계획이다.

과거에는 2500원짜리 담배 1갑에는 담배소비세가 641원, 국민건강증진부담금 354원, 담배소비세분 지방교육세 321원, 부가가치세 227원, 폐기물부담금 8원 등 모두 1550원, 즉 62%가 세금이었다.

가난한 사람들 왜 부자들 위해 투표하는가

현재 추진하는 새누리당 김재원 의원의 '지방세법' 및 '국민건강증진법' 개정안에 따르면 △담배소비세는 641원에서 1169원으로 82.4% △국민건강증진부담금은 354원에서 1146원으로 223.7% △지방교육세는 321원에서 585원으로 82.2% △부가가치세는 227원에서 408원으로 79.7% △폐기물부담금은 7원에서 10원으로 42.9% 인상하도록 하는 것이다.

만약 이 경우 4500원 담배 1갑을 기준으로 세금 비율은 73.7%로 늘게 된다.

160만 명의 인터넷 고정 구독자를 거느려 트위터 대통령으로도 불리는 이외수가 지난 3월 10일 인터넷에 다음과 같은 글을 올렸다.

"제가 60평생을 살면서 지켜본 바에 의하면 이 나라의 모든 어려움은 국민이 힘을 모아 극복했지 정치하시는 분들이 극복한 적은 없습니다. 그때나 지금이나 정치하시는 분들은 힘을 모으는 일보다 힘을 분산하는 일에 더 능률적인 모습을 보여 주셨지요"

그러자 하루만에 600여 명이 이 글을 자신들의 친구들한테 다시 보내고, 1백여 명이 관심글로 챙겨놓았다. 이만큼 서민들의 정치인에 대한 불신은 커지고 있다.

미국의 토마스 프랭크가 What's The Matter With Kansas?(캔자스에서 도대체 무슨 일이 있었나, 한국에서는 왜 가난한 사람들은 부자를 위해 투표하는가라는 제목으로 출판)라는 책에서 서민들이 보수당의 정치적 이미지 전략에 따라 부자증세를 반대하고 기업인들의 이익을 늘리는 정책을 지지하는 어이없는 상황들의 이면을 면밀하게 파헤친 적이 있다.

보수당의 사회통합논리와 복지정책에 숨어있는 현란한 정치조작 언어 구사력에 따라 서민들과 사회적 약자들의 꿈은 볼모로 잡혀있었던 것이다.

박근혜 대통령의 복지정책 실현에 따른 복지증세가 이제 발등에 떨어진 불이 되고 말았다.
　다음 대통령 후보들 공약 중 하나를 상상해봤다.
　"저는 여러분들을 위해 가계 소득 등급별로 기름 담배 술값을 차별화 해드리겠습니다."

늙으면 필요한 것이 아내 마누라라고?

2013년 2월 5일

아마 이 글을 읽고 있음직한 어르신들은 잠시 기분이 언짢을 수 있다. 끝까지 글을 읽을 인내력을 요구하는 우스갯소리를 먼저 소개한다.

문제 하나, 은퇴한 여자에게 필요한 다섯 가지는?

답은 돈, 건강, 딸, 친구, 강아지.

그렇다면 문제 둘, 은퇴한 남자에게 필요한 다섯 가지는?

정답은 아내, 와이프, 처, 마누라, 안사람.

목포지역 노인복지관이나 경로당을 봐도 이와 비슷하다. 여자들은 같은 여자들과 수다를 떨지만, 남자들은 장기나 바둑을 두다가도 아내가 어디에서 뭐하는지 시시때때로 찾아 댄다. 옆방에서 재잘거리고 있는데도 한 시간에 괜히 한두 번씩 부르는 남편도 있다.

은퇴상술에 놀아나지 말고 계속 정진을

현재 한국형 은퇴사회란 이렇게 남자와 여자가 살아가는 방식이 완전 다른 것 같다. 그동안 사회생활에 지쳤던 남자들은 육체적으로나 정신적으로 쉴 곳을 찾는 반면, 여자들은 그동안 남편 뒷바라지 했으니 이제 자신만의 시간을 소중히 여긴다는 것이다.

은퇴 후 간 큰 남자들 비애

남자들은 직장에서 집으로, 여자들은 집안일의 은퇴를 원하며 집에서 밖으로의 세상을 갈망한다. 하루 세끼에 종일 간식까지 요구한다는 간 큰 남자, 매일 재방송 케이블 TV를 거실에서 리모컨으로 작동시키는 리모컨맨, 잠옷 차림으로 아내에게 걸려온 전화에 귀 쫑긋 거린다는 파자마 토끼맨 등 은퇴 남편에 대한 유머가 판치는 세상이다. 남자들의 사회 출발선은 직장을 구하느냐 탈락하느냐의 전쟁이었고, 대개 그 30년의 전쟁 끝에 가정으로 귀환했지만 때론 가족마저도 반겨주지 않는 비애어린 세계인 것이다.

심지어 서로를 이해 못해 이혼하는 노년 부부도 늘고 있다. 65세 이상 국내 이혼 건수는 2000년에 1,321건, 2005년 2,589건, 2010년 4,346건으로 상승세다. 2012년 대법원 사업연감을 살펴보면 황혼이혼이 전체 이혼의 23.8%를 차지, 이혼 4건 중 1건이 황혼 부부다.

그러다 보니 최근 기업들의 보험업계 등은 은퇴를 사회적 시장으로 간주하고 각종 보험이나 연금 상품들을 출시하며 은퇴자들의 시선을 끌고, 국가도 나름대로 은퇴를 사회적 문제로 간주하며 각종 대책들을 내놓고 있다. 고용노동부의 경우도 중장년 적합 직종 170종을 소개하고 있다.

김경록 미래에셋은퇴연구소 소장의 "은퇴시장은 화성으로 가는 우주선"이란 평가가 이러한 상황을 설명해 준다.

그런데 대개 이런 은퇴 마케팅이 삼성생명이 만든 은퇴저널 2월호 시각과 일치하는 것 같아 눈에 거슬린다.

이 잡지는 퇴직 5년 전부터는 계획을 구체화시켜 나가는데, 가장 먼저 필요한 것은 "지금보다 나를 낮추는 연습"이라고 주장했다. 은퇴 마케팅은 은퇴 플래너, 자산플래너 등으로 치장되지만 실제로는 대기업들이나 대행하는 사람들에게 돈을 맡기고 조금씩 찾아쓰라는 것이다.

눈여겨보면 인생의 가장 성숙 시기에 생성되는 도전의식과 숙련된 기술을 펼칠 기회를 집안 거실 케이블TV의 리모컨 작동자로 만들라는 현실안주형 조언이다.

김대중·레이건 75세 때 대통령

나는 목포가 이렇게 되면, 투자여건이 살아나지 않고, 노인들의 경험도 지역공동체에 녹아나지 않는다는 걱정이 생긴다.

김대중 대통령과 미국 레이건 대통령은 모두 75세 때 대통령에 당선되었다. 노년에 새 시장을 개척, 성공한 기업인들도 많다.

그런데도 나이가 들면 돈은 은행에 맡기고 단순 노무직이나 하라니. 그리고 자기를 낮추라니.

제론토크러시(Gerontocracy)라는 말이 있다. 나이든 사람이 세상을 다스린다는 의미인데 과거 역사에서 규명된 것처럼 세월에서 얻은 현자들의 지혜를 상징하기도 한다.

삶의 지혜가 녹아든 어른들에 대한 존경은 지역공동체에서 여러 소통관계를 통해 이뤄진다. 물론 이러한 사회는 장년층 청년층과 끊임없는 소통이 있어야 유지된다.

상술에 빠져 너도나도 은퇴를 찾기보다는 청년들과 장년들 사이에서 함께 삶의 현장을 개척하며 존경받는 어른들의 모습이 보고 싶다.

개성공단철수, 박 대통령 요술램프의 가벼움

2013년 4월 30일

29일 북한 개성공단 내 우리나라 기업이 완전 철수함으로써 남북 관계는 시계 제로 상태에 빠졌다. 박근혜 대통령이 취임한 지 100일도 안된 64일 만에 벌어진 일이다.

민주당과 김대중 전 대통령을 지지하는 사람들에게 개성공단은 남북교류와 화해의 상징이자, 최초의 평화적 정권교체를 만들어냈던 한국 민주주의 세력의 성과로 여겨져 왔다.

개성공단은 김대중-김정일의 2000년 6.15 공동선언 이후 그해 8월 현대아산과 북쪽의 아태, 민경련간 '개성공업지구건설운영에 관한 합의서'를 체결하면서 추진됐다. 2003년 여름 첫 삽을 떴고 1년 뒤 2004년 말 1호 공장이 돌아가기 시작했으니 10여 년 만에 최대 위기에 봉착한 것이다.

결과론적으로 김대중 노무현 이후 민주당을 중심으로한 정치세력은 대선에서 잇따라 두 번 패배함으로써 남북 역사를 10년 전 과거로 돌이켜 놓은 역사적 과오를 저지른 셈이다.

개성공단의 성공을 이룬 계승자로 자임하던 박지원 국회의원은 한이 넘치는지 지난 28일 인터넷 트위터로 10만여 명에게 "개성공단을 이렇게 처리하면 누가 이익일까? 남북 함께 손해입니다. 왜 이렇게 속전속결할까 남북관계는 한번 무너지면 끝입니다."라고 전송했다.

과거 개성공단을 직접 방문해서 북한 근로자와 대화를 나눴던 나도 이 글을 보고 참을 수 없어 "뭔가 과거 정부와 달라야한다는 남 수첩공주님과 북 정은왕자의 강박관념 아닐까요? 남북 민중 실종시대?"라고 박 의원의 글을 덧붙여 인터넷 트위터로 내 글을 고정적으로 읽는 3만여 명에게 보냈다.

내가 아쉬워하는 것은 민주당은 대선의 잇따른 패배의 아픔뿐만 아니라 DJ 때 6·15 정상회담 합의로 남북 교류와 평화의 상징이었던 햇볕정치의 정신과 산물까지 와해됨으로써 정치적 가치마저 공중분해 됐다는 것이다. 이제 남북 교류의 성과도 박근혜 정부로 넘어갈 것이다.

이미 수차례 정부의 말만 믿고 개성공단에 진출했다가 실패했던 여러 사람들의 이야기를 전해들었던 나는 "'개성공단은 기업과 근로자들의 땀으로 성패가 좌우되는게 아니었구나' 너무 많은 사람들이 알아버렸다. 신자유주의 자본주의 사회주의보다 더 강한게 한반도 반쪽 권력욕이던가?"라는 짧은 의견을 공개적으로 밝혔다.

지난 4월 25일 박근혜 대통령은 언론사 편집·보도국장과 오찬을 하면서 다음과 같은 '언론 유머'를 툭 던졌다.

"편집장과 기자가 같이 취재를 나갔는데, 우연히 뭐든지 얘기하면 들어주는 요술램프를 발견했답니다. 그래서 기자가 먼저 요술램프한테 '나는 아주 돈 걱정 없이 큰 집에서 살고 싶다.' 이렇게 이야기를 했더니 램프가 그 소원을 즉각 들어줘서 붕 날아가서 으리으리한 집에 살게 됐답니다. 그 다음에 편집장이 램프한테 뭐라고 요구를 했느냐 하면 '지금 마감시간이 바쁘니까 그 기자 빨리 좀 돌려보내 달라.' 그래서 즉각 그 으리으리한 집에서 나오게 됐답니다."

청와대는 이 내용을 알리고 썰렁하냐, 재미있냐고 물었다.

나는 "언론사 기자 갖고 장난말하는데 그 자리에 있는 기자들 입 봉하고 받아 적는 자세네. 나라면 참석한 기자 시말서 써! 스스로 희화화 대상으로 전락하는 것은 반대!"라고 반박했다. 시대의 사명감을 강조해도 부족할 기자들에게 요술램프의 요행을 유머로 말하는 것이 너무 가벼워 싫었기 때문이었다. 돈 걱정 없이 큰 집에서 살고 싶다니? 기자를 비롯한 서민들에게 요술램프의 요행이 있을 리 만무하고, 대다수의 사람들은 생계를 위해 땀을 흘리는데, 대통령이 세상을 너무 가볍게 만드는 것이 아닌가하는 생각도 들었다.

남북 관계도 마찬가지다. 새로 대통령이 되었다고 해서 과거 정부의 남북정책을 뒤로 돌리는 것은 요술램프 유머처럼 가벼운 발상으로 보인다.

나는 청와대 인터넷 페이스북에 유머를 다음과 같이 박 대통령과 똑같은 형태로 뒤집어 공개적으로 던졌다.

"저도 유머 하나 하겠습니다. 어느 나라 대통령과 국민이 같이 일하러 나갔는데, 요술램프를 발견해서 대통령이 먼저 '나는 골치 아픈 걱정 없이 듣기 싫은 소리 없는 아주 조용한 집에서 살고 싶다'라고 했다.

요술램프는 소원을 즉각 들어줘서 대통령은 붕 날아가 속세로부터 조용한 푸른 집에 살게 됐다. 그 다음에 국민이 램프한테 뭐라고 요구를 했느냐 하면 '지금 국민들은 삶의 애달픈 마감시간에 쫓겨 바쁘니까 그 대통령 빨리 좀 돌려 보내달라' 그래서 대통령은 즉각 그 조용한 집에서 나오게 됐답니다. 어때요? 재미있나요?"

독자 여러분, 가벼운 유머인가요? 대통령의 시각에 따라 국민들의 삶이 달라질 수도 있겠구나 하는 유머인가요?

건강 악화되고 있는 'DJ 가문'의 고민

2009년 8월 5일

김대중 전 대통령의 건강이 악화되면서 DJ 가문의 고민도 깊어질 것이라는 생각이 든다.

한국 정치 상황에서 DJ가문의 역할은 아무리 강조해도 지나치지 않다. DJ 뿐만 아니라 홍일, 홍업의 두 아들까지 목포와 무안신안 지역구에서 국회의원을 거치면서 그의 가문은 엇비슷한 시대에 한 명의 대통령과 두 명의 국회의원, DJ를 포함하면 3명의 국회의원을 배출한 명문 정치가문이기 때문이다.

DJ의 고민 중 현 정국에 관한 것은 이미 노무현 전 대통령의 추도사에서도 엿보였다. 추모식 현장에서 DJ가 직접 낭독하지 못하고 나중에 노무현과 관련된 신간 서적의 추천사 형태로 공개된 글에서 DJ는 "나는 비록 몸은 건강하지 못하지만 그래도 마지막 날까지, 민주화를 위해 목숨 바친 사람들이 허무하게 생각하지 않도록, 민주주의를 지키기 위해 내가 할 일을 하겠습니다. 여러분들은 연부역강(年富力强)하니 하루도 쉬지 말고 뒷일을 잘해주시길 바랍니다"라고 했다.

마치 비장한 유언 같은 이 글은 건강 위험에 시달리는 DJ가 왜 전직 대통령으로서 조용히 입만 다물면 예우를 받을 수 있는 '한국형 전직 대통령의 위엄'을 내팽개치고 그의 말 따라 민주주의의 전선으로 달려가고 있는지를 설명해준다. 일각에서는 DJ의 정치개입이 너무 정도가 심하고 노 전대통령의 서거 정국을 이용하려 한다는 비판까지도 나왔다.

그럼에도 DJ가 나설 수밖에 없었던 상황은 노 전 대통령의 죽음 이후 반 한나라당, 반 보수의 대항 축이 상실되면서 역사가 후퇴하고 있다는 판단 때문이었을 것이다.

홍일 홍업 형제의 부활 가능성과 박지원의 모색은?

DJ는 "민주주의가 되돌아가고 경제가 양극화로 되돌아가고, 남북관계가 위기를 맞고 있다"고 분석하며 "이렇게 무너지고 있는 것이 정말 꿈같다"고 한탄했다. DJ의 근심대로 정국은 미디어법 처리 등을 둘러싸고 야당의 장외투쟁을 불러오는 결과를 초래했다.

다만 경제에 있어서는 DJ의 우려와는 다를 수도 있다는 해석이 나올 만 하다. DJ가 우려한 경제의 양극화와는 별개로 국내 경기는 빠른 속도로 회복세로 돌아서고 있다. 선진국 형 경제투표 양상을 반영한다면 현재 민주당의 지지도는 더 떨어질 것이다.

미국 플로리다 대학 정치학과 박원호 교수와 동아일보가 2000년에서 2008년까지 치러진 7차례 선거와 아파트 가격의 상관관계를 분석한 결과에 따르면 지역색 투표가 강한 영호남을 제외한 서울에서 아파트 값이 상대적으로 많이 오르면 한나라당 득표율도 상승했다. 2004년과 2008년 총선 사이 아파트 값이 한 평당 100만 원보다 적게 오른 곳은 한나라당 후보의 득표율이 1.4% 포인트 오르고, 300만 원 이상일 땐 8.2% 포인트나 올랐다. 16대와 17대 대선에서는 아파트 값이 100만 원 미만 오른 곳은 민주당 후보의 지지율이 17.6% 포인트 하락했지만 300만 원 이상 오른 지역은 무려 25.2% 포인트 하락했다.

권노갑 한화갑식 물려주기?

민주당이 이념의 정치에서 벗어나 경제와 공존하지 않는다면 더욱더 선택의 폭이 좁아질 수밖에 없다는 것을 뜻한다.

　이념의 시대가 탄생시킨 DJ가문도 변화 모색이 없으면 쇠락해질 것이다. 그나마 국회의원을 해봤던 홍일 홍업 형제도 DJ의 후광이 없었으면 당선되기가 힘들었을 것이고, 앞으로도 그 영광을 재현하기 힘들다는 의미다.

　이런 상황에서 DJ 이후 목포를 비롯한 서남권에서 DJ가문의 역할과 사명을 생각해 볼 필요가 있다. 현재로서는 홍일 홍업 형제가 '박정희의 박근혜' 만큼이나 향수를 불러일으키고, 정치적 위상을 가질 것이라는 기대감은 적다.

　일반인과 의사소통도 힘들었던 김홍일 전 의원은 최근 건강이 더 악화됐고, 김홍업 전 의원도 재기를 꿈꾸고 있지만 지역민들과의 소통이 꽤 가깝지만은 않은 것 같다.

　필자가 DJ 이후 서남권의 정치적 상황을 주시하고 있는 것은 홍일 홍업 형제가 권노갑, 한화갑 전 의원으로부터 지역구를 물려받으며 정치에 입문했던 기억 탓이다. 노무현 전 대통령의 죽음으로 DJ식 민주주의의 뿌리가 흔들리고 있는 것을 목격한 DJ로서는 정치실업자가 된 두 아들을 보면서 가문의 위상에 대해서도 위기감을 느끼고 있을 것이다.

　그렇다면 과연 DJ가 목포의 박지원, 무안 신안의 이윤석을 보면서 이들이나 동교동 인맥들에게 홍일 홍업의 미래를 어떤 식으로 부탁할 것인지 관심이 든다.

　설마 DJ와 그 측근들은 권노갑 한화갑의 물려주기식 역사를 시도하지는 않을까. 과연 DJ는 어떤 생각을 하고 있는 것일까. 박지원은 또 어떤 선택을 할 것인지 주목하는 이유가 여기에 있다.

김홍일, 정몽준, 이정연 3인의 공통점

2002년 10월 11일

　김홍일, 정몽준, 이정연. 대통령선거를 앞두고 이들 3인의 행보에 시선이 집중되고 있다.

　김대중 대통령, 고 정주영 현대그룹 회장, 이회창 한나라당 총재의 아들이기도 한 이들 3인들의 유년시절과 성장과정은 너무나 뚜렷하게 대조되지만, 다가오는 대통령 선거에서 이들의 역할과 주변 관계가 앞으로 한국 정치의 미래를 결정할 것이라는 예측에는 의심의 여지가 없다.

　이들은 모두 대통령이 되었거나 대통령에 도전했던 정치인들의 아들로서 앞으로의 정국 구도에 큰 영향력을 미칠 파괴력을 갖고 있다는 공통점을 지니고 있기도 하다.

　김홍일 의원은 현재 홍걸 홍업 씨 등 두 동생이 서울구치소에 수감 중이고, 한때 한나라당 의원들에 의해 의원직 사퇴 등의 공격을 받았으나 여전히 지역구를 챙기는데 부지런함을 보이고 있다. 지난 7일 밤에는 목포시 산정3동 사무소에서 동 자생단체 회원들과 만나 세상 돌아가는 이야기를 할 정도로 목포권 밑바닥을 훑고 있다. 김 대통령이 퇴임 전 목포를 방문하면, 아마 다시 목포를 중심으로 DJ 태풍이 휘몰아치고 이는 김 의원에 어느 정도 도움을 줄 것이다.

정주영 회장의 8남 1녀 중 여섯 번째 아들로 태어난 정몽준 의원은 월드컵에서의 한국팀 선전 이후 대선에서 다크호스로 급부상하고 있다. 지난 1988년 13대 총선에서 울산 동구에 무소속으로 출마해 당선된 정 의원은 "한 집안의 명예가 쌓이려면 부(富)도 있어야 하지만 공직에서 일하는 이도 있어야 한다고 생각했다"고 밝힌 적이 있어 그의 정계 입문에 대한 배경을 알게 해 준다.

이는 DJ가 변변치 못한 직장도 구하지 못하면서 아버지를 위해 희생하는 아들의 모습이 안쓰러워 "출근하는 모습을 보고 싶다"며 권노갑 전 의원의 지역구인 목포를 맡겨 정치 입문시킨 것과는 다소 대조된다.

키 179cm에 몸무게 45kg, 체중미달로 병역 면제를 받았던 정연 씨는 병역 비리가 터지기 전까지 대학원 졸업, 박사학위, 연구원 임용 등 화려한 경력을 쌓으며 서민들로부터 동경받는 주류사회의 인생을 맞이하고 있었다.

그러나 이들 3인이 너무나 거대했던 아버지의 그늘 아래서 자신들의 인생행로가 도리어 고난의 길을 가게 된 사실은 이채롭다.

정연 씨는 1997년 대선 때 이회창 후보의 군 병역면제 의혹이 확산되자 끓어오르는 여론의 불길을 잠재우기 위해 소록도 병원에서 자원봉사까지 하며 부친인 이회창 후보의 선거를 도왔다. 그러나 성과는 없이 병역면제 의혹 논쟁은 아직도 끝나지 않고 있다. 아마 언론이 크게 눈을 뜨고 카메라를 들이내밀고 있는 지금은 마음고생을 하면서 '이상체중 감소(under weight)'라는 의사의 소견에 충족되기 위해 노력을 하고 있을 것이다. 벌써 40대 불혹의 나이인데도 그는 불행하게도 '179cm, 45kg 의혹'에서 벗어나지 못하고 있는 것이다.

김 의원은 1971년 대선 직후 서울대 내란음모사건 배후조정 혐의로 기관에 끌려갔다가 군에 입대했다. 1980년에는 김대중 내란음모사건으로 3년 형을 받고 1년 간 옥고를 치르고 고문 후유증으로 다리를 절고 있다. 한때 '백제갈비'라는 갈비집을 운영하기도 했지만, 변변한 직장도 구할 수 없을 정도로 끊임없는 감시와 불이익에 시달려야 했다.

2000년 총선 때 총선시민연대로부터 낙선운동 대상으로 지목됐던 정 의원은 1992년 정주영 회장이 대통령 선거에 출마하자 정책위 부의장과 부산 경남 선거대책위원장을 맡았다.

부산 지역 기관장들이 선거를 앞두고 '초원복집'에서 김영삼 후보를 지지하는 현장이 도청으로 공개된 사건의 배후가 바로 정 의원이다. 정 의원은 당시 선고유예를 받기도 했다.

'누구의 아들'이라는 사실 때문에 주목받고 있는 이들의 삶은 권력과 배반, 투쟁의 정치 역사에서 한 가문이 어떻게 끊임없는 권력투쟁의 길을 걷고 있는 가를 보여주는 "아직은 끝나지 않은 역사의 산 교훈"이기도 하다.

흔히 명문가는 3대 이상의 역사와 전통을 지닌 가문을 뜻한다고 한다. 아버지의 명에로부터 벗어날 때 이들 자신만의 인생을 개척하는 인생의 승리자가 되는 지름길이 아닐까.

노무현을 택한 우리의 비극

2009년 6월 3일

그는 바보다. 친숙한 의미의 '바보 대통령'이 아니라 진짜 바보다. 그를 지지했던 사람들도, 지지했다가 등을 돌렸던 사람들도 모두 바보다. 책임을 회피하며 혼자 울다가 잠자리처럼 하늘나라로 임종하는 것은 비겁한 일이다. 사후에 한탄하면서 눈물을 흘린 이들도 정말 바보거나 비겁한 이들이다. 이로써 그를 지지했던 사람들은 자살을 택한 가장 비겁한 사람을 지도자로 뽑은 실수를 저질렀다. 이것은 우리의 비극이다.

대통령은 무릎 꿇으며 머리를 굽실거리고 있는 신하들이 지평선 너머까지 늘어선데 대해 흡족할 것이 아니라 끝없이 고통받는 서민들을 껴안는 책임감을 가져야 하는 자리다.

백제의 마지막 장수 계백장군이 신라 당나라 연합군 5만여 명에 맞서 백제를 지키기 위해 가족의 목을 베고, 전쟁터로 나가 5천여 명의 결사대와 함께 산화했다면 노무현은 아직 시작도 안된 법률적 싸움(검찰은 아직 기소도 하지 않았다)을 앞두고 자살을 택했다. 얼핏 봐서는 국민보다 가족을 택한 것으로 해석될 수도 있다.

필자는 5년 전인 2004년 6월 16일자 '노짱과 궁예, 부활의 욕망'이라는 본란의 칼럼에서 노무현 전 대통령의 부활에 관한 시각을 분석한 적이 있었다.

먼저 당시 내용 일부를 살펴보자.

《"부활은 예수님만 하시는 건데 한국 대통령도 죽었다 살아나는 부활의 모습을 보여줬다"

노무현 대통령의 화려한(?) 입이 여전히 구설수다. 최근 주한 외교단 리셉션에서 탄핵 과정의 자신을 예수의 부활로 비유하더니, 이제는 한발 더 나아가 주변 인물들의 화답도 예수부활(?) 수준이다.

6월 항쟁 인사로 꼽히는 함세웅 신부는 청와대 초청을 받은 오찬에서 "노 대통령이 지난번 외교사절단 모임에서 부활했다고 했는데, 그러면 우리의 주님으로 모셔야 되는 것 아니냐"고 건배했다.

청와대 참모들은 단순한 유머 수준이었다고 전하지만, 일부에서 노짱으로 불리는 노 대통령의 심리 상태가 "나는 기어이 이겨냈다"는 오기와 스릴, 콤플렉스와 두려움을 극복했다는 묘한 쾌감까지 도사리고 있는 가운데, 밥상 정치에 초대받은 과객들이 노 대통령의 판단을 더욱 흐리게 하지 않는지 심히 우려하고 있다. 노 대통령의 "저 분들도 나를 버리는 것 아닌가 하는 불안감을 느꼈다"는 고백은 예수 부활을 꿈꿨던 극한 상황을 보여주기도 한다.》

필자는 이 글에서 스스로 미륵을 자청했다가 몰락한 후삼국시대 궁예와 왕건의 사례를 들어 왕건의 힘은 궁예에 맞선 기득권이었고, 궁예에 등을 돌린 것은 극심한 백성들의 경제난이었다고 지적했다. 그리고 "노무현 대통령이 남은 직무를 훌륭히 수행하지 못하면 역사의 추인일 뿐이고 성공하면 선인으로 기록된다. 밥상정치 수준의 느닷없는 발언으로 혼란을 주는 것보다는 겸허한 마음으로 국민들을 살펴봐야 한다."고 당부했다.

부활을 꿈꿨던 노무현

필자는 1년 뒤 2005년 6월 9일자 본 란의 '권력의 광기와 노무현의 분노' 편에서 사학자 비비안 그린의 저서 '권력과 광기'를 소개하며 "역사 속의 많은 군주들이 심각한 정신분열 증세를 보였으며, 이는 권력투쟁 때문"이라고 진단했다. 그리고 히틀러의 광기어린 야욕과 자살 등을 예로 들어 역사 속에서 군주들의 스트레스와 정신분열증이 국민들에게 큰 고통을 준 사례를 환기시키며 '노무현의 분노'를 우려했었다.

노 전 대통령 서거 이후 일부 사람들은 "지켜주지 못해서 미안하다"고 했고, 일부는 "영원한 승부사의 죽음"이라고 미화했다. 그러나 이것은 위선에 불과한 자조일 뿐이다.

4~5년 전이었지만 이미 노무현 전 대통령 스스로가 "운명이다"고 한 것처럼, 몇몇 사람들은 그의 정치형태와 측근정치에 불안감을 금치 못했다. 그의 재임기간 동안 경제계 수장들과 자치단체 수장들이 수사를 받다가 잇따라 자살을 택하기도 했었다. 마치 그의 죽음처럼.

2003년 8월 정몽헌 전 현대아산 회장이 빌딩에서 투신, 2004년 2월 안상영 부산시장이 교도소에서 벽에 걸린 선풍기에 수의를 찢어 목을 매 자살했다. 2004년 3월 남상국 대우건설 사장, 2004년 4월 박태영 전남도지사, 2004년 6월 이준원 파주시장은 한강에서 뛰어내려 자살했다. 2005년 11월 국정원 도청사건 수사 때는 이수일 전 국정원 2차장이 목을 맸다.

이를 두고 인터넷에서는 노무현 정권 때 자살한 원귀들이 부른 비극이라는 글도 나오고 있다.

자살 택한 대통령 여러 명

역사를 살펴보면 외국의 자살한 대통령이나 총리는 10여 명인데, 대부분 권력 투쟁과 관련이 있다. 한국의 애도 분위기와 달리 외국의 시선이 노무현 전 대통령의 서거에 보내는 냉정한 시각이 여기에 원인이 있을 수 있다.

1973년 살바도르 아옌데 칠레 대통령은 피노체의 쿠데타 도중 총으로 자살했다. 1977년 카를로스 소카라 쿠바 前 대통령에 이어 오스발도 토라도 (1983) 쿠바 前 대통령도 부인의 죽음에 의한 슬픔을 이겨내지 못하고 총으로 자살함으로써 쿠바는 2명의 전직 대통령이 자살한 기록을 갖고 있다.

1982년 안토니오 구즈만 페르난데스 도미니카 공화국 대통령이 자살(총상)했다. 1985년 팔라우 공화국의 라자루스 살리이 전 대통령은 정치자금 수수로 조사를 받다가 자살했다. 1993년 즈비아드 감사후르디아(그루지아 前 대통령)이 독재자로 낙인·퇴진 당한 후, 군대로 수도 트빌리시의 재 장악에 나서던 중 총으로 자살했다.

1993년 피에르 베레고브와 프랑스 수상은 자신이 이끄는 사회당이 총선에서 패배한 후 우울증에 시달리다가 총으로 자살했다. 마호무드 주아비(2000) 시리아 총리는 부패 혐의로 퇴진한 지 두 달 만에 가택구금 중 자살(총상)했다. 2003년 카를로스 호베르토 레이나(온두라스 前대통령)가 암으로 고통받다가 총으로 자살했다.

흔히 인간은 변덕쟁이라고 한다. 대통령선거 때 목포에서 95% 지지율을 받았던 그는 한때 10% 대 지지율을 받는 숨만 쉬는 대통령으로 전락하기도 했다. 어떤 이들은 전전긍긍하며 노무현과의 단절을 선언했다. 그것은 노무현 스스로가 지키지 못해 초래된 '더럽혀진 명예'와 거리를 두기 위해서고, 민주주의 잠재적 토대까지 무너지는 것을 걱정했기 때문이다.

실상 그가 호남지역에서 90%가 넘는 압도적인 지지를 얻은 것은 이회창에 대한 반발과 동시에 대안 없는 상황에서 어쩔 수 없이 표를 던져야 하는 호남인의 당시 처한 상황 때문이었다.

노무현 열기는 서민정치 동경 탓

탈권위주의와 기득권 포기 등 나름대로 민주주의 발전에 기여한 노무현 전 대통령의 붕괴는 역설적으로 그가 포기하려 했던 기득권 자리에 친인척의 부패와 가족들의 퇴임 이후 경제적 보위 문제가 똬리를 틀면서 시작됐다. 이것 때문에 그는 김대중 노무현에서 다음 정권으로 이어지는 민주주의 정권 탄생에 실패했다.

"이명박의 실용정책에 밀린 민주주의의 후퇴"란 우리의 비극은 여기서 시작된다. 그는 힘겹게 탄생시킨 민주주의 정권을 지키지도 못했고, 다시 되살릴 용기와 명분마저도 상실하고 말았다. 몇 명은 "이것은 정치보복 때문이다"고 외친다. 그러나 이러한 시각은 어설픈 운동가들의 외침처럼 공허한 하소연이다.

정치보복 없을 것이라고 예상 못했던가. 노무현 전 대통령 시절 떡고물부터 챙기느라 정신없었던 이들도 먼저 '민족, 민주'의 '민'字(자) 마저 내팽개치지 않았는가. 동지들이 떠난 것은 노무현 자신에게도 어느 정도 원인이 있다.

사상과 지역을 건너뛰어 노무현 서거에 공동체적 슬픔을 느끼고 있는 것은 우리의 DNA에 한의 정서가 흐르기 때문이다. 서민들의 이야기를 들어줄 정치가 실종된 이명박 정부에 실망한 민심들이 그나마 공감했던 노무현식 열린 정치의 죽음을 애도하기 때문이다.

이명박 대통령이 그에 대한 저주의 외침에서 벗어나려면 정치적으로 성공하는 길 밖에 없다. 그가 실패하면 국민들은 YS시절 IMF 위기처럼 또다른 고통을 감내해야 한다.

노무현 지지자들에게도 남은 과제가 있다. "못 지켜서 미안하다"는 대상은 정치 보복으로부터 지키기가 아니라 "진정한 민주주의"의 부활과 변함없는 추진이다. 옆에서 호가호위 권력을 잡으며, 이를 악용하다가 민주주의를 후퇴시키거나 명예를 더럽힌 이들에게는 자격이 없다.

눈물의 이산상봉, 우리들은 비겁자

2000년 8월 22일

"정든 그대 얼굴에 슬픔이 서렸네. 내 훑어 마신 그대 눈물은 사랑하는 사람이여. 해초와도 같이 내 입맛이 짜네. 그대 눈물은 나의 혀를 찌르고. 그대 저 느리고 무거운 마차를 타려고 슬픔 어린 얼굴로 그대 집을 나서고 오 눈물지으며 헤어지는 이별"

눈물로 시작된 남북 이산가족 상봉이 역시 눈물로 끝났다. 서울뿐만 아니라 평양의 상봉장까지도 온통 눈물바다였으니, 해외 언론들은 한민족 특유의 가족문화와 한(恨)의 문화가 이방인들의 가슴까지 울렸다고 보도했다.

역사자체가 이민족들과의 전쟁의 역사였기에 우리민족의 한과 서러움, 가족사랑은 유별나다. 박지원의 열하일기에는 "인간의 가장 괴로운 일은 이별이요, 이별 중에도 생이별보다 괴로운 것은 없을 것이다. 대체 저 하나는 살고 또 하나는 죽고 하는 그 순간의 이별이야 구태여 괴로움이라고 할 것이 못된다"는 내용이 있다. 우리 민족에게 있어서 생이별은 죽음보다 더 잔인한 가장 처절한 고통이라는 것이다.

죽음보다 더 고통스런 생이별

이산가족들의 사연도 세월만큼이나 다양했다.

"며칠 후면 돌아온다던 그 날의 밝은 미소가 아직도 눈에 선한데. 50여 년을 가슴에 묻어 둔 그 웃음이 온통 분단이었던 젊은 날을 보내고 보니. 이제는 주름살과 검버섯이 피었다"는 세월의 회한.

그래도 50여년 이별의 아픔 속에 다 빠진 이빨이면 어떻고, 깡마른 광대뼈만 남았으면 또 무슨 흉이 되리. 백여 살의 노모가 여든 살의 아들 뺨을 매만지고. 헤어졌던 남과 북의 부부가 50여 년 만에 얼싸 안았는데. 그 눈, 그 손길. 아직도 가슴에 남아 있는 그대로였다.

어쩌면 이들은 남과 북의 정부가 공동으로 부여한 2000년 새 천년의 가장 큰 첫 선물이었으리라. 실제로 북에서는 충성심이 강한 듯한 선택받은 자만이 남한을 방문했다. 그들도 흐르는 눈물은 막을 수 없는 듯.

어머니 앞에서 어느 북녘 노 작가는 이렇게 읊었다.

<<내 어미 품을 떠날 때 / 검은머리 어디에 두시고 / 백설이 되었습니까 / 내 어머님 슬하를 떠날 때 / 비단 같은 볼 어디에 두시고 / 깊은 주름 패이셨습니까 / 그것은 세월의 백설이 아니라 / 분단이 가져온 백설입니다>>

감격스런 상봉 장면을 보고 기뻐서 축하라도 해야 하는데, 박수라도 쳐야 되는데. 왜 우리들은 같이 울었던가. 그 서러운 세월, 끝없는 슬픔을 단지 외면할 수 없어서일까. 인간 본연의 감성을 자극했기 때문일까.

우리들은 비겁자요, 죄인이었다

그러나 기쁨의 눈물이라고 자위하기에는 우리들은 죄인이었다. 비겁자였다. 밑 모를 분노가 솟구쳤다. 아아 누가 이들의 가슴을 멍들게 했는가. 고향도 없었던 50여 년의 세월. 50여 분의 거리를 50여 년을 돌아 왔으니. 지척에 놔두고도 살아있는지 알 수 없는 사람들은 또 얼마나 눈물을 삼켜야 하나. 우리들은 그동안 무엇을 했던가. 이데올로기 앞에서 이들의 이별을 오랫동안 외면한 겁쟁이었다.

"통일이 내 맘먹기에 달렸다"는 북한의 지도자. 그에게서는 "짐은 국가"다고 말한 루이 14세를 흉내내는 듯한 자만감이 엿보였다.

그렇게 간단하면서도 왜 이리 오래 걸렸는지. 결국은 자신들의 욕심만 있고, 오랫동안 포성소리, 참혹한 시신들, 비명소리, 배고픔, 그 애절한 생이별에 시달린 이산가족들의 아픔은 없었던 것이다.

이번 이산 상봉 뒤안길에는 납북자, 국군포로 등의 가족들이 또 다른 고통의 눈물을 흘리고 있다. 이들은 아직 생사조차 확인이 안 되는 경우가 대부분이다.

남과 북의 시인 고은, 오영재 씨가 첫 남북 합작시에서 읊었던 것처럼, 우리는 만나고 싶다.

<<만나고 싶었습니다 / 만나고 싶었습니다 / 우리는 손수건 백장을 가지고 있어야 할 민족입니다. / 우리는 연사흘 울음바다였습니다. / 엉엉 울어 멍든 가슴을 쏟아야 했습니다>>

대통령은 만능 해결사인가

2000년 7월 4일

대통령도 인간이다. 울고 웃고 고민하고 다른 인간들과 다를 바가 없다. 그럼에도 대통령은 종종 서민들의 안주감이 된다. 선출직 대통령은 시민들의 표와 공약을 의식할 수밖에 없다는 한계를 갖고 있기 때문.

또 대통령은 정치와 행정을 책임지고 있기에 국정의 모든 것이 대통령과 관계가 있어 보인다. 그래서인지 서민들은 대통령에게 만능 해결사를 요구하는 경향이 있다.

오죽하면 미국의 제퍼슨 대통령은 "법률 이야기를 하고 있으면 법률가라고 생각되고, 기계를 만지면 엔지니어 같고, 신체를 논하면 의사 같고, 신학을 말하면 성직자 같다"고 말한 적이 있다.

심지어 해리슨 포드가 주연한 영화 '에어포스원'에서는 대통령이 테러리스트와 맞서 싸우는 전쟁 영웅으로 묘사되기도 한다. 미국 대통령의 전용기인 에어포스원이 러시아 극우 민족주의자인 테러리스트에게 납치되자 대통령이 육탄전과 두뇌전으로 적들을 물리친다는 내용이다.

'슈퍼맨 대통령' 기대는 무리

2년 전쯤 '올댓 시네마'가 신문광고를 통해 가장 도움을 줄 수 있는 사람으로 누구를 꼽는가란 설문조사를 하였는데 김대중 대통령이 28.5%로 부모 (15.6%)나 친구(7.2%)를 앞지르는 결과를 보여 화제가 됐다. 대통령을 바라보는 일반인들의 정서가 과거보다 대중적이고, 민주적으로 변화하고 있다는 점이 느껴진다. 이동전화를 통해 매일 밤 심야 데이트를 하고 싶은 상대로 인기 탤런트 김희선 씨에 이어 김대중 대통령이 2위로 꼽힌 휴대폰 서비스업체의 이색 설문조사에도 이러한 변화의 조짐을 엿볼 수 있다.

그러나 최근 들어 부쩍 집단이기주의가 기승을 부리면서 일각에서는 대통령을 바라보는 시민들의 눈이 너무나 이기적이고 떼쓰는 듯한 요구도 늘고 있다는 지적이다.

최근의 의약 분업 과정에서는 과거의 데모나 집단행동과 달리 대통령을 직접적으로 겨냥한 "대통령이 직접 나서서 해결책을 마련해 달라"는 시위가 등장했다. 대통령이 나서지 않고는 사태가 해결되지 않는다는 메시지가 담겨 있다.

청와대 등 김 대통령의 참모진들 사이에서는 이러한 구조를 외부적인 원인, 즉 시민들의 집단 이기주의 등으로만 돌리는 경향이 있다.

그러나 최근 몇 개월 사이 우리 사회의 정치 경제 등을 살펴보면 어떤가. 고액 과외 파문, 시중의 자금 경색 문제, 대북 투자 및 대북 정책 등. 부처 이기주의와 정책의 실패로 혼선이 잇따랐다. 정책 결정자 사이에서 민감한 사안은 "이래도 흥, 저래도 흥" 눈치만 슬슬 살피며 즉흥적으로 대처하고 있는 인상이 강하다. 집단 간 이해관계가 상충될수록 결정은 확실하지 않고 논리에 따라 춤을 춘다. 그리고 대통령의 목소리가 터져 나오고 나서야 최종적인 판결이 내려진다.

대통령 겨냥한 집단 이기주의 '불안'

청와대 한 켠에서는 김 대통령이 솔로몬 왕의 지혜로 난제들을 하나 둘씩 해결하고 있다고 자화자찬한지도 모르겠다.

그러나 이것은 대단히 위험한 정치이다. 강하게 밀어붙이고 목소리가 커지면 그만큼 더 얻는다는 논리가 사회 전반에 걸쳐 강하게 스며들 가능성이 높다. 결국 대통령을 담보로 요구사항이 갈수록 업그레이드 된다.

넌센스이고 코미디가 따로 없다. 대통령이 만능 해결사라는 것을 믿을 수도 없거니와 그렇게 만들어서도 안 된다. 그만큼 실무자들이 못하고 있다는 증거이다. 청와대 수석 비서관들은 김 대통령이 이러한 정책 혼선에도 불구, 개각은 아직 고려하지 않고 있다고 말하고 있다. 그러나 정가 소식통들은 이달 말쯤이면 집권 후반기에 걸 맞는 개각이 있을 것으로 전망하고 있다.

정책의 혼란이 없다면, 대통령이 즐거이 시민들의 고통을 더불어 아파하고 기쁨을 더불어 즐긴다면 우리들은 그때서야 '대통령은 해결사'라고 부를 자격이 있는 것이 아닐까.

정 시장의 담배와 얼굴 돌리기

2009년 1월 21일

지난 주 나는 쉽게 볼 수 없는 장면을 전해 듣고 곤혹스러웠다.

정종득 목포시장이 지난 15일 평화광장 앞 바닷가에 설치할 해양음악분수 설계 중간보고회 도중, 주재하는 자리에 앉아 담배를 피웠다는 소식이다. 경제시장을 내세우며 추진하는 정책들 중 일부가 효율성이나 환경문제로 제지당하고 있는 상황에서 순간적으로 답답한 심경을 드러낸 것으로 보인다.

누구 하나 제지하거나 눈짓을 보낸 사람 하나도 없었던 순간, 그 자리에는 시청 직원들뿐만 아니라 대학교수들까지 있었다고 하니. 그 모습을 힐끗 본 시민들이 무슨 생각을 했을까 걱정이 앞선다.

정 시장의 궐련 연기는 자치단체장의 품위에 어울리지 않는 때와 장소를 고려하지 않은 행동이라는 점에서 이견이 있을 수 없다. 그것도 금연장소로 지정된 장소의 공식적인 회의 도중에 발생한 일이다.

한 가지 이해가 되지 않는 것은 정 시장의 담배 재떨이가 어디서 나왔는가의 문제다. 재떨이를 미리 준비해 뒀다든가 비서에게 갖고 오라고 명령했다면, 그것은 고뇌하는 시장의 모습을 지역 교수들, 부하 직원들에게 보여주고 싶은 모습이든 아니든 간에 측근들 중에 옳고 그른 것을 지적할 만한 사람 하나 없다는 점이 우리를 슬프게 한다.

정 시장은 "담배 피는 것 하나가 어떻다는 말이냐"고 항변할 수도 있다. 김동인이 '연초의 효용'에서 말한 것처럼 애연가들은 "생각이 막혔을 때 한 모금의 연초가 막힌 생각을 트게 한다거나 근심이 있을 때 한 모금의 연초는 그 근심을 반감 시킨다"고 종종 주장한다.

남미 유카탄 반도 마야족의 신전 석벽에 담배 피우는 신관의 조각이 있는 걸로 봐서 담배의 역사는 3~4세기로 거슬러 올라간다.

원주민들은 불붙은 잎 뭉치를 들고 다니거나 갈대에 여러 가지 약초들을 혼합하여 이를 즐긴다.

유럽에 담배가 전래된 것은 콜럼버스가 신대륙을 발견한 1492년 이후이고, 담배 잎에 면 필터를 부착한 현재의 담배는 크림전쟁으로부터 전파된 러시아식 담배다.

정치인들 중에는 아이젠하워처럼 하루에 60개 이상을 핀 골초나 측근들로부터 담배를 얻어 핀 노무현 전 대통령 같은 얌체 흡연자도 있지만, 담배가 갖는 이미지는 어떤 의미에서도 공식적인 의전과는 상당히 거리가 있는 '비공식적인 커뮤니케이션 도구이거나 무례한 에티켓'으로 비춰진다.

민원과 분쟁의 측면에서 본다면 목포의 자치단체장은 꽤 기가 센 도시를 맡고 있는 불행한 사람들이다. 송재구 전 시장이 청과물도매시장과 관련하여 중도 하차했고, 전태홍 전 시장이 쓰레기 매립장의 상여시위 도중에 별세했던 기억을 우리들은 아직도 잊지 않고 있다.

아마 정 시장의 담배 연기도 최근 그가 겪고 있는 고뇌를 표출한 '무언의 연기시위'에 가깝다고도 해석될 수도 있을 것이다.

공식 자리에서 담배 피우는 정 시장의 이미지는 절제력과 자신감을 잃은 지도자다. 절제력이 상실되면 성마름과 분노가 표출된다.

자치단체장은 가정으로 따지면 아버지의 모습이다. 흔들리는 아버지 밑에 가정이 건강하고 편할 리가 없다.

여러 단체들의 시시콜콜한 주장마다 단체장이 모두 나서서 자그락거리는 모습은 적절치 않다. 정 시장의 담배가 짙어지면 사람들은 얼굴을 돌릴 수밖에 없다. 내놓고 담배 하나 필 수 없이 외로운 것이 지도자의 모습이다.

그래서 김현승 시인은 '아버지의 마음'에서 이렇게 읊었을까.

"아버지의 눈에는 눈물이 보이지 않으나 아버지가 마시는 술에는 항상 보이지 않는 눈물이 절반이다. 아버지는 가장 외로운 사람이다."

돈마른 목포와 스트레스 족들의 넋두리

2000년 5월 27일

목포에 돈이 말라간다. 서민들이 하소연이다. 길거리에서 해산물 노점상을 하는 김 씨 할머니는 하루 몇 천 원 벌기도 힘들다고 말한다. 정수기 영업을 하던 박 과장은 월급 타기가 미안해서 이 달 중순 다니던 직장을 팽개쳤다. 양장점을 운영하던 박 씨 아주머니는 작년에는 하루 매출이 70만 원 대였는데 올해는 10만 원 대로 급락했다고 걱정이다. 차 떼고 포 떼면 인건비도 건지기 힘들다는 것이다. 서민들이 집 구하기 등으로 자주 이용하는 A생활정보지는 5월 매출이 4월보다 1천만 원 정도 떨어졌다. 시중에는 아파트 급매물들이 계속해서 쏟아진다. 중개사들은 돈이 마른 사람들이 생활비라도 마련하기 위해 점차 작은 평수의 아파트로 옮겨가고 있다고 분석한다.

도심 곳곳에도 빈 상가와 사무실들이 점차 늘고 있다. 필자의 사무실 1백m 안의 가게들은 벌써 수개월 사이 6곳이 주인이 바뀌었다.

목포는 이제서 IMF라는 비명까지 들린다. 삼호중(한라중)의 부활에 기대했던 마음도 실망으로 돌아섰다. 돈이 시내로 풀리지 않고 사람들은 그동안 밀렸던 빚 갚기에 한창이다. 그동안 땅값 상승 등으로 돈 좀 벌었다는 사람들도 재산이 반으로 준 사람들이 있다. 올해 초 목포에 불어닥친 주식 열풍에 편승, 1억 원을 투자한 정 씨는 불과 몇 개월만에 4천만 원으로 줄어들었다. 주변에서는 빨랑 털고 나오라고 하지만 아직도 미련이 남아 그대로 버티고 있다.

이게 뭔 날벼락인가. 박 씨는 IMF의 긴 터널을 감봉과 절약으로 버텨왔다. 이제 대통령을 배출한 목포답게 살맛나겠지 생각했는데, 또 다시 한국 경제에 대한 경계의 목소리가 커지고 있는 것이다. 박 씨 뿐만 아니라 박 씨의 친구들도 월말이 다가오면 스트레스를 받는 경우가 늘고 있다. 리스로 빌려 온 의료 장비 대여료에 헉헉대는 모 병원의 원장, 보험료와 아이들 교육비 등을 떼고 나면 변변한 점심 한 그릇 못 사 먹는다는 김 씨, 직원들 월급으로 일시에 몇 백 만원이 빠져나가는 것이 겁난다는 컴퓨터 학원의 김 원장 등.
 월급쟁이들도 마찬가지다. 그동안 밀린 카드 비, 직장 주변의 선술 집 외상 갚기도 부족하다는 하소연도 들린다.

 그러나 돈이 춤추고 네온사인이 휘황찬란한 도시의 환락가가 있다.
 김 기자가 만난 모 카페 사장은 한 달에 거뜬히 1천만 원은 번다고 자랑이다. 정 원장이 친구들과 하루를 즐긴 길목마다 사람들이 넘쳤다 한다. 하당의 모 식당에서도, 룸살롱 분위기가 나는 레스토랑에서도, 그리고 노래방에서도 한참을 기다려야 했다. 사채사업을 하는 박 씨는 요새 싱글벙글이다. 월 15%로 이자를 올려도 자동차를 담보로 내세우겠다며 사람들이 줄을 선다. 300만 원만 빌려줘도 월 이자가 45만 원이다. 흥청망청 돈이 넘쳐 과소비가 몇 년 만에 최고에 달했다고 발표했다.
 분명 돈이 남아도는 사람들도 상당수다. 그러나 그 돈은 하루 벌어 살거나, 평균 이하의 월급으로 버티는 서민들 사이를 돌고 있지는 않다. IMF탈출도 어쩐지 몇 사람들만의 경기회복인 듯하다. 도시 전체의 밑바닥 경기가 안 살아나고 있기 때문이다. 농번기가 겹치고 흉어기가 겹쳐 목포로 유입될 돈줄이 거의 끊겨버렸다. 장시간에 걸친 수협분쟁으로 선창은 죽은 어시장이 된 듯하다. 돈이 좀 있던 목포 사람들은 신들린 듯 주식투자로 몰렸지만 불과 몇 개월 사이 절반 이하로 줄어든 깡통만 바라보고 있다. 이미 그 돈은 주식거래를 통해 목포 밖으로 빠져나가 버렸다. 당연 주머니에 돈이 가득할 리가 없다. 개발 전략도 절름발이를 닮았다. 신도심 위주의 개발 전략은 하당 일부 지역만 흥얼거리고 나머지 다수의 동네들에게는 상실감을 키웠다.

이러다가는 그저 요령없이 살아온 소시민들만 무능력자에다가 사이코 인간으로 만들지 모르겠다. 이 좁은 도시에서 펼쳐지고 있는 딴판 세상이 소상인들과 평범한 샐러리맨들을 내장없는 허수아비처럼 텅 빈 인간들로 내몰고 있지 않을까.

목포의 젊은 세 사람이 자동차 유리창을 사이에 두고 마주쳤다. 차 안의 여인은 짙은 향수를 풍기며 어둠의 직장을 생각하고, 한 여학생과 한 남학생 아르바이트생은 기름 냄새 풍기며 그녀의 차량에 기름을 넣고 있었다. 이러한 풍경은 내일도 모레도 언제까지 계속될 것이다. 그들의 선택의 길이 다르다면.

그러나 기름냄새 풍기는 학생들도 신바람으로 일할 수 있었으면, 땀 흘리는 소시민들도 신바람나게 만들었으면. 가진 자들만의 말잔치는 접어두고 밑바닥 경기를 살려달라는 이야기다.

뜨는 미래 직업이라는 달콤한 속삭임

2013년 6월 25일

일자리가 없어서 다들 아우성인데, '미래의 뜨는 직업'이란 그럴듯한 말이 전문가들의 조언으로 포장되어 유행처럼 번지고 있다.

자칭 전문가들뿐만 아니라 정부나 자치단체, 학교까지 나서서 서로서로 '미래의 직업'전문가를 흉내 내면서 여러 '직업'들을 시장에 쏟아내고 있는 것. 일자리에 목마른 사람들이 홀깃할 만한 매력적인 미사어구들이 잇따른다.

"애완동물 장의사 해보세요. 사립탐정은 어때요? 문신을 새기는 직업인 타투이스트는 관심없나요?"

애완견 장의사라? 타투이스트라? 그럴듯하다.

그러나 결론부터 말하자면 나는 이러한 '뜨는 미래 직업'이란 것이 말장난 같아 불안함이 솟구친다. 발상은 좋지만, 어느 정도의 수익이 예상되는지, 어떤 노력이 필요하는 지도 정확히 분석하지 않은 채 각종 프로젝트의 달콤한 숫자 채우기에 급급한 듯한 느낌이기 때문이다.

최근 정부는 2017년까지 500개의 새로운 직업을 만들어 낸다고 발표했다. 그런데 이 계획의 실제 의도는 고용률 70% 달성에 있다. 이른바 '고용률 70% 로드맵'이다.

얼마 전 전국경제인연합회는 미국은 직업 종류가 3만 개나 되는데 한국은 아직 1만 개 뿐으로 새롭게 직업을 늘릴 여지가 충분하고, 직업 1개 당 고용 인원을 1천 명으로 보면 5천 개의 직업만 늘어나도 전체적으로 500만 개의 일자리가 창출된다는 보고서를 발표했다.

전경련은 또 삼성전자는 1969년 창립되어 45세, 1967년 설립된 현대자동차는 47세, 신세계 84세, CJ 61세, LG전자 56세, SK에너지 52세, 포스코 47세, 삼성전기·현대중공업 41세 등 우리나라 주요 기업들이 늙고 있다는 점도 강조를 했다. 지난해 10월 기준으로 우리나라의 10대 수출 품목, 소위 국제무대에서 강세인 품목들은 10위권에 오른지 평균 23년이나 된다고 한다. 반도체, 선박해양구조물, 철강판이 1977년 10대 수출품목에 포함돼 35년째이고, 석유제품 28년째, 자동차 및 컴퓨터 26년째, 합성수지 17년째로 주력 산업이 늙고 있어 해외 기업들과 비교할 때 걱정된다는 것이다.

예를 들자면 미국 포춘지가 선정한 세계 500대 기업에는 항공우주 13개사, 제약 12개사, 헬스케어 6개사, 음료 5개사, 엔터테인먼트 5개사, 소프트웨어 3개사 등이 포진해 있는데 국내 100대 기업에는 이런 업종이 단 한 곳도 없다고 전경련 스스로 걱정했다.

서울시도 24일 '고령자 고용 확산을 위한 어르신 적합 직종 연구'를 서울시 복지재단에 의뢰하여 76개 직종을 도출했다고 공개했다. 꼼꼼히 살펴보니 경로당 코디네이터, 도시민박 운영자, 층간소음 관리사, 보도(步道) 파수꾼, 에너지 지킴이, 요양 코디네이터, 도시농업 전문가, 향토 보안관 등 새롭고 이색적인 직업들이 눈에 띄었다.

나는 이러한 단편적인 발표들이 왜 갑자기 튀어나오고, 그 이면에는 무슨 생각들이 있을까 고민을 해봤다. 좋은 돈벌이가 있으면 비밀스럽게 먼저 추진할 텐데, 경제인연합회가 자영업자 일자리까지 걱정해주는 이유가 무엇일까?

라고 생각했다. 행여 다른 음모가 있는 것은 아닌지? 중앙정부나 지방정부의 신 고용정책이 어떤 성과를 보이기 위해서 개미군단을 '첨단' '미래' '창조'라는 이름의 신 노동전선으로 내몰아가는 어떤 그림을 구상하고 누군가 들러리로 희생될 수도 있다는 생각이 들었던 것이다. 비정규직과 싸움하는 전경련이 다른 미끼를 유도하고 있는 것은 아닐까?

물론 그동안 심부름센터, 척추교정원 등 음성적인 시장에 있던 사람들을 사설탐정, 척추교정의사 등의 양성적인 이름으로 전환하면 산업구조에서 전체 고용률은 오를 수 있을 것이다.

그러나 인구 24만 명 목포라는 도시에서 '애완동물 장의사' '층간소음 관리사' 등이 과연 어엿한 직업으로서 일정 소득을 가질 수 있는지, 향토보안관이나 경로당 코디네이터가 정말 필요한 직업군인지 의문이 간다. 거의 명함으로만 내밀 수 있는 단순한 소일거리가 아닐까 걱정이 든 것이다.

한국 사회가 정규직과 비정규직의 양극화되고 있는 시점에 소위 검증받지 못한 미래 직업군까지 가세하여 이른바 직업의 신분화가 더 심각해질 가능성은 없는지 걱정된다.

대기업들이 나이가 묵직해지고 10대 강세 품목들도 생명력이 길어지고 있는 것은 늙고 있다기보다는 그만큼 뿌리가 깊어지고 경륜이 깊어지고 있다는 것으로 분석될 수 있는 것이다. 정부가 미래직업이라는 미명아래 검증되지도 않은 각종 직업들을 노동시장에 내놓기 보다는 아직 진출할 여지가 많은 군수산업, 항공, 엔터테인먼트, 제약 등 주요 분야에 경쟁력을 집중하여 더 일자리를 창출하는 것이 정답 아닐까?

박근혜 신정부에 발맞춰 유행적으로 쏟아지는 미래직업군이 왠지 벤처열풍, 주식열풍, 부동산열풍, 아파트열풍 같은 유행병을 앓았던 과거의 경험에 덧붙여 이제는 애완동물 장의사까지 미래직업군으로 포장되는 세태가 안타까워 "또 서민들을 홀리는 정책들을 내놓았다"는 비판이 안 나오기를 기대해 본다.

무책임한 달콤한 사탕을 다 빨고 나면 누가 책임질 것인가?

시민단체에 드리는 글

1999년 10월 18일

지난주 막 내린 99 서울 NGO(비정부 기구) 세계대회를 바라보는 어느 시민단체 회원이 '감회가 새롭다'고 말하더군요. 아마 그동안 반정부 또는 재야의 사회단체 정도로 치부되었던 시민단체들이 입법·행정·사법·언론에 이은 '제5의 권력'으로 어엿하게 대우를 받게 된 사회적 변화 때문으로 짐작됩니다.

우리 사회는 최근 몇 년 사이 경실련 녹색연합 등 시민단체들이 왕성한 활동을 보이면서 정부와 재벌들에 대한 견제적 기능을 충실히 수행했습니다. 아마 이들이 한국의 민주화에 지대한 영향을 미쳤다는 점을 부정하기는 힘들 것입니다.

참여연대의 경우도 소액주주 운동·작은 권리 찾기 운동·아파트공동체 운동 등 시민의 공감을 얻는 사회운동을 벌여 어느 정도 성과를 거두었다는 평가입니다.

사실 다음 세기는 시민의 사회라고 할 정도로 시민단체의 성장은 지구촌 어디에서나 찾아볼 수 있는 세계적 현상입니다.

서울 NGO 세계대회만 해도 국내외 1115개 단체 7600여 명이 참석했더군요. 카슈미르 영토분쟁, 핵무기확산 방지 등 정부와 정면충돌하면서도 총 대신 순수한 평화로 투쟁하는 '인도-파키스탄 신평화운동(IPNPM)'이라든가 전 세계 분쟁지역을 배로 돌아다니며 반전 평화운동을 벌이는 일본의 '평화의 배(Peace Boat)' 등은 자신들의 생명을 담보로 한 시민운동을 펼치고 있습니다.

그러나 시민단체들의 정체성을 짚어보는 수많은 질문들에는 고민스러울 수밖에 없습니다.

"도대체 당신들의 철학과 비전은 과연 무엇이냐"

"이 지겨운 질문에 간명한 응답을 보내지 못한다"

참여 연대의 김중배 공동대표는 한 월간지에서 이와 같은 대답으로 시민운동의 정체성을 반성하더군요.

역시 다른 시민단체인 녹색연합의 장원사무총장의 "시민들은 이미 깨어있는데 시민단체들이 홀로 잘난 체 하다 보니 시민 없는 시민운동이 되었다"는 자아반성도 익히 알고 있습니다.

△시민 없는 시민운동 △조직의 비대화 △백화점식 운동 △재정구조의 불건전성 △시민단체간의 비생산적 연대 △잘못 수행된 프로젝트 따위 등이 그동안 시민운동의 부족한 점으로 꼽히고 있습니다.

그러면 목포의 시민단체들은 어떠한지요?

아무리 설득을 해도 반대만을 하는 시민단체에 혼쭐이 났다는 모 시민은 지역출신을 대통령으로 만들어 냈다는 자부심이 너무나 일찍 '시민권력'으로 이어져 샴페인이 터졌다고 비판하더군요. 시민들은 이미 깨어 있는 데 활동가들이 너무 폼만 잡는다는 지적도 있습니다. 자체 체육행사의 경비까지 스폰서를 요구한다면서 너무 하지 않느냐고 말하는 업체도 있습니다.

또 이쪽 단체도 이 사람, 저쪽 단체도 이 사람, 그 얼굴이 그 얼굴이라며 비판하는 사람도 봤습니다. 이제는 백화점식 나열보다는 전문성이 필요한 시기라는 것이죠. 경제·환경·공정선거 등 각 분야별 전문적인 지식이 없으면 '공허한 구호'로만 보일 수도 있습니다.

물론 모두들 애정이 깃든 이야기입니다. 맷집을 불리는 것은 근육으로 단련되는 것이 좋지, 물렁살이면 도리어 건강에 악영향만 미칠 뿐입니다. 시민단체의 생명력은 아마 순수성이 아닐까요. 정부의 지원금을 무리하게 받는다든 가, 아니면 무늬만 시민단체이면서 이권에 개입하다가 구속된 회원들이 있을 정도로 정체성이 흔들리는 시기입니다.

과거보다 시민단체 대표들의 보다 큰 책임이 요구됩니다. 자신의 얼굴에 침을 뱉을 수 있을 정도의 진지한 자아반성, 충분한 의사결정 과정, 자본과 정부의존으로부터 독립 등 제 5의 권력으로 정착하기 위한 발걸음은 지금부터가 아닐까요.

한화갑의 눈물과 광주·전남의 미래

2003년 1월 12일

지난 8일자 목포투데이 신문에 한화갑 의원 인터뷰 관련기사가 나간 이후 한 의원 행보에 대해 궁금증을 갖는 독자들의 문의가 잇따랐다.

이들의 공통적인 관심은 개혁이라는 시대적 변화에 따라 한 의원이 청산대상에 해당되느냐 아니냐의 질문, 또 대선 운동기간 동안 한 의원이 느꼈던 '나는 무척 외로웠다'는 다소 의외의 감정표현에 깜짝 놀란 것이다. 한 의원처럼 민주당 대표까지 하고 있는 사람이 가장 분주했던 대선기간 동안 이럴 수밖에 없었던 한국 정치의 이면은 괴기스런 비밀의 성곽을 보는 듯한 느낌을 준다.

한 의원은 실제로 노무현 당선 이후 눈물이 부쩍 늘었다. 의원 총회에서도, 기자와 인터뷰에서도 그는 눈시울이 쉽게 붉어진다.

바로 '동교동계 청산'이란 대목을 만나면 맥을 못 추고 눈물을 보이는 것이다. 한 의원의 눈물을 보면 마치 목포가 처한 현재와 미래를 보는 듯하다. 광주·전남은 노무현 후보에 178만 표의 표(이회창 후보는 이 지역에서 8만 표를 얻었다)를 몰아 당선에 결정적인 기여를 했으면서도 과거 수십 년 동안 겪어야 했던 지역감정과 차별의 악몽이 다시 찾아올까 걱정하고 있다.

반 호남의 공격은 더욱 교묘해지고 있다. 때론 DJ정부의 무능, DJ친인척

비리, 동교동계의 청산 등 정치적 목적과 광주·전남의 미래가 한데 묶여 공격의 대상이 되기도 한다. 호남사람이 사업계획을 말하면 무슨 특혜니, 호남인사가 언급되면 구세대 인사 취급되는 것에 울분을 토하는 사람이 한 둘이 아니다.

심지어 노무현 당선자도 최근 DJ정부 인사보다는 YS인사로 꼽히는 이홍구, 이수성, 고 건 전 총리와 한승주 전 외무장관, 6공 시절 청와대 경제수석을 지낸 김종인 씨 등을 등용하기 위해 관심을 보이고 있다는 분석도 나오고 있다.

한 의원의 눈물 또한 이런 맥락에서 DJ와 호남의 그늘에 묻힌 그의 한계이기도 하다. 한 의원은 김 대통령을 만든 동교동 3인(권노갑, 김옥두, 한화갑) 중에서 가장 물욕이 없고 인간성이 좋은 사람으로 꼽힌다. 그가 아직까지 정치력을 유지하는 비결이다.

LG경영연구원이 최근 한국기업의 올해 경영 포인트로 제시한 7가지 관점에서 한 의원의 눈물의 원인을 분석할 수도 있다. 이 경영 포인트는 첫째, 윤리 경영의 실천. 둘째, 성과 지향적 R&D(연구개발) 강화. 셋째, 한국형 마케팅의 개발. 넷째, 신수요 창출의 돌파구, 퓨전상품. 다섯째, 인재개발형 인사. 여섯째, 글로벌 경쟁, 글로벌 경영. 일곱째, 디지털 시너지의 활용으로 기업이 전력해야 할 분야이다.

나는 이 7가지 경영포인트가 정치, 문화, 행정 등 전 분야에 걸쳐 적용해야 할 과제라고 생각한다. 정치도 그렇다. 한 의원은 앞에서 언급한 7가지 포인트 중 윤리경영은 강하지만, 나머지는 모두 부족했다. 반면 노 당선자는 자신을 상품으로 개발한 한국형 마케팅의 개발, 신세대를 투표소로 이끈 신 수요 창출, 디지털 시너지의 활용은 다른 후보보다 압도적이었다.

이는 '시대적 변화의 흐름을 읽어 대통령에 당선된 노무현 당선자가 정치적 스승이라 할 정도로 연구대상'이라고 말한 한 의원의 발언과도 시대적인 흐름을 분석하는 맥이 비슷하다.

광주·전남 지역민의 입장에서 본다면 7가지 포인트 중 국민 경선의 도입은 성과 지향적 연구개발이요, 광주에서 시작된 노풍은 노무현을 선택한 것이 현명했다는 인재개발형 인사로 봐도 무방할 것이다.

　5년 전 김 대통령이 당선되었을 때, 호남정권이 재탄생될 것이라고 생각한 사람은 그리 많지 않았을 것이다. 대부분의 사람은 그저 김 대통령이 역사의 대통령으로 남아달라고 기원했다. 그러나 호남은 기어이 DJ의 정책을 잇는 노무현을 당선시키지 않았는가. 직계혈통이 부족하면 양자를 들여서라도, 전문경영인을 내세워서라도 강한 기업을 만드는 게 경제원칙이다. 광주·전남은 대다수 시민들은 노무현을 대통령으로 만들었다고 생각한다. 그것이 사실이다.

　95%의 지지를 보였다고 해서, 동교동계의 지지기반이라고 해서 골수분자라 폄하될 수도 없고, 구시대의 청산대상이 될 수도 없다.

　광주·전남 주민이여, 당당하라.

DJ 정권의 몰락론

2000년 4월 4일

'DJ하야론'을 들을 때는 어이가 없었다. 별 생각없이 있는 그대로 받아들인다 해도 도가 넘친다 생각했다. DJ정권을 80년대 파쇼 투쟁기처럼 타도 대상으로 설정하는 것은 무리이기 때문. 더구나 김영삼 전 대통령과 이회창 총재의 눈빛에서는 이성보다는 적을 노려보는 적의감이 넘쳐흐르는데 덩달아 박수칠 수도 없는 노릇.

그러나 '인물과 사상' 최근호에 발표된 전북대 강준만 교수의 '김대중 정권의 몰락'은 전라도인들에게는 혹독한 채찍질이었다.

강 교수는 한때 'DJ살리기'의 명의로 알려져 있다. 과거 지역감정의 비수에 혹독하게 시달렸던 DJ의 실상을 전면으로 부각시키고, 조선일보를 축으로 이 땅의 보수주의 논객들에게 일침을 가한 것으로 유명하다.

그가 저술했던 '김대중죽이기' '김영삼이데올로기' 등과 '인물과 사상' 시리즈 등을 피 튀기는 전쟁이라 부르는 이들도 있었다. 보수 언론 등과 상상도 못했던 처절한 논쟁을 벌였기 때문. 대다수의 지식인들이 침묵을 지키고 있을 때 그는 김대중과 전라도 사람들이 차별을 받고 있다고 부르짖었고 전라도 차별을 부추기는 지식인들의 이중성을 신랄하게 비판했다.

그런 그가 이번에는 김 대통령 측근들과 전라도 사람들의 이중성이 개혁을 망치고 있다고 공격했다.

김 대통령은 집권 초기부터 이전의 정치패러다임을 바꿀 생각을 전혀 하지 않고 말 잘 하는 솜씨를 보여줄 무대를 만든 게 고작이라는 것이다. 그 특유의 자화자찬 병은 여전하고 모든 게 구태의연했다고 힐난했다.

그의 실망은 목포출신인 그가 전라도 사람들을 비판한데서도 엿보인다. 원래 강 교수는 정권교체 이후 그간 차별받아 왔던 호남출신의 득세는 당연한 것으로 분석했다. 그러나 김 대통령의 집권 후반기 단지 연고에 의해 중용된 호남출신은 개혁을 위해 애쓰지도 않는다고 질타했다. 즉 연고에 의해 중용된 호남출신들이 비 개혁적이고 이들에게 더 이상의 어떤 기대도 할 수 없다는 것이다.

강 교수의 글은 항상 까발리는 양파가 연상된다. 비판은 직설적이어서 인정사정 볼 것 없이 사람들을 글로 발가벗긴다. 소설가 이문열 이동하 씨를 "대구에서 받은 세뇌교육으로 무장했다. 그렇다. 바로 교활함이다. 그것이 두 명을 표현할 마땅한 단어이다"고 비난할 때도 월간조선 편집장 조갑제 씨를 "물신주의를 숭배하는 광신도"로, 박홍 전 서강대총장은 "매카시즘의 할아버지뻘인 미국의 조지프 매카시와 닮은 꼴"이라고 공격할 때도 그러하였다.

매서운 강 교수의 펜대는 DJ를 이렇게 평했다.

"나는 이제 모든 게 이미 김 대통령의 손을 떠났다고 생각한다. 그러니까 김 대통령이 아무리 마음을 고쳐먹어도 그의 뜻대로 될 수 없는 돌이킬 수 없는 지경까지 이르렀다는 것이다. 동교동계 참모의 전진배치도 김 대통령의 독선이라기보다는 좌절에서 나온 무력감을 잘 반영하는게 아니겠냐는 게 내 생각이다.(중략) 그는 정권을 잡기위한 권모술수까지는 탁월한 재능을 보였는지 몰라도 사방이 적으로 둘러싸인 상황에서 정권을 잡은 다음 어떻게 성공적인 국정운영을 할 수 있을 것인가 하는 점에 있어선 너무나도 평범한 모습을 보여왔다."

아마 DJ를 바라보는 전라도인들의 마음은 이중적이면서도 너무나 많은 것을 바라고 있는 지도 모른다. 그가 혹독한 시련을 넘어 훌륭한 역사의 대통령으로 남기를 바라는 마음과 '대통령 DJ'를 통한 그동안의 불이익을 보상받고 싶은 마음이 서로 상충된 채 존재 할 것이다.

그렇다면 전라도인들이 DJ에게 돌을 던질 수 있을 것인가. 소수파로서 정권을 잡은 DJ가 이러지도 저리지도 못하는 모습이 아마 오늘날 전라도인들이 처한 모습 아닐까. 전라도인들의 고민이 여기에 있을 것이다.

DJ용비어천가의 비애

1999년 7월 20일

　DJ가 대통령에 당선되면서 변화된 것이 많다. 그 중 가장 으뜸을 고르라면 시시각각 변한 사람들의 인심을 꼽고 싶다. DJ 이야기만 나와도 신경질적 반응을 보이며 날카로운 비수를 들이 내밀었던 사람들이 180도로 선회, 'DJ 찬가'를 불렀던 장면은 역사의 아이러니였다. 심지어 마치 불온세력의 대명사처럼 적대시하던 보수 언론들마저 '인동초 DJ의 인간승리'로 묘사하면서 DJ에 대한 구구절절한 짝사랑을 늘어놓았다.
　그 정도가 너무 지나쳐서인지 한국 기자협회 회원들만 보는 회보에는 기자들에 의해 'DJ 신용비어천가'에 대한 자성론이 계속해서 실리기도 했다. 권력의 속성이 그러한다 하더라도 속이 너무나 빤히 내보이는 보도 태도라는 것이다.
　그러나 그런 용비어천가라 할지라도 목포인의 입장에서 보면 대견하고 가슴 뿌듯한 장면으로 생각하는 사람들이 많았다. 남도에서 부는 용비어천가야말로 역사상 처음으로 목포인의 어깨를 으쓱하게 하는 대사건이라고 칭한 사람들도 있었다. 목포 앞 바다 하의도에서 대통령이 나왔는데 그까짓 신용비어천가라는 비아냥이 뭔 대수인가. 도리어 DJ가 '우등생 대통령'으로 역사에 기록되는 것을 보고 싶다는 촌노들도 많았다.

왜냐. 많은 학자들이 다양한 각도에서 호남지역에서의 DJ신드롬을 분석했지만 가장 타당성있는 것은 지역차별의 피해자인 민중과 핍박받는 지도자라는 심적 동질성과 보상론이 가장 유력할 것이다. 거기에 지도자로서의 개인적 매력이 크게 영향을 미쳤을 것이다.

불과 몇 달 전만 생각해도 DJ용비어천가는 끝이 없을 것 같았다. 국가적 경제위기라는 IMF를 돌파했던 리더십은 그동안 DJ에 대한 적마저도 우군으로 돌려놓기에 충분했다. DJ의 가장 반대 세력이라는 경상도 지역에서도 대통령 한 번 잘 뽑았다는 소리가 민초들 사이에서 서슴없이 나올 정도였다.

21세기를 앞둔 코리아의 대통령, 경제위기를 돌파한 그런 DJ이다. 그런데 자존심 강하기로 소문난 DJ가 지난 25일 대 국민사과를 해야만 했다.

"최근 일련의 사건으로 국민에게 심려를 크게 끼쳐 올린 점에 대해 사과말씀을 드립니다. 이유 여하를 막론하고 크게 반성하고 대단히 죄송하게 생각합니다."

하루 이틀 걸려 터져 나오는 악재를 더 이상 방치하기 어려웠기 때문이다. 고관 집 도둑사건, 옷 뇌물 의혹 사건, 김태정 유임 파문, 진형구 발언 파동, 금강산 관광객 억류, 그림 로비 의혹사건, 손 장관 격려금 파문 등등. 계속해서 민심을 자극하는 사건들이 줄을 이었다.

가만히 들여다보면, DJ와는 직접적인 관련성이 없으면서도 원론적으로 말해서 DJ의 영향력 밑에 있는 사건들이다. 무엇보다 고위층의 도덕적 해이 현상이 두드러지고 국가적 위기 관리시스템이 불안한 징후가 엿보인다.

아니라 다를까. 그동안 용비어천가 흉내를 내던 언론들도 "국가 기강이 무너진다"는 식의 직격탄을 날리고 있다. 내각제 파동 등으로 국정에 대한 DJ의 장악력이 현저히 떨어지고 있다는 분석 때문이다. 실제로 DJ가 대통령이 된 이후 사회 민주화가 촉진된 반면, 사회 각 계층의 수많은 제 목소리 찾기가 너무나 무절제하게 돌출된다는 평가도 있다. 각종 주장과 설들이 앞뒤 못 헤아리고 불쑥 튀어나와 도리어 나라 전체를 혼란스럽게 할 정도라는 것이다. 이에 편승하여 극단적인 계층 이기주의와 지역 이기주의까지 범람하고 있지는 않은지.

 이를 보고 DJ의 측근들은 민심이 야박하다고 한탄할지 모른다. 어쩌면 용비어천가의 비애를 느낄 수도 있을 것이다.

 최근 DJ의 아들 김홍일 의원이 후원회에서 한 말이 신문 한 컷에 보도된 적이 있다.

 "사회가 투명하지 못해서 그런지 모르지만 아직도 대통령 아들 힘을 빌려 일을 해결하려는 사람들이 많습니다. 비서진이 하루종일 그런 일을 거부하느라 일을 못 볼 때도 있을 정도입니다."

 권력을 뒤쫓는 용비어천가는 다양한 모습을 띠고 있다. 눈 도장용, 특혜용, 권력 추구형 용비어천가 등이 수두룩하다. DJ가 계속해서 악재를 터뜨리는 아랫사람들 때문에 역사에 남는 용비어천가를 얻을 수 없다면 이것 또한 시대의 비애이리라. 국민 앞에 잘못했다고 고개 숙인 DJ. 대통령을 아끼는 사람들이라면 어떻게 행동 가짐을 해야 할지 다시 한 번 생각해봐야 하지 않을까.

DJ의 위로정치와 생각해볼 문제들

2000년 4월 26일

지난 20일. 김 대통령이 4.13 총선에 출마했다가 낙선한 130여 명의 민주당 후보들을 위로하는 자리. 오찬 헤드 테이블에는 김중권, 이종찬, 김봉호, 조세형, 장을병, 강봉균, 권정달 후보 등 거물급 낙선자들이 김 대통령을 에워싼 형세였다.

겉으로는 위로하는 자와 위로받는 사람들의 자리지만 참석자 각각의 속 내음은 어떠했을까. 낙선자들에게도 뭔가 할 일들을 마련하겠다는 소리들이 청와대 주변에서 흘러나온 덕분인지 동상이몽에 빠진 군상들의 모습이 떠올랐다.

김 대통령은 이날 자신의 정치역정을 예로 들며 참석자들을 위로한 것으로 전해진다. 또 이번 총선에서 1당이 될 것으로 예상했으나 뜻을 이루지 못했다며 아쉬워했다고 한다.

그러나 이러한 외형적인 것이 김 대통령의 진심일까. 이번 총선은 여소야대로 김 대통령의 패배로 흔히 묘사되지만 엄밀한 의미에서 본다면 김 대통령은 승자이다. 지난 15대 총선 시 26%의 원내 지분을 42%로 끌어 올렸다. 강원도, 충청도, 제주도에서도 선전했다. 여전히 김 대통령은 그의 인생역정 마냥 조금씩 조금씩 성장하는 모습을 보여주고 있는 것이다.

그러기에 이날 낙선자들의 모임 또한 패배자와 패배자의 만남이라기보다는 패배자와 이들을 위로하는 승자의 미소가 짙게 배어난다. 이를 반영하듯 이날 행사장에는 DJ에게 군신의 큰 절을 올리는 386세대의 모습도 보였다.

청와대는 대통령이 국회의원 낙선자들을 전부 초청, 위로 점심을 하는 것은 처음이라며 DJ의 큰 정치처럼 홍보했지만 이는 신중치 못한 행동으로 보인다.

선거에 졌다 해서 인물이 떨어지고, 원외에 있다 해서 정치를 못하란 법은 없다. 그리고 이들이 다음 선거에 출마해 다시 당선될 수도 있다.

그러나 정치판만이 인생의 전부는 아닐 것이다. 사회 발전을 위해서는 정치와 각 전문분야의 교류도 필요하다. 13, 14대 무안에서 연이어 당선되었다가 15대 총선에서 낙선했던 박석무 씨는 다산 사상연구에 몰두하면서 현재 한국학술진흥재단 이사장으로 왕성한 활동을 보이고 있다.

낙선자들을 대상으로 끝까지 나아갈 길은 정치라고 강조하는 것은 볼썽사납다. 그것은 DJ의 인생이지 낙선자들이 나아갈 길은 아니다. 표로 심판한 시민들의 주권이 청와대 점심 위로에 초라해 보인다. 때가 되면 꽃이 피고 지는 것이 자연의 순리이듯, 영원한 거물급 중진들도 없다. 이수성, 김윤환, 이기택 등이 줄줄이 낙마한 이번 총선이 실제 사례이다.

김 대통령은 오찬 헤드테이블의 구성원들 중 몇 명은 각종 이권이나 비리 등에 연루되어 시민단체들의 낙천 대상자로 꼽혔다는 것을 망각한 것 일까. 김 대통령은 순수한 인간적인 위로라고 항변할지 모르지만, 행여 당사자들이 총선 낙선의 면죄부로 삼고 또 다시 헛된 망상(?)에 사로잡힐까 걱정스럽다.

김 대통령의 눈에는 이들이 동정과 위로의 대상인지 모르겠지만 서민들의 눈에는 낙선자들은 비싼 인생을 살았다. 요사이는 낙선하기 위해서도 막대한 비용을 치른다는 것이 정설이다.

권근의 '양촌집'에는 "친할 자를 친히 하고 어진 자를 높여 줌은 천하 국가를 다스리는 법입니다"는 구절이 있다.

김 대통령이 친할 자를 친하면서 정치를 하고 있는지 묻고 싶다. 그렇지 않아도 가신이니, 계보니, DJ막대기만 꽂아도 당선된다는 말뚝선거 등의 용어 등이 횡행한 것이 과거의 우리 정치사인데, 이제는 한번 변해보자. 그러나 아쉽게도 이것은 백성의 몫이 아니라 임금의 몫이다. 집권 후반기의 김 대통령의 마음가짐이 중요한 이유가 여기에 있다.

인터넷으로 돈벌기, 허망한 꿈으로 끝나

2000년 6월 27일

"인터넷으로 돈벌기" 마치 21세기 새로운 화두마냥 우리들을 사로잡았던 그 광풍도 이제는 조금씩 가라앉고 있다. 인터넷, 테크, 닷컴 등의 단어만 붙으면 무조건 '사자'라는 주식 주문이 쏟아졌던 광란의 외침이 불과 1년여 사이 잠잠해진 것은 코스닥의 침체 탓이기도 하지만, 이윤창출이 극히 희박한 대다수 인터넷 기업들의 실상이 하나 둘씩 발가벗겨지고 있기 때문.

그동안 벤처열풍은 언제 터질지 모르는 열기구처럼 신문화를 만들어내면서 우리 사회를 광풍처럼 휩쓸었다. 하룻밤 사이 백만장자가 되었다는 이야기나 너도나도 벤처 꿈을 안고 테헤란밸리로 모여들었다는 벤처 엑소더스. 직원 3명 모집에 1만 명이 지원하여 3천 대 1이라는 초유의 경쟁률을 보였다는 야후코리아의 이야기 등.

벤처기업에는 이런 유머가 나돌았다. "성공하면 그날로 벤츠 승용차를 타지만, 실패하면 벤치 신세를 져야 한다." 그리고 성공확률은 5%에 불과하다는 것. 새롬기술의 오상수사장의 경우 1천억 원도 안되던 시가 총액이 몇 달 만에 4조 원을 넘어 어리둥절한 적이 있었다. 그러나 15만 원까지 올라간 새롬의 주가도 1만 7,700원까지 떨어지는 등 피를 말리는 핑퐁게임을 하고 있다고 털어놓은 적이 있다.

이들이 벼락부자가 될 수 있었던 것은 코스닥이라는 주식시장 때문. 돈이 남아도는 투자자들이 기업 자금공급이라는 미명아래 도박같이 주식을 팔고 되사는 과정을 되풀이하면서 누군가는 돈을 벌고, 누군가는 깡통을 차는 희비극이 연출된 것이다.

그러나 일찌감치 환상은 깨지고 벤처엑소도스도 이제는 끝. 그 끝은 허망 뿐 이라고 말한다.

원래 인터넷 기업의 발전 모델은 컨텐츠를 제공하여 많은 수의 회원을 끌어들이는 것이다. 그리하여 가상의 공동체를 만들어 이윤을 발생하는 것이지만, 실제로 이 과정을 달성하기란 쉽지 않다.

회원들을 끌어모아서 뭐하고, 조회수가 많아서 어떤 가치가 있다는 것인지. 어떤 광고도 소비자들에게 노출빈도가 많다고 해서 효과가 있는 것은 아니다. 제품구매력으로 이어지지 않으면 헛수고일 뿐이다. 수가 많아도 그것은 허수일 가능성이 높다. 도리어 이들을 관리할 서버와 회선은 계속적으로 늘어나 고정비용만 커진다.

누구는 자신의 사이트들이 인기가 있고 시가 평가액이 수십 억 원이 넘는다고 주장한다. 그러나 온라인만으로 수입구조도 없다. 그것은 마치 거리에서 춤추는 광대를 훔쳐보는 것과 같다. 고객들도 책방의 중국소설 코너에 늘어서 책을 읽고 있는 무협 광들과 비슷하다. 자신만의 짝사랑 식 기업평가일 뿐이다.

국내에서 유명한 다음커뮤니케이션은 도리어 지난해 영업이익에서 9억 원의 적자를 봤다. 네이버도 올해 1분기 영업이익이 거의 제로에 가깝다. 네띠앙도 배너 광고 이외에 마땅한 수익원이 없어 적자행진을 계속하고 있다.

그러나 필자는 인터넷경제의 가능성을 중소기업들의 새로운 생존 전략인 클릭 앤 모타르(Click & Mortar) 전략에서 찾는다. 이 전략은 온라인구조와 오프라인을 묶자는 주장이다. 주식시장을 통한 일확천금의 꿈과는 거리가 멀다. 벽돌과 시멘트로 만들어진 기존 유통업체의 판매전략이 브릭 앤 모타르

(Brick & Mortar)로 상징되었다면 클릭 앤 모타르는 실물에 기반한 유통업체가 전자상거래의 역량을 강화하여 온라인 기업으로 변신하는 것이다.

　지역중소 유통업체들이 조직화 협업화를 통해 디지털역량을 강화하여 전자상거래등에 진출하는 것이 이런 사례이다. 즉 자동차 대리점들은 서로 연합하여 공동의 판매사이트를 개설하여 시너지 효과를 볼 수 있을 것이다. 이미 코사닷컴, 케이씨씨월, IGA코리아닷컴, 구매부닷컴, 미래트레이드넷 등이 이런 시도들을 공동으로 하고 있다. 이때까지의 인터넷 열풍이 코스닥등록을 통한 한탕벌기식의 돈의 노예를 만들어냈다면, 이제는 땀의 열매를 소중히 여길 때이다. 인터넷 사업도 과거 제조업처럼 땀을 흘린 자들 만이 성공할 때가 와야 한다. 코스닥 진출전략보다는 브릭 앤 모타르 전략이 더욱 정착되는 사회가 투명하고 건강한 정보사회이다. 그래야 인터넷기업의 토대가 더욱 굳건해진다.

인터넷이 흉기로 변하는 날

1999년 7월 13일

 2년 전 일본의 아사히신문은 4회에 걸쳐 '정보가 흉기가 되는 날'이란 특집을 게재한 바 있다. 새로운 정보 문화의 총화로 각광받은 PC통신 인터넷 등도 당초의 기대감과 달리 실상은 어두운 그림자를 갖고 있다는 것이다.
 당시 신문은 음해성 루머, 공갈협박, 음란우편 등을 예로 들어 인터넷 전자우편이 흉기로 악용될 수도 있다고 경고했다. 이중에는 여성들에 대한 사이버 스토커(PC통신 인터넷 상의 집요한 추종자)들과 통신 피라미드 조직, 불법 CD유통 장사꾼들을 상대로 신고하겠다는 협박용 전자우편을 보내 돈을 뜯어내는 사이버 공갈 협박범 등 신종 범죄자들이 등장, 눈길을 끌었다.
 이 신문은 또 97년 5월 고베시에서 발생한 11세 소년의 살해사건 당시 범인 이름과 비슷한 사람들의 전화번호가 PC통신에 공개돼 이들이 항의 전화에 시달렸다는 내용과 불특정 다수를 상대로 '사귀자' '섹스하자' 등의 추파가 가득한 전자우편들을 보내는 경우들도 소개했다.
 지난 7일 목포에서 인터넷으로 일본의 폭력적인 사건을 본 10대 소년이 이를 모방, 초등학생을 칼로 찌르는 사건이 발생하여 충격을 주었다. 본사의 확인에 의하면 이미 타 매체들을 통해 보도된 사실과 달리 범죄자의 살인 본능을 자극한 내용은 폭력적인 프로그램이 아니라 당시 사건보도 관련 기사였다. 그것도 국내 한국산업안전공단(www.kisco.cr.kr)내의 인터넷 홈페이지에서 자료로 수집, 사건의 원인 등을 분석 범죄 예방차원에서 올려놓은 자료들이었다.

살인사건의 전말을 소개해 범죄를 예방시킨다는 당초의 취지가 실상 범죄를 부채질하는 꼴이 되었으니 어이없는 일이다. '정보가 흉기가 되는 날'뿐만 아니라 인터넷이 자살 상담실이 된 사건도 있었다.

지난해 일본에서는 '닥터 기리코의 진찰실'이라는 인터넷 자살 상담실이 파문을 일으켰다. 이 사건은 인터넷에서 기리코로 통하는 한 남성이 인터넷 홈페이지를 통해 주변 인물들에게 죽음을 권하고 자신도 독극물을 복용하고 자살한 것이다. 동경 스기나마구의 한 여성이 익명의 사람으로부터 배달된 청산구리를 먹고 자살하였고 또 다른 주부는 수면제를 복용하고 자살하였는데 이들 모두는 기리코와 사이버공간에서 죽음을 상담했던 것이다. 원래 기리코란 이름은 환자를 안락사 시키는 만화속의 주인공으로 이 희대의 자살 상담사는 기리코를 흉내낸 것이다. 실제 기리코는 약제사의 면허를 갖고 있으나 자살 병원에서 통원 치료한 적도 있을 만큼 위험인물이었다.

실제로 기리코의 홈페이지는 죽음을 갈망하는 메시지가 가득했다.

최면 안정제로 죽음을 시도했던 사람이 "20알 밖에 구하지 못했습니다. 술과 같이 마셔도 죽지는 않을까"라는 질문을 던지자 기리코는 "10배 정도는 필요하다"고 권하는 답변을 남겼다. 또 기리코의 지시에 따라 자살을 시도했으나 죽음에 이르지 못했다는 원망 투의 글도 있었다.

본사 취재팀의 인터넷 온라인 추적에 의하면 목포에서 인터넷을 보고 모방범죄를 저지른 10대 소년은 이미 사건 하루 전에 인터넷에 '살인 예고'까지 한 것으로 확인돼 더욱 충격을 주고 있다. 새벽 시간대 바로 자신의 방이었다.

본 칼럼 '갓바위'가 이미 지난 6월 23일자 '사이버섹스의 빛과 그림자'에서 지적한 것처럼 인터넷 등 신 정보매체들은 빛과 그림자를 동시에 갖고 있다.

인터넷은 조직폭력배들의 살인방법, 폭탄제조법 등 상상을 초월하는 내용들도 많이 있다. 방학을 맞이하는 청소년들이 전자매체에만 매달릴 가능성이 높을수록 학부모들의 특별한 주의가 필요할 때이다.

개그맨 심현섭 씨로 본 대통령선거의 悲歌

2002년 12월 15일

막판 대통령선거를 앞두고 각 후보들의 세몰이 작전이 후끈거린다.

전·현직 대학 총학생회장, 교수집단, 전문가 집단, 노조, 지역 정치인 등 각 계층별 직업군까지 모두 대선 전선으로 내달리고 있다.

"그래 모아라! 폭로해라! 세를 과시해라! 흠집내라! 너는 그이의 편, 나는 그이의 적!, 너는 위험한 생각, 네가 당선되면 나라의 미래는 위험하지"

"국민 여러분! 한 표 주세요." 실상 여기서 말하는 '국민'도 우리 편 국민이지, 당신 편이면 영원한 적이라는 말이 대선 후보에게 더 적당할 수 있을 것이다.

선거 때만 되면 한 표를 부탁하는 거리에 넘실거리는 정치인들. 평소에는 만나기도 힘들었던 이들이 왜 굽신거리는지. 그 오만했던 목이 얼마나 부드러워졌는지 우리는 이들이 저지른 과거를 쉽게 잊고 만다. 그리고 이들이 외치는 공약에 취해 덩달아 환호하거나 이들의 뒤에 줄을 서게 되는 사람들도 늘게 된다.

흔히 선거운동원, 후원자, 지지자로 표현되는 지원군들이 이렇게 탄생되는 것이다.

최근 각 후보군들의 연예인 끌어안기가 정도를 넘어섰다는 비판이 나돌고 있는 가운데, 개그 콘서트로 유명한 개그맨 심현섭 씨가 이회창 후보를 지지하는 '한사랑 자원봉사단'의 대표를 맡고 있어 눈길을 끌고 있다.

연예인들이 대선 후보에 앞장서는 이유는 자원봉사, 눈 도장파, 보험용 등 각각 다른 목적에서 이뤄진다. 실제로 지난 대선 때 김대중 현 대통령 편에 선 연예인들 상당수가 정권 초기 소위 '떴다'는 평가를 받기도 했다.

이번 대선에서 이회창 후보 쪽에는 안성기, 이덕화, 조용필, 태진아, 구봉서, 변진섭 등 탤런트 영화배우 가수들이 폭넓게 참여하고 있다.

노무현 후보는 '노사모'를 이끌며 노 후보를 지원한 문성근, 명계남 씨 등과 윤도현 씨가 적극적으로 뛰고 있다. 노 후보의 정치자금을 지원한 '희망돼지 저금통' 모금운동도 실상 명 씨가 주도하고 있다는 점도 이채롭다.

10~20대에서 폭넓은 지지를 받고 있는 '오 필승 코리아'로 유명한 윤도현 씨가 노무현 후보를, 개그콘서트의 심현섭 씨가 이회창 후보를 서로 상반되게 공개 지지하고 있는 것은 우리 사회가 자유로운 정치적 선택을 보장한다는 정치적 성숙도를 보여주기도 한다.

그러나 개그맨 심 씨의 고향이 광주이고 평소 젊은 층에게 의식있고 참신한 개그맨으로 통했다는 점에서 다소 의외의 정치적 선택이라는 이야기들이 들린다.

심 씨는 이에대해 자신은 '숙명적으로 반공주의를 택할 수밖에 없다'고 강조한다. 심 씨는 광주일보의 명예회장과 구 전남매일의 사장을 역임하기도 했던 아웅산 묘역에서 북한의 테러 폭탄사건으로 순직한 고 심상우 의원의 장남이다.

노무현 후보의 대선 돌풍의 시발점이었던 광주의 한 구석에서 아이러니컬하게도 노 후보에 맞서 이 후보를 지지할 수밖에 없는 불씨가 20년 전부터 있었다는 역사적 사실에 나는 깜짝 놀랬다.

심 씨는 대선 이후 이 후보가 낙선했을 때 외압이나, 정치적 이해관계에 따라 피해를 볼 수도 있을 가능성도 있지 않겠냐며 불안한 속내를 어느 기자에게 털어놓기도 했다.

심 씨처럼 자신이 지지하는 대선후보와 운명을 같이하는 동일화 현상은 사회 곳곳에서 발견된다.

얼마 전 목포의 대표적 사회단체장이 "이회창 후보가 당선되면 목포는 끝장이다, 뭔 일이 있어도 노 후보가 당선돼야 한다"고 강조한 것을 들은 적이 있다.

또 특정 대선 후보에 대한 애정이 과도하게 넘쳐 상대후보를 과도하게 비방하여 수사를 받거나 구속되는 사람들이 이미 줄을 잇고 있다. 이중에는 경찰, 교수, 교사 등 사회 중추적인 직업군도 다수 포함되어 있다.

아쉽게도 역사를 돌이켜 보면, 대통령 당선자들은 자신을 당선시키기 위해 수 없는 사람들이 희생되고 피해를 본다는 사실을 쉽게 잊는 것 같다. 때문에 실패하는 지도자에 대한 국민들의 채찍질이 왜 날카로운지도 모르기 쉽다.

며칠 뒤면 대통령 당선자가 결정된다. 당선자는 승리를 위한 후보자들의 갖은 책략과 전략에 따라 국론이 분열되고 지역이 갈기갈기 찢어졌던 '대선 비가(悲歌)'의 희생자가 있었음을 망각해서는 안된다.

노짱과 궁예, 부활의 욕망

2004년 6월 16일

"부활은 예수님만 하시는 건데 한국 대통령도 죽었다 살아나는 부활의 모습을 보여줬다"

노무현 대통령의 화려한(?) 입이 여전히 구설수다.

최근 주한 외교단 리셉션에서 탄핵 과정의 자신을 예수의 부활로 비유하더니, 이제는 한발 더 나아가 주변 인물들의 화답도 예수부활(?) 수준이다. 6월 항쟁 인사로 꼽히는 함세웅 신부는 청와대 초청을 받은 오찬에서 "노 대통령이 지난번 외교사절단 모임에서 부활했다고 했는데, 그러면 우리의 주님으로 모셔야 되는 것 아니냐"고 건배했다.

청와대 참모들은 단순한 유머 수준이었다고 전하지만, 일부에서 노짱으로 불리는 노 대통령의 심리 상태가 "나는 기어이 이겨냈다"는 오기와 스릴, 콤플렉스와 두려움을 극복했다는 묘한 쾌감까지 도사리고 있는 가운데, 밥상 정치에 초대받은 과객들이 노 대통령의 판단을 더욱 흐리게 하지 않는지 심히 우려하고 있다.

노 대통령의 "저 분들도 나를 버리는 것 아닌가 하는 불안감을 느꼈다"는 고백은 예수 부활을 꿈꿨던 극한 상황을 보여주기도 한다.

탄핵 기각 이후 반짝 상승했던 지지도가 폭락하고 있는 노 대통령의 정치적 입지는 예수 부활론에 오버랩 되어 스스로 미륵을 자청했던 후 삼국시대 태봉국의 궁예를 보는 듯하다.

궁예는 왕건처럼 호족 출신도 아니고 견훤처럼 신라 비장 출신도 아니었다는 점에서 노무현과 닮은꼴이다. 궁예는 기존 세력보다는 스스로의 능력과 주변을 자신의 편으로 만드는 탁월한 능력으로 지도자의 반열에 오른 인물이다.

그러나 호족들의 기득권과 관계가 없었던 궁예도 왕건을 비롯한 해서 지방 호족들의 지지를 받아 권력을 유지할 수밖에 없었던 한계를 갖고 있었다.

궁예가 송악을 버리고 철원에 신도읍을 건설한 것은 해서 호족의 세력권에서 벗어나려는 시도였다. 노 대통령의 신 행정수도 이전의 시도 또한 기존 중앙권력에서 벗어나 새로운 지방분권을 동지로 삼으려는 내적 한계의 돌파구이기도 하다.

신라의 골품제를 타파, 신분이 아닌 능력 중심의 인재를 등용하는 등 신라와 대비되는 국가 체제를 정비한 궁예의 시도는 이장 출신의 김두관씨를 행자부 장관으로 발탁한 노 대통령의 인사와도 맥을 같이 한다.

새 판을 만들려는 궁예의 적은 기득권이요, 동지는 그동안 소외 받았던 새로운 정치세력이었다.

그러나 결국 궁예는 왕건의 쿠데타에 쓰러지고 만다. 왕건의 힘은 궁예에 맞선 기득권이었고, 궁예에 등을 돌린 것은 극심한 백성들의 경제난이었다.

미륵불을 자청하고 사람의 마음을 읽는다는 관심법(觀心法)을 자랑하는 오만함이 넘치면서, 한 시대를 풍미한 궁예의 비극적인 종말은 서서히 다가오고 있었던 것이다. 역사는 패자의 것은 없고, 승자의 조작과 윤색만 남기 마련이다. 역사 속으로, 야사 속으로 퇴장한 궁예는 아내와 아들을 살해한 미치광이 왕으로 남아 있다.

'삼국사기'와 '고려사'는 궁예의 몰락에 대해 그의 잔학한 성격과 미신적 행동으로 일체의 지지세력을 잃고 자멸한 것으로 기록하고 있다.

미국 캔사스 대학의 허스트 3세 교수는 "선인, 악인, 그리고 추인 - 고려 왕조 창건 속의 인물들"이란 논문에서 "고려 창건사에서 왕건은 선인(善人), 견훤은 악인(惡人), 궁예는 추인(醜人)의 배역을 받았으며 그들 중 어느 누구도 기록된 것처럼 성스럽거나 악한 존재는 아니었다. 역사가들이 역사를 편찬하던 그 시점에 특수한 정치적 목적을 이루기 위해 여러 가지 배역을 맡게 된 것처럼 보인다"고 평가하고 있다.

노 대통령도 역사의 순리 앞에서 예외가 될 수 없다. 남은 직무를 훌륭히 수행하지 못하면 역사의 추인일 뿐이고 성공하면 선인으로 기록된다. 밥상정치 수준의 느닷없는 발언으로 혼란을 주는 것보다는 겸허한 마음으로 국민들을 살펴봐야 한다.

잔혹극이 판치는 세상 살인의 추억과 반성문

2004년 7월 21일

"나에게 먹힐 남성 구합니다. 엽기적인 인터넷 광고를 보고 420명이 음식 재료를 자청했고, 광고를 낸 당사자는 그들 중 한 명을 골라, 저녁 식사 재료로 요리해 먹었다."

바로 2001년 독일에서 실제 벌어진 일이다.

독일은 이 식인 살인사건 이후 현재까지 죽음과 삶의 격심한 혼란과 논쟁을 겪고 있다. 어떻게 피해자가 자신을 먹는 데 동의할 수 있으며, 이를 모방하는 자들이 급증할 수 있는지, 우리들이 어디에서 살며, 삶의 옳고 그름은 무엇인지가 논쟁의 핵심이다.

독일 역사상 가장 수치스런 살인마인 아르민 마이베스는 법정에서 올해 초 8년 6개월 형을 선고받고 복역 중이다. 독일 법률에 식인행위를 처벌할 규정이 없고, 피해자가 동의한 점을 들어 살인은 면하고 촉탁살인에 준하는 형을 선고받았다. 그러나 아르민 마이베스는 독일 '벨트 암 존탁'지(紙)와의 인터뷰에서 독일 내 800여 명의 식인자가 있는 것으로 알고 있다고 밝혀 독일인들을 바라보는 사람들을 경악케 하고 있다.

인간의 통제되지 않은 야수성과 살인본능은 오늘날 세계 곳곳에서 벌어지는 살인사건을 들여다보면 알 수 있다.

약자를 대상으로 하는 비겁함이여

부유층 노인과 여성들을 골라 20여명이 넘는 사람들을 살해, 국내 최다 인명살해범으로 기록된 유영철 씨의 행각도 이러한 사례 중 하나이다.

불우한 환경 속에서 자라났던 독일의 식인광 아르민 마이베스처럼 유 씨도 가난한 성장배경과 가족성 간질증세, 가족·사회로부터 철저히 격리된 채 혼자 키워져온 데 대한 막연한 증오심이 내재되어 있었던 것으로 보인다. 걱정되는 것은 최근 수십 년 사이 불특정 다수를 향한 묻지마 살인극과 모방범죄가 세계 곳곳에서 늘고 있다는 것이다.

'죽음의 의사'로 불린 영국의 해럴드 시프먼은 자신이 돌보던 환자 215명에 모르핀을 과다 투여 살해하여 20세기 가장 많은 사람을 죽인 살인범으로 꼽힌다. 러시아 '로스토프의 백정'이란 별칭을 얻은 안드레이 치카틸로는 어린이 등 52명을 성추행해 살해하고, 신체 일부를 먹는 엽기적 범죄를 저질렀다. 미국의 살인광 존 웨인 게이시 2세는 시카고에서 33명의 젊은이들을 고문 성폭행하여 자신의 집에 시신을 파묻었다.

국내서도 경기도 화성 일대에서 10대에서 60대에 이르는 부녀자 10명을 연쇄적으로 성폭행 살해한 화성 연쇄살인사건, 지난 1994년 5명을 잔인하게 살해하고 시신의 일부를 먹은 지존파 사건, 택시 공포증을 불러 일으켰던 온보현 사건, 구덩이에 산채로 여성을 파묻는 잔인함을 보였던 막가파 사건 등이 줄을 잇는다.

이제 살인의 공포는 주변인물에 의한 면식범이나 동기에 따른 살해가 아니라, 살인자의 기분이나 주변 여건에 따라 피해를 보는 재수 없는 재앙으로 분류되어 가고 있는 것이다.

Henry와 Short의 살인에 대한 외적 억제이론은 살인이 좌절감의 결과이며, 타인을 향한 외부 지향적 공격성을 갖고 있다고 설명하고 있다. 즉 사회화과정에서 아동기에 육체적으로 처벌받거나 고통을 받은 경험이 있는 사람의 공격성이 더 크다는 것이다. 육체적으로 힘이 없는 아이들과 여성, 노인들은 비겁하고 잔인한 공격자들에게 더욱 노출되기 쉬운 환경에 놓여 있다. 우리가 계속 반복되는 연쇄 살인사건에서 배우는 교훈은 현재의 사법적 응징만이 최선의 방법은 아니라는 것이다.

전과 9범의 유영철은 누구보다도 교도소 생활을 자주하며, 사법적 징계를 받았지만, 도리어 증오만 커져갔다. 그것도 교도소 간수에 대한 증오보다 자신보다 힘없는 다수를 향해. 그리고 인터넷에는 유영철 팬클럽이 생겨 또 다른 유 씨를 부추기고 있다.

우리는 낙오되고, 격리되기 쉬운 사람들에게 처음부터 따뜻한 관심을 보여야 하고, 국가는 증오를 키우고 있을 사회 부적응자들에 대한 대책을 마련해야 한다.

살인의 추억을 보고 반성해야 할 사람은 유영철 만은 아닌 것 같다.

대통령도 재벌도 행복이 없는 시대

2004년 8월 18일

한숨소리가 넘친다. 이리가도 저리가도, 불만에 가득 찬 한과 독기가 서려 있다.

대출로 아파트 얻었다가 이자를 감당 못하고 망한 사람, 전셋집 돈을 내주지 못하는 사람, 망한 직장 주변만 맴돌고 있는 사람, 임대료도 내지 못한 채 야반도주를 생각하는 상인 등.

언제부터 서민들 삶에 고뇌의 심연이 자욱한 이슬비처럼 몰려왔던가.

재벌도 스스로 목숨을 끊는 세상, 대통령마저 칭찬을 받고 싶다고 국민들을 상대로 어리광을 부리는 시대. 권력과 금력과는 애초부터 거리가 먼 일반인들의 한숨 소리는 차라리 호강이던가.

아니다. 행복이 이것만은 아니다. 가난하더라도, 힘이 없더라도 우리는 행복했다. 분명히 그런 시절이 있었다.

세계 500대 부호나 유목민이나 행복지수는 비슷

영국의 심리학자 로스웰(Rothwell)과 인생상담사 코언(Cohen)이 만든 행복공식이란 것이 있다.

행복은 인생관·적응력·유연성 등 개인적 특성을 나타내는 P(personal), 건강·돈·인간관계 등 생존조건을 가리키는 E(existence), 야망·자존심·기대·유머 등 고차원 상태를 의미하는 H(higher order) 등 3가지 요소에 의해 결정된다는 것.

이들은 생존조건인 E가 개인적 특성인 P보다 5배 더 중요하고, 고차원 상태인 H는 E보다 3배 더 중요하여, 행복지수를 공식화하면 P+ (5×E)+(3×H)가 된다고 했다. 즉 인간의 행복은 다른 어떤 요소들보다 건강·돈·인간관계 등이 중요하다.

로스웰과 코언은 인간이 행복해지기 위해 다음과 같은 일곱 가지를 주의하라 했다.

첫째, 가족과 친구 그리고 자신에게 시간을 쏟아라. 둘째, 흥미와 취미를 추구하라. 셋째, 밀접한 대인관계를 맺어라. 넷째, 새로운 사람들을 만나고, 기존의 틀에서 벗어나라. 다섯째, 현재에 몰두하고 과거나 미래에 집착하지 말라. 여섯째, 운동하고 휴식하라. 일곱째, 항상 최선을 다하되 가능한 목표를 가져라.

행복에 대한 갈증 때문일까. 방법론의 차이 때문일까. 행복의 고정관념은 여지없이 깨지고 만다. 세계에서 가장 가난한 나라 중 하나인 방글라데시 국민들이 행복지수 1위이다. 행복은 성적순도 재력순 권력순도 아첨순도 아니다.

행복을 희한하게 보는 사람들이 있다. 보험회사는 '행복을 다 모은 보험'을 판매한다. 국내 현대해상이 직접 개발한 통합 보험의 신제품 이름이다. 상해, 질병, 화재, 배상책임, 자동차 보험 등 총 87개의 위험을 하나의 보험증권으로 담보해준다 한다. 87개 위험을 막는 것이 행복일까. 아닐 것이다.

경기부양책만으로 대통령 칭찬 받을 수 없다

지금 부산은 163일간 진행되는 2004 부산 비엔날레로 북적거리고 있다. 오는 8월 21일 개막되는 현대미술전에는 행복에 관한 이색 작품이 전시될 예정이라 한다. 베니스비엔날레 출품작가인 설치미술가 박이소(본명 박철호)씨가 '우리는 행복해요'라고 쓴 대형 간판으로 만든 설치 미술품이다. 작품을 준비하다가 지난 4월 심장마비로 작업실에서 갑작스레 숨진 작가는 도대체 무엇을 말하고 싶었을까. 박 씨는 아이러니컬하게도 평양 시가지를 보고 작품의 모티브를 얻었다 한다.

이제야 조금 알 것 같다. 행복은 상대적이다.

세계 400대 부자들의 행복지수가 5.8로 동토인 그린란드에 사는 이누이트 족이나 케냐 유목민인 마사이 족과 같은 수치라고 한다. 행복이 재력순이 아니라는 것을 말한다.

그렇다. 사람들은 경기가 나빠져서, 돈벌이가 줄어들어서만 괴롭다고 외치는 것이 아니다. 사람들은 사회공동체와 좋은 관계, 삶의 의미의 확인, 공동체에 대한 긍지와 자부심을 느끼고 싶은 것이다.

사후약방문식의 경기부양책으로 사람들의 마음이 돌아설 것으로 보이는가. 그것은 완벽한 해답이 될 수 없다. 정답은 거기에 없다. 그래서 사람들은 대통령을 칭찬 해줄 수 없는 것이다.

김홍일 의원이 외롭다 권력은 무상하다

2004년 9월 1일

국회 김홍일 의원이 그가 만든 유영장학회 장학금 수여식을 위해 목포를 방문한 지난 주 나는 그를 보고 돈과 권력, 사람들의 관계에 대해 잠시 생각해 볼 기회를 가졌다.

전국구 의원으로 국회 3선 입성에 성공한 김 의원이지만, 목포의 입장에서 묘한 아쉬움과 애증이 교차되어 있다.

문제는 점점 갈수록 악화되는 듯 하고, 차도가 없어 보이는 그의 건강이다. 대부분의 사람들은 그가 거동이 불편하다는 사실보다 언어 소통이 제대로 안 된다는 것을 아쉽게 생각한다.

이미 그의 부친인 김대중 전 대통령이 정치 일선에서 물러나고 지역구에서 이상열 의원이 활동하고 있기에 목포 사람들에게 그의 존재가 최근 희미해져 가는 듯한 느낌이고, 이는 목포를 위해서도 대단히 불행한 일이다.

나는 이미 2년 전 '명사와 지역공동체'라는 시리즈의 김홍일 의원과 유영장학회 편에서 이렇게 기록한 적이 있다.

『1980년 5월, 서울의 어느 어두캄캄한 지하 고문실.

"구타에 이어 머리박기, 깍지끼기 등 각종 고문이 이어졌다. 나는 혼절을 거듭하며 수없이 외마디 소리만을 내뱉었다. 차라리 나를 죽이시오. 어서 죽여주시오. 나의 비명은 두툼한 스폰지에 물이 빨려가듯 방음벽 속으로 소리없이 빨려 들어갔다."

20여 년 전 '김대중 내란 음모사건'의 배후 중 한 인물로 지목되어 중앙정보부에 연행되었던 김홍일 의원은 "김대중의 아들이라는 이유로 자살을 생각할 정도의 견디기 힘든 혹독한 고문을 당했다"고 회상했다.

1980년 이 땅의 민주화를 짓밟았던 신 군부의 만행아래 자행된 이 사건이 20여 년의 시간을 건너 뛰어 목포에서 아름다운 희망의 꽃으로 활짝 피게 될지는 당시 아무도 예측하지 못했다.

"죽음을 생각하며 매 맞은 돈으로 설립된 것이 유영장학회입니다."』

내가 만난 김홍일 의원은 기억력이 대단히 뛰어나고, 현명한 사람이다.

부쩍 외로움이 늘었다는 슬픔의 목소리

그러나 그가 처한 오늘날의 현실은 그를 보좌하고 있는 최기동 전 목포시의장의 이야기에서 짐작할 수 있다.

"의원님은 요즘 부쩍 외로움이 늘었습니다. 대통령의 아들로서 한창 잘나갈 때는 사람들이 그렇게 몰리더니…. 김 의원님은 치료를 받고 있지만 우선 살을 빼고, 발음교정을 위해 노력해야 한다는 주변의 조언에는 도리어 짜증까지 낼 때도 있습니다."

최기동 전 의장은 이 대목을 말할 때 목이 슬픔에 잠기고, 근심이 가득했다. 앞에 앉은 나마저 그의 소리 없는 울먹임에 전염되는 듯 했다.

실제 지역 정가에서는 그가 다음 총선에서 스스로의 힘으로 당선되거나 전국구 공천을 받기 힘들 것이라는 예측들이 나오고 있다.

이것이 권력과 사람들의 속성이라고만 돌리기에는 그의 운명이 너무 애잔했다.

나는 수년간 칼럼을 쓸 때마다 권력가에게는 혹독한 펜대를 들이 내밀면서도 그들의 삶과 주변에는 나름대로의 애정과 사랑이 있다고 믿어 왔고, 실제 글로서도 무한한 애정의 감정을 보이곤 했다.

언론인은 언론인으로서 길이 있고, 정치인은 정치인으로서 길이 있지만, 지역의 어떤 사람이든지 지역 공동체를 토대로 하고 있다는 공통점이 있기 때문이다.

"재물로써 사귄 자는 재물이 떨어지면 헤어지고, 색으로써 사귄 자는 꽃이 지면 사랑도 식는다"는 옛 말이 있다. 권력도 마찬가지다.

세상이 가둔다고 한탄만 할 수 있으리

마침 어느 언론사가 현재의 국회의원 전부에게 소속 당에 상관없이 개인적으로 친한 의원 3명을 골라 달라고 주문한 결과, 가장 마당발로 꼽히는 의원들은 열린우리당 김근태 유인태 한명숙 홍재형 강봉균 이인영 우상호 의원, 한나라당 김덕룡 김문수 박세일 박재완 원희룡 의원으로 이들이 실제적인 리더 역할을 하고 있는 것으로 보인다고 분석했다.

목포를 중심으로 하는 민주당 의원들은 서로 끈끈한 교분도 없어 정치적 결속도가 약했다. 한화갑 의원은 정의화 박희태 의원과 김홍일 의원은 염동연 이정일 의원과 교분이 있다고 답변했다.

두보는 빈교행(貧交行-가난할 때의 사귐)이란 시에서 관중과 포숙의 변치 않은 우정을 칭찬하며 변덕스런 세대를 다음과 같이 노래했다.

『飜手作雲覆手雨(번수작운복수우) 紛紛輕薄何須數(분분경박하수수) 君不見 管鮑貧時交(군불견관포빈시교) 此是今人棄如土(차시금인기여토)』『손바닥을 뒤집어 비와 구름 바꾸듯, 가벼운 세상 인정 말해 무엇하리. 가난할 적 관포지교 모두 알건만, 요즘 사람 의리를 흙같이 버리네』

나는 김홍일 의원에게 여전히 그를 지지하고 아껴 준 목포에 애정을 갖으라 권하고 싶다. 목포는 그가 힘이 없고 야인일 때부터 아껴 준 도시이다. 움직이지 않아도 힘이 모였던 권력의 눈이 아니라 다시 초심으로 돌아가 부지런히 뛰어다니라는 뜻이다.

그렇지 않다면 세상이 그를 가둔다고 한탄해도 누가 이해할 수 있으리.

권력의 광기와 노무현의 분노

2005년 6월 8일

권력의 끝은 언제인가. 화무십일홍이라 했던가. 영원한 권력은 없지만, 권력은 그 자체로 생명력을 갖고 있어 끝까지 불꽃을 사르려 하고, 애써 지탱하려 한다.

권력을 마지막까지 애타게 부둥켜안고 있는 힘은 아마 측근정치일 것이다. 이들은 녹아 흐르는 양초의 몸뚱아리처럼 때로는 실세로 각광받으며 불꽃을 지탱하는 힘이지만, 필연적으로 녹아 역사 속으로 사라질 수밖에 없는 운명을 태생적으로 갖고 있다는 점에서 비극적이기도 하다.

무척이나 오랜 세월동안 지긋지긋하게 들어왔던 '측근정치'가 또 난리다. 과거의 경험으로 볼 때 아마 권력의 레임덕현상이, 부패의 전주곡이 울리고 있다는 증거이리라.

열린우리당은 최근 며칠 사이 내부의 측근정치 책임 탓으로 시끌벅적거리고 있다. 권력투쟁의 숨겨진 코드는 이해찬 총리의 다음 말에서 상세하게 엿보인다. "권력이 이제 중반으로 넘어가지 않습니까. 이럴수록 이 정권 끝나기 전에 빨리 한 번 해먹어야 하겠다 이렇게 초조해 하는 사람이 생길 가능성이 있습니다"

나는 이들에게서 안정감보다는 불안감을, 비전있는 정치인보다 권력투쟁에 몰두하는 정치인상이 연상된다. 이들 열린우리당 출신 정치인들은 최근 들어 부쩍 권력조급증에 시달리고 있는 듯 느껴진다.

그들의 운명은 문희상 당 의장이 "참여정부와 노무현 대통령의 성공을 이루지 못하면 '개털'된다"고 말했던 것처럼 어느새 '개털'처럼 희극화되고 있는 것이 아닐까.

권력조급증은 국민들에겐 고통

'측근 중의 측근'이라 불리는 윤태영 청와대 제1부속실장에 따르면 노 대통령은 요즘 부쩍 우리 사회의 분노와 증오를 해소하는 방법을 놓고 가장 많은 고민을 하고 있다 한다. 윤 실장은 국정일기에서 노 대통령이 정치를 하게 된 동기가 분노 때문이고, 청문회 스타가 되었을 때도 분노가 식지 않았다고 말했었다는 일화를 소개했다.

측근들은 왜 대통령의 분노를 밖에다 이야기하고, 우리사회의 분노와 증오를 강조하고 있는 것일까. 대통령의 분노를 식히는데 국민들이 일조하기를 바란다면 이는 정말로 잘못 생각한 것이다. 권력은 분노로 통치하는 것이 아니기 때문이다. 분노는 노대통령이 극복할 요인이지, 밖으로 내보일 것은 아니다.

사학자 비비안 그린의 저서 '권력과 광기'는 역사속의 많은 군주들이 심각한 정신분열 증세를 보였으며, 이는 권력투쟁 때문이라고 분석하고 있다.

신과 동일시하며 거대한 동상을 세웠던 로마의 폭군 칼리굴라, 13세기 초 영국의 존 왕과 헨리 6세는 심각한 인격장애 증세를 보였다. 군주들의 스트레스와 정신분열증은 국민들에게 큰 고통을 줬다. 프랑스 샤를 6세는 궁중암투로 환청에 시달리면서 정치가 엉망이 되었고, 헨리8세는 정신병으로 공포정치를 폈다. 각성제 일종인 암페타민 중독자였던 히틀러는 편집증과 과대망상증을 앓기도 했다. 항상 적의 공격을 생각하는 군주들은 스트레스와 과도한 긴장감에 시달리고 믿을만한 측근들에게 더욱 의존하기 마련이다. 측근정치가 심화될수록 국민들은 이방인이 될 수밖에 없다.

목포출신 서울대 수석졸업한 검사의 고민

또 다른 측근이라는 정찬용 전 청와대 인사수석의 사조직인 호미회(호남의 미래를 생각하는 모임)의 S프로젝트<8면 기사 참고>와 관계된 구설수는 목포인에게 이율배반적인 갈등을 가져다준다.

목포 출신의 김성준 검사(법무연수원 연구위원, 6월 2일 명예퇴직 신청)가 관련되었기 때문이다. 2001년 목포지청장을 역임한 김 검사는 1979년 서울대 수석졸업으로 총장상을 받는 등 목포가 배출한 수재다. 특히 그는 EC기업법, WTO법의 형성과 전망(전 5권), WTO분쟁사례연구, 농업통상법 등 수 권의 책을 저술하는 등 외국의 무역침공에 맞선 국제법의 전문가이다.

지금까지 밝혀진 것에 의하면 김 검사는 호미회에 참석, 낙후된 호남 지역 개발을 위해 사업을 추진하고 있는 서울대 문동주 교수의 자문에 응해 달라는 부탁을 받고 비공식으로 법률자문을 해온 것이 논란을 빚었다.

김 검사가 사법고시에 합격한 것은 1980년 광주 5.18민중항쟁이 일어난 해이고, 당시 강제로 죄인이 되어야만 했던 호남인들이 숨을 죽인 시기였다. 숨을 죽이며 검찰에 발을 내 딛었을 것으로 보이는 그가 측근 중의 측근이라는 비선 조직의 호남발전 프로젝트에 자문을 하다가 낙마한 것도 호남인들이 겪고 있는 역사적 비극이 아닐까.

제4장

내사랑 목포

목포의 눈물과 끝나지 않은 설움

2002년 9월 25일

"사공의 뱃노래 가물거리며, 삼학도 파도 깊이 숨어드는데, 부두의 새악씨 아롱젖은 옷자락, 이별의 눈물이냐 목포의 설움"

KBS 제 2라디오가 추석을 맞아 조사한 고향하면 '가장 먼저 떠오르는 노래, 가장 즐겨 부르는 고향노래' 조사에서 '목포의 눈물'이 '눈물 젖은 두만강'과 '소양강 처녀'에 이어 3위를 기록했다.

'목포의 눈물'이 1935년 발표되어 공전의 히트를 기록한 것은 노래가 당시 일제로부터 수난을 받았던 우리 민족의 역사와 시대상을 반영했기 때문이다. 항구도시 목포는 일제에 의해 수탈된 호남의 기름진 쌀이 일본으로 실려 가는 눈물의 항구였고, 먹고 살기위해 가족들과 헤어져야 하는 생이별의 부두였다.

70년이 흘러도 목포의 눈물이 여전히 애창되고 있는 것은 대를 이어 이별의 설움이 계속되는 한국민들의 독특한 정서 탓으로 풀이된다.

남북이산가족의 TV 상봉을 한없이 지켜보며 이산가족도 아니건만 눈물을 계속 흘리는 사람들. 명절 때마다 계속되는 고향길 행렬은 또 어떤가. 농촌 들녘을 함께 뛰어 놀던 초등학교 동창들이 그립다는 사연. 날을 새서 가는 한

이 있더라도 자녀들을 데리고, 고향 땅을 밟아야만 한 해 마음이 평온해진다는 우리 민족 같은 '恨의 민족'은 쉽게 찾아볼 수 없으리라.

　태풍 '루사'로 큰 피해를 입은 고향을 찾아 친지들과 함께 무너진 담벽을 새로 고치고, 떨어진 문짝에 못을 박고 다시 도시로 떠나는 자식들의 눈물겨운 사연들이 우리들의 눈시울을 붉히기도 한다.

　정지용이 그의 시 '고향'에서 느꼈던 상실감처럼 "고향에 고향에 돌아와도, 그리던 고향은 아니러뇨. 산꿩이 알을 품고 뻐꾸기 제철에 울건만, 마음은 제 고향 지니지 않고 머언 항구(港口)로 떠도는 구름."이라고 읊을 수밖에 없는지 모른다.

　마침 오는 30일 '목포의 눈물'을 불렀던 이난영을 기리는 '난영가요제'가 목포에서 열리고, 목포문화원은 목포향토문화관 전시실에서 9월 27일부터 10월 11일까지 '이난영과 한국 가요 음반 특별전' 행사를 갖는다.

　올해 들어 유난히 '목포의 눈물'이 더욱 애창되는 것 같은 느낌을 준다.

　경희대학교 목포 향우회 인터넷 홈페이지는 첫 화면이 '목포의 눈물' 가사가 흘러가는 모습이다. 누군가 역설했던 '목포의 눈물'이 '목포의 애국가'라는 말이 이들에게는 그리 싫지 않은 모양이다.

　최근 개봉된 장선우 감독의 영화 '성냥팔이 소녀의 재림'의 시작 장면과 끝 장면도 '목포의 눈물'이 흘러나온다. 컴퓨터 게임을 넘나드는 환상과 결투 장면을 1백여 억 원이라는 거액의 제작비를 투여하여 만든 SF 액션영화의 시작과 끝이 왜 '목포의 눈물'일까.

　'나쁜영화' '거짓말' 등 문제작을 만들어 온 장선우 감독도 '목포의 눈물'이 컴퓨터 시대, 인터넷 시대에도 우리 한국인들이 가장 공감하는 정서임을 꿰뚫어 본 것이라고 해석하고 싶다.

　목포의 눈물을 불렀던 이난영의 노래를 가만히 듣다 보면 그녀의 생애 또한 恨과 이별의 연속이었으며 고독과 끝없는 싸움을 했다는 사실에 또 한 번 놀라게 된다.

　어렸을 때 가난 때문에 어머니와 이별을 했던 이난영은 6.25 전쟁 때는 남편 김해송 씨의 납북으로 비운의 여인이 되어야만 했다. 어린 자식들을 데리고 미군부대에서 노래를 팔며 생계를 유지했던 이 씨는 아들, 딸이 미국으로 건너가 활동함에 따라 말년에는 자식들과 이별했다.

1965년 숨을 거둔 이난영의 머리맡에는 그녀의 외로움을 상징하듯 양주 한 병이 뒹굴고 있었다 한다.

어쩌면 우리 한국인의 가슴에는, 아니 최소한 추석 연휴기간에는 '이난영이 느꼈던 恨'이 있었던 것 아닐까. 그 설움은 이난영의 양주 한 병처럼 우리 가슴에 상처를 내며 말 못할 사연이 되어 뒹굴고 있었을 것이다. 아마 어릴 적 친구들과 친지들을 찾는 우리들의 명절은 도시화, 개인화되는 현대사회에서도 끝없이 반복될 듯 싶다.

정종득 시장의 뉴타운 대 도심재생

2009년 5월 6일

　필자는 지난 4월 9일부터 오는 6월 말까지 지역신문발전위원회 '문화예술을 통한 도시재생과 공공디자인' 디플로마 과정을 받고 있다. 공모로 전국에서 선발된 15명 언론인들은 주말과 연휴 등을 활용, 국내외 사례들과 일본 6개 도시들을 방문하며 '문화예술을 통한 도시재생' '공공디자인과 도시' '창조도시' 등을 연구하고 있다. 경영학 박사를 마치고 목포대에서 문화협동 박사과정을 받고 있는 필자가 또다시 문화전문 디플로마 과정을 밟고 있는 것은 간단하다. 목포투데이 지면을 통해 세계 각국의 선진 문화 이론들을 지역에 반영시키고자 하는 이유 때문이다.
　마침 목포의 뉴타운 방식에도 참고할 수 있는 논쟁들이 있어 독자들과 함께 고민해보고자 한다.
　아마 목포를 아끼는 대부분의 사람들이 "목포를 어떤 방향으로 발전시킬 것인가"에 대한 고민을 공유하고 있을 것이다. 과거 목포사람들의 선술집 안주감이 '군대, 정치, DJ 이야기'였다면 최근에는 '길시장, 불시장'이란 유머도 있다. 그만큼 사는 환경, 정주요건에 관심이 늘었다는 증거다.
　일단 목포시가 난제들 가운데 대성지구를 뉴타운 방식으로 풀고, 중앙공설시장 문제를 푼 것은 박수를 보낼 만하다. 그나마 건설로 경기를 부양하는 공식을 현장에서 겪으며 성공시켰던 정 시장이 있었기에 가능한 일이다.

정 시장은 이에 고무되어 서산 온금 지구 재개발 사업도 추진하려는 시도를 보이고 있다. 최근 목포시가 서산 온금 지구 재개발 사업에 따른 설문조사 결과 77.5%가 찬성, 사업완료 후 입주 의향은 45.6%다. 시는 설문지 1,700부를 배포, 4월 9일까지 484부를 회수한 결과, 찬성 77.5% 반대 14.8%, 모르겠다 7.5%로 나타났다고 했다. 입주 의사가 없는 사람은 14.8%, 모르겠다 43.4%로 이는 주민들이 개발 후 입주 가격이 부담될 것으로 예상한 결과라는 것이다.

직설적으로 말해서 목포시가 서산 온금 지구개발을 대성지구식 뉴타운 방식으로 해결하려는 것은 시간을 두고 더 검토하는 것이 낫다고 본다. 서산 온금 지구 사람들은 그곳이 아니면 더 이상 갈 곳이 없는 사람들이다. 겉만 번지르르한 빌딩을 만들고 가난한 사람들을 내쫓아 다른 곳에 빈민가를 또 만드는 격이다.

최근 폐기된 산업시설물을 활용한 도시 재생프로그램과 창조도시 네트워크, 창작촌을 통한 지역 브랜드화 등 가난한 동네들을 회생시키는 세계 여러 사례들이 국내에도 소개되고 있다. 폐광지역을 활용한 독일의 엠셔파크, 네덜란드 화력발전소를 문화공원으로 바꾼 암스텔담 웨스터가스파브릭 등이 있다.

목포시가 벤치마킹을 할 곳은 대전의 '무지개 프로젝트'다. 빈곤의 악순환, 떠나고 싶은 동네를 쓸어버리고 쫓아내버리고 새로 짓자는 것이 아니라, 건강한 '삶터, 일터, 쉼터'로 재생하자는 것이다. 낡은 가구를 버리지 않고 중고로 고치는 것처럼 '재생'시키자는 논리다.

대전시는 취약계층 8개 동을 선정하여 지역공동체 복원을 목표로 140개 사업을 추진하고 있다. 예를 들자면 동네 악취를 없애는 악취저감 사업, 영세민 아파트 지하공간을 활용한 아파트 주민들의 빨래방 기업 만들어주기, 마을리더교육 등 돋보이는 사업들이 있었다.

목포는 남악신도시의 입주 시작으로 '원도심 공동화 → 하당 공동화'의 조짐이 엿보이고 있다. 하당은 무질서한 교통과 평화광장 쪽 잡음, 혼잡으로 시민들이 고통을 받고 있다. 학부모들은 중간고사 기간 "평화광장 쪽 소음 각설이 타령이 새벽까지 이어지면서 수험생들이 지옥 같다고 한다"는 반응까지 전하고 있다. 새벽까지 말울음 스피커 소리를 내며 해변로를 말이 달리며 사람을 흉기마냥 위협하는 곳은 목포밖에 없다. 우마차가 인도를 달리는 것이 도로교통법에 위반되는지를 모르는 경찰서장과 시장이 있는 곳이 목포다. 평화광장 인도에서 말몰이 영업을 한 이는 목포시에서 허가했다고 전하고 되레 사람들에게 비키라고 큰소리치니 기가 막힐 지경이다.

이런 난잡함은 도시발전에 대한 철학이 없기 때문이다. 놀 유흥공간과 놀이공간, 정주공간을 구별 못하고 무조건 사람만 모으면 된다는 식의 이벤트 정책 때문이다.

뉴욕시의 작은 공원 올 피플스 가든(all people's garden)이나 패일리 파크(Paley Park)의 사례를 살펴볼 만하다. 올 피플스 가든은 한 여성과 시민들이 힘을 합쳐 주민 친화력을 갖는 공원으로 조성을 했고, 시카고 도시 계획가 루이스 워스(Louis Wirth)가 '편안한 피난처'라고 지목한 패일리 파크는 '전원도시 운동'이라는 개념을 떠오르게 한다. 뉴욕 53번가 빌딩 숲 사이 위치한 이곳은 폭포가 흐르고, 의자 등이 자유롭게 배치되면서 창의적인 시민들이 몰리는 곳이다.

창조도시 개념을 처음으로 제안한 미국의 도시학자 제인 제이콥(Jane Jacob)이 '도시를 자연적인 흐름 안에서 서로가 얽혀가는 물리적, 경제적, 인류학적 프로세스로 구성된 에코시스템으로 바꾸자'고 주장한 내용을 새겨들을 만 하다.

꽃 축제 후 남는 목포 오거리의 황량함

2013년 4월 9일

"우분트! 우분트! 우분트!"
"나는 곧 우리"라는 아프리카 남부 코사족의 말을 한국어로 표현한 것이다. 넬슨 만델라 대통령을 배출한 코사족의 말은 협착음(혀차는 소리, 클릭음)과 '김대중 전 대통령=만델라 이미지'때문인지, 목포인들에게는 들을수록 정겹다.

아프리카 코사족에서 찾는 우분트 정신
세계사에 고난과 평화의 상징으로 알려진 코사족의 문화 또한 우리나라의 '홍익인간이나 두레정신'처럼 원초적 인류 평화에 가깝다는 점에서 눈길이 간다. 이들은 키우는 소의 수를 얼마나 부자인가의 잣대로는 여기지만, 식량으로 사용하려고 소를 죽이지는 않는다. 종교 의식에 제물로 사용한다.

민주노동당 강원도지사 후보이기도 했던 현 엄재철 강원도지사 복지특보가 일본의 예술가 '준 아망토(Jun Amanto)'말을 인용하여 "오늘 아침 저를 감동시켰던 사진입니다. 우리 사회가 지향해야 할 가치가 아닌가 합니다"라고 본 칼럼에 덧붙인 사진 한 장을 인터넷에 올렸다.

'준 아망토(Jun Amanto)'가 사진에 곁들인 말은 다음과 같았다.

"인류학자가 아프리카 부족의 아이들에게 게임을 신청했습니다. 그는 프루츠 한 잔의 바스켓을 나무 근처에 두고, 제일 먼저 도착한 사람에게 그 프루츠를 상으로 주겠노라고 했답니다. 그가 '달려라!'라고 하자, 아이들은 모두 손을 잡아 함께 달려서, 함께 앉아 포상을 즐겼습니다. 인류학자는 '어째서 그렇게 달리는 방법을 했는지, 한 명이 전부 받을 수 있었는데…'라고 아이들에게 물으니 아이들은 '우분트, 다른 사람이 모두 슬픈데 어째서 한 명만 행복해질 수 있습니까?'라고 대답했습니다. '우분트'는 코사족의 말로 '나는, 곧 우리'라는 의미입니다."

많은 사람들이 이 사진에 감동을 받은 것 같다. 실제 남아프리카 공화국은 백인과의 오랜 전쟁 경험이 있으며, 침략자들로부터 여러 차별을 받았기 때문에 생존에 대한 욕구가 현재에 이르러서는 공격과 점령보다는 평화와 공존으로 구현되는 경우가 많다.

필자가 덧붙인 사진처럼 코사족도 전통 오두막의 형태도 사각형보다는 전체적으로 둥근 원형인 론다벨(rondavel type)형식의 초가지붕을 한 원추형의 집이다. 집의 지붕은 준 아망토(Jun Amanto)의 사진에 등장하는 아이들이 하나로 만들어낸 원 모양의 '발 공동체'와도 흡사하다.

'우분트'사진을 올린 '준 아망토'가 이 사진에서 느낀 것은 무엇일까. 그는 내 또래쯤 되는 전후 일본세대가 배출한 행위 예술가이자, 마을 공동체 복원 기획가다. 무예, 무용, 선 등 여러 장르를 공부하다가 해외 원시부족이나 섬마을 문화에서 깨달음을 얻어 자신만의 독특한 철학과 실천적 문화운동에 눈을 뜨게 됐다.

130여 년 된 옛날식 2층 건물이 재활용되는 자원들을 활용하여 실험적 문화 카페인 'Salon de AManTo'를 만들어 복원된 공동체를 형성해 갔다.

카페의 컨셉은 공원, 함께 모여 만들어가는 '우분트'에 기초하는 문화 생산 공동체이자 문화소비자 누구나 모이는 열린 공간이었다.

'A Man To'는 구성원 한 명 한 명이 인간으로서의 존재를 찾아내고 사회적 역할을 찾아 살아가는 곳이란 의미인 에스페란토어라고 한다. 또 이들은 이 의미를 한자로 天人으로 표현한다.

이렇게 시작된 마을이 이제는 극장, 갤러리, 채식 레스토랑, 접골원, 점성치유센터, 서점, 라디오방송국, 게스트하우스, 기숙사 등이 생겼다. 이제 이 마을은 독립적으로 굴러가는 하나의 공동체가 되었다. 점포별 독립채산제, 자체적 순환과 소비, 자율적 의사결정, 자체마을 화폐 등 여러 시스템이 공동체를 사랑하는 사람들과 함께 어울려 생명력을 지니게 된 것이다.

아망토의 사례는 필자가 6-7년 전부터 펼쳤던 '시청앞미술관'이나 목포오거리 쪽 '반디아미르' 운동과 흡사하다.

지난 주말 유달산 꽃축제가 시작되어 오거리 쪽에서 유달산 길을 따라 올라가면서 살펴보니, 오거리 문화를 외쳤던 조규성 강금복 장근헌 등의 갤러리나 카페 등은 문을 닫고 외로움만 더 커져가고 있었다. 유달산 꽃 축제가 바람처럼 스쳐 지나가니 나뒹구는 꽃잎이 늘어난 것처럼.

코사족의 '우분트'나 우리나라의 '두레정신'이 산업개발, 또는 자기계발이라는 표어에 밀려 사라져가는 현실이 안타깝다. 국가도 개인도 앞만 보고 달려가는 시대의 종결은 무엇일까. 아마 우리가 원치 않는 '우리가 없는 공동체'일 것이다. 남과 북의 갈등이 대립되고, 계층 간 위화감이 커지고 있는 이 시기, 코사족의 '우분트'정신, 신이 인간에게 준 지혜일 것이다.

2원 기금 내세운 진로의 목포 주류시장 공격

2013년 5월 15일

오랫동안 목포의 토종기업으로 꼽혔던 보해가 비틀거리고 있는 사이, 잎새주로 유명한 보해의 아성인 목포에서 주류 전쟁이 벌어지고 있다.

대전 충남을 근거지로 하고 있는 하이트진로 주식회사(대표 김인규)가 노성만 전남사회복지공동모금 회장과 함께 '목포사랑행복기금 1억원 조성 협약식'을 갖고 본격적인 목포 시장 공격에 나선 것이다.

공식적인 명칭이 '情 나눔 광주·전남사랑 캠페인'인 진로의 프로젝트는 5월부터 하이트진로(주) 목포지점에서 판매되는 D맥주(일명 싸이맥주)와 참이슬 1병당 2원씩 기금을 출연해 조성 목표액 1억 원 달성 시까지 행사를 진행한다는 것이다.

1억 원을 모으려면 무려 5천만 병을 사줘야 하고, 목포시 인구 25만 명을 기준으로 할 때 아이들까지 포함하여 1명 당 200병을 마셔줘야 하는 돈이다.

그동안 장학금 기탁 등 지역 사회 환원사업을 열심히 해왔던 보해의 입장으로서는 통곡을 할 노릇일 것이고, 전남사회복지공동모금이 원수로 여겨질 만하다.

또한 전국의 몇 군데에서 진행되는 진로의 프로젝트를 목포투데이가 비교해보니, 삼척고 동문사랑 장학기금 조성은 1병당 15원씩, 홍성군 장학금은 1병당 5원씩, 이마트와 진행한 사랑의 연탄 기금은 1병당 20원씩이어서 각각 출연하는 기금액수도 지역과 상황에 따라 다른 것으로 확인됐다.

사실 주류 시장이 성장한 것은 박정희 대통령 시절인 1973년부터 도입된 '자도주' 구입제도 때문이었다. 이른바 소주시장의 과다경쟁과 품질저하를 막는다는 명목으로 한 개 도에 하나의 소주업체 만을 허용하고, 해당지역 주류 도매업자는 해당지역 소주를 50% 이상 구입해야 한다는 제도였다.

이 특혜로 탄생한 것이 서울 수도권의 진로, 부산의 대선, 경남 무학, 강원도 경월, 대구·경북 금복주, 광주·전남 보해, 전북 보배, 대전·충남 선양, 충북·충북 소주, 제주 한라산 등 10개 소주업체였다.

이들 10개 소주업체는 1970년대부터 1990년대 중반까지 한국 현대사회와 함께 시대적 아픔을 같이하였을 뿐만 아니라 지역사랑의 상징적 상품이기도 했었다. 그러나 이 제도는 1996년 위헌 판결을 받은 이후 국내에서 무한 소주 전쟁이 시작되었다.

이후 소주업계는 두산이 강원도 경월을 인수하였고, 현재는 두산을 인수한 롯데와 하이트가 인수한 진로가 선두 경쟁을 벌이고 있다. 참이슬은 모델로 싸이, 처음처럼은 모델로 구하라, 효린, 현아 등을 내세우고 있다.

두 회사는 지난해와 올해 소송전을 벌이며 치열한 술 전쟁을 벌이고 있는데 롯데의 '처음처럼'의 공격적 마케팅으로 하이트 진로 참이슬의 시장 점유율이 30%대로 추락했다고 한다.

지난 1924년 진로 창사 이후 90년간, 1998년 참이슬 출시이후 15년간 지금과 같은 점유율 하락은 없었다고 한다. 진로가 목포에서까지 1병에 2원씩 목포사랑행복기금을 조성할 터이니, 이쁘게 봐달라(?)며 시장 장악에 나선 이유이기도 하다.

2009년 기준 국내에서 한해 소비된 소주는 32억 병을 넘어섰고, 시장 규모는 제조사별 출고 금액을 기준으로 2조 8,500억 원에 이른다. 2010년 한국주류연구원의 조사에 따르면 한국인 성인 한 명이 한 달 평균 5.8병의 소주를, 맥주는 7.2병을 마신다고 한다.

　몽골로부터 유입된 소주가 우리나라 역사에서 처음으로 등장한 것은 고려 우왕 원년(1375년)의 일로 고려사(高麗史)에 "사람들이 검소할 줄 모르고 소주나 비단 또는 금이나 옥그릇에 재산을 탕진하니 앞으로 일절 금한다."고 기록되어 있다.

　소주가 고려 초기는 곡식을 원료로 만든 부자들만 즐겼던 술이었던 것이다. 1도 1개 소주회사라는 테두리 안에서 성장했던 보해가 목포에서조차 쇠퇴하고 있는 냉엄한 현실을 보면서, 나름대로 사업을 하고 있는 목포인들에게 남의 일 같지가 않을 것이라는 조바심이 든다. 사업으로 살아남은 자들은 이제 애향심에만 의존할 수 없는 시대가 온 것이다.

경기도와 도자전쟁에서 패한 목포권

2013년 5월 21일

올해 5월, 국내 도자기 시장은 새 시도로 주목을 받았다. 물론 남도 끝에 머물고 있는 사람들에게 있어서 남의 일로 보이겠지만, 이 변화는 주로 경기도를 중심으로 일어났다. 경기도 광주의 곤지암 도자공원이 5월 10일 도자기로 빚은 테마파크를 지향하며 새롭게 탄생, 지난 주 일요일인 19일까지 축제를 열었다.

이로써 경기도는 2001년 세계도자기엑스포 이후 국내 최초의 도자 테마파크인 '이천 세라피아', '여천의 도자세상'과 함께 '곤지암 도자공원'까지 추가하여 삼각형의 도자 투어라인을 완성했다. 세라피아는 건물 호수는 물론이고 벤치 화장실 테이블까지 도자 아트워크로 각광을 받고 있고, 도자세상은 전국 115곳의 생활도자 상품 6000여 종을 판매하는 도자 상인들의 집합체를 완성했다.

반면 목포는 올해도 5월 1일부터 5월 5일까지 목포 평화광장 일원에서 '목포생활도자전'이란 이름으로 도자축전을 열었다. 지난 14년 동안 한숨을 내쉬었던 '도자축제 반대파'의 짜증은 올해 들어 더 심해졌다. 시멘트 도로에 천막을 치고 도자물건 등을 파는 행위는 예나 지금이나 변화가 없었고, 갈수록 빈곤한 콘텐츠를 내놓은 행사 관계자들이 시대에 역행하는 범죄 행위라는 비판까지 뒤따랐다.

어떤 문화예술인은 "이것은 축제가 아니라 시민 예산을 동원한 판매장"이라 했다. 행사 관계자는 반면 "예산이 부족해서 그렇다"고 했다.
최근 10여 년의 시간을 거치면서 서남권 도자기 시장은 경기도권에 밀려 명맥만 유지하고 있다는 느낌이다. 목포의 대표적인 향토기업 행남자기마저 수도권으로 점차 영업망과 공장을 옮겨야만 하는 처지다.

결론적으로 말하자면 10여 년의 도자전쟁에서 서남권은 경기도권에 참패했다. 전기 가마 등 신기술과 디자인으로 무장한 테마파크식의 복합공간을 재래식 도자기 가마가 홀로 이겨내기에는 너무 벅찬 싸움이 되어 버렸다. 수백 년의 고려청자 도요지의 명성도 이제 무의미해져가고 있는 것을 감안하면, 강진의 고려청자 이래 수백 년에 걸친 자존심을 건 도자 싸움이 최근 10여 년 만에 잔인하게 너무나 쉽게 결단이 나버린 셈이다.

경기도권과 서남권의 도자전쟁의 핵심에는 지휘부의 시각차이가 있다. 경기도는 강우현(59) 남이섬 대표를 한국도자재단 이사장으로 영입하여 도자예술과 레저영역을 적용하는 실험을 이천 세라피아 때부터 시도해 왔다. 경기도 곳곳은 이미 도자기를 활용한 복합레저문화 공간을 하나둘 세워가고 있었다.
강우현 식의 레저공간은 예산타령보다는 기존의 자연환경이나 자재를 재활용하는 친환경 방식으로 예산도 아끼고 일석이조의 문화공간을 지향하고 있다는 공통점이 있다. 곤지암 공원은 도자기 파편을 활용한 연못정원, 허허벌판 캠핑체험장 등이 있다.

강우현의 2011년 경기세계도자비엔날레 추진관련 업무보고를 보면, 그 변혁의 시발점이 예산타령보다는 새로운 사고방식에 있었다는 것을 알 수 있다.

그는 "우선 사업비를 전 대회인 2009년의 87억 원에서 28억 원으로 대폭 줄이겠다. 공무원을 매표에 동원하지 않고, 공짜 표 남발도 하지 않겠다. 개막행사를 하지 않겠다"는 등의 계획을 발표해 충격을 줬다. 남에게 의존만 하고 지원만 요청하는 다른 기획자와는 달랐던 것이다. 이처럼 남다르게 시작하여 어느 정도 성과를 낸 경기도 도자문화의 발전에는 강우현이 남이섬의 성공에서 얻었던 자신감에서 연유된다.

먼저 남이섬의 사례를 살펴보자. 2001년 강우현이라는 화가가 월급으로 단돈 100원을 받고 남이섬 사장으로 발령받았다. 당시 남이섬을 경영하던 경춘관광개발은 60억 원의 빚더미에 파산 직전이었다. 그러나 부임 초기 1년에 20만 명이 방문하던 이곳을 5년 만에 10배에 가까운 2백만 명이 방문할 정도로 급성장시키고 직원도 1백여 명이 넘어섰다.

그 비결이 무엇일까. 디자인 경영이 혼합되어 있지만, 언론이 끊임없이 이슈를 제기하는 등 이곳의 빈도수가 높게 노출되고 사람들의 입에 회자된다는 것이다.

그는 이 섬을 나미나라 공화국이라 이름을 짓고 별도의 애국가를 만들고, 자신들만의 문자까지 만든 유별난 세상으로 바꿨다. 모든 것이 기획된 일종의 전략이었다. 몇 년 전 필자는 남이섬의 6성급 국제호텔에서 숙박을 하고 왔다. 필자가 잔 방은 그때 당시 9만 원이었는데 심술통으로 유명한 만화작가가 디자인한 방이다. 필자가 숙박을 한 다음날 국내 방송은 메인시간대에 남이섬의 변화를 대대적으로 보도했다. 이 호텔이 시선을 끈 것이었다. 실은 호텔은 3층 규모의 모텔급 수준이었으나, 법에도 없는 6성급 별을 달고 국제호텔로 명칭을 바꾼 것이다. 방은 아주 조그마했으며 텔레비전도 없었다. 그러나 화가들이 각 방을 제각각 디자인했다는 독특한 컨셉이었다.

날을 새면서 강우현 사장과 여러 문화전략에 대해 의견을 나눴던 필자는 강 대표에게 남이섬이 성공한 경영전략을 밝혀달라고 했더니 그는 다음과 같은 경영 비법을 소개했다.
 ① 땜빵경영-호미로 막을 일은 호미로라도 막아라.
 ② 청개구리경영-제대로 할 자신이 없으면 차라리 뒤집어서 하라.
 ③ 예술경영-예술가의 흔적을 소중히 남기면 100년 자산이 된다.
 ④ 정승경영-개가 돈 벌었다고 정승 못된다. 처음부터 정승처럼 벌라
 ⑤ 자식경영-자식농사가 으뜸이다. 자식에게 모범이 될 일을 하라
 ⑥ 꼴찌경영-목표를 명확히 하라 개나 걸만 치면 윷놀이 못 이긴다
 ⑦ 향기경영-노사간에 진정한 사랑을 나누어라

 대화 도중 강 대표는 아주 중요한 실마리를 제공했다. 방문객들이 사진 찍을 많은 장소를 만들라는 것이었다. 이것이 입소문을 만든다는 내용이었다.
 경기도에서 삼각형 도자 투어라인을 완성시킨 강우현은 지난 4월 16일 12개 지역이 연대로 사단법인 상상나라연합을 출범시키는 등 또 새로운 도전을 시작했다.
 상상나라연합은 서울 광진구·강남구, 인천 서구, 경기 여주군·가평군·양평군, 강원 양구군, 충북 충주시, 충남 서산시, 경북 청송군, 전남 진도군, 춘천 남이섬이 새로운 관광문화와 투어라인을 개척하기 위해 만든 비영리법인이다.
 이들은 대표브랜드를 공동으로 개발하고 관광네트워크를 만들겠다는 것이다. 배울 곳이 세계에만 있는 것이 아니고 국내에도 있고, 잠깐만 목표가 눈을 돌려도 국내서도 경제적 문화적으로 뒤쳐지는 국내 발 무한 경쟁시대가 된 것이다.

흑산도의 부활과 목포의 미래

2000년 5월 2일

　서남해안에 그림처럼 흩뿌려져 있는 수많은 섬들. 대반동에 서면 붉은 낙조 뒤편까지 끝없이 이어지는 섬 그림자들.
　목포인들이 기억하고 지켜본 섬들은 무엇이던가.
　무심코 유람선을 타고 스쳐 지나갔던 기억, 아니면 어느 낯선 기차역에 걸려있던 사진에서 봤던 친숙한 사진 등. 그래, 섬은 목포인들의 삶이자, 인생이었다.
　그렇지만 지금은 사람들도 많이 떠나버린 고향 섬, 그래도 인적마저 끊긴 풀 헤치며 어릴 적 놀이터에 다가서면 왈칵 쏟아질 것 같은 과거의 그리움과 눈물.
　시인 고은이 읊었던 '꿈 혹은 님을 낳는' 탄생과 죽음의 의미로서의 섬도 아니고, 박남수가 '섬'에서 암시했던 고독의 메시지도 아니다.
　목포 사람들은 부활하는 섬을 오랫동안 꿈꿨다. 섬들이 꿈틀거리며 누워 있었던 긴 잠에서 깨어나는 꿈. 그러나 우리의 섬은 육지 위주의 개발 정책에 밀려 빛바랜 퇴적암 마냥 잊혀져왔던 것이 사실이다.
　목포의 부활을 꿈꾸는 사람들이 섬에 연연하는 것도 이러한 이유 때문이다. 중국과의 해상 무역길이 뚫리고, 고하도 갓바위 등에서 내려다보이는 해변가에 수많은 범선들이 가득차고, 서남권을 잇는 도로변에 번영 목포의 깃발이 휘날리는 것. 상상만 해도 가슴 벅찬 일이다.

도청이전이 눈앞으로 다가오고, 정부의 각종 SOC지원이 가시화되고 있는 이 시기. 우리는 또 하나의 '번영 목포'의 명분을 오랫동안 잊어 왔던 하나의 섬에서 찾는다.

흑산도가 고대 해양도시였다는 새로운 학설이 그것이다.

서쪽으로 망망대해를 가다가 마주치는 흑산도. 이미자의 '흑산도 아가씨'와 톡 쏘는 홍어 맛으로 우리들에게 친숙한 흑산도. 이 섬 북쪽 바닷가에 우뚝 솟아있는 상라산을 쳐다보면 능선을 따라 선명히 보이는 선형의 조형물. 바로 성(城)이다. 망망대해의 섬에서 만나는 이 산성에는 고대 해양도시의 수수께끼가 숨어 있다는 것이다.

지난 달 목포대 도서문화연구소는 1년 간에 걸친 조사 연구를 통해 상라산성 등을 증거라며 "흑산도가 통일신라시대와 고려시대 한국과 중국을 잇는 국제 교역의 중심 거점항으로 활용되었다"는 놀랄만한 연구 결과를 발표했다.

1천여 년의 역사 전에도 서남해안을 중심으로 온갖 난관을 극복하고 번영했던 해양도시가 존재했던 것이다.

국내 학계에서는 흑산도 이외에도 백제가 강력한 해상국가였다는 학설도 있다. 사학자 김성호 씨는 '비류백제와 일본의 국가기원'이라는 논문에서 백제(百濟)는 백가(百家)가 제해(濟海, 바다를 건너다)했기 때문에 국호를 백제라 하는 등 강력한 해상왕조였다는 학설을 제기한 바 있다. 중국 역사 속에 등장하는 요서백제, 월주백제 등도 이러한 증거라는 것이다.

"바다를 지배하는 자는 세계의 무역을 지배하고, 무역을 지배하는 자는 세계의 부를 지배하고, 그 결과 세계를 지배한다"

영국의 정치가이자 탐험가인 월터 롤리 경은 바다는 도약의 기회이자, 미래의 발전을 담보하고 있는 가장 큰 가능성이라고 말한다.

잊혀진 역사가 하나 둘 복원되면서, 또 다시 한번 목포를 중심으로 21세기 해양의 시대가 열리기를 기대해 본다.

목포 맛의 거리가 실패한 이유

2009년 3월 25일

목포시가 원도심에 새로운 맛의 거리를 만들어, 관광객도 끌어모으고 상권을 활성화시키겠다는 계획이 어려움을 겪고 있다고 한다.

아마 시가 이 계획을 마련하고 발표할 때 "쉽게 성사시켜 시민들에게 칭송을 들을 수 있는 계획"으로 생각했을 것이다.

이 계획은 홍어와 김치를 함께 먹는 삼합 등으로 유명한 덕인집 등을 중심으로 옛 중소기업은행에서 유달산 등구 일대까지 총연장 453m 구간을 특화된 거리로 만들겠다는 발상인데, 목포 오거리문화에 향수를 지닌 사람들을 흥분시켰다.

더구나 건물 수리비를 최고 2,000만원까지 지원하고, 3개월 이상 영업을 하면 매월 임대료의 50%를 1년간 지원한다니. 도리어 특혜시비가 나지 않을까 걱정까지 할 정도였다.

그러나 2009년 현재 단 한 곳도 신청한 업체가 없다.

먼저 지원자격을 살펴보니, 목포에 주소(영업장)를 두고 음식업 경력 5년 이상인 자(업소)로, 음식종류는 낙지, 홍어, 갈치, 민어, 꽃게 등 목포 5미(五味)를 주메뉴로 영업이 가능한 자(업소)로 한정한 까다로운 조건이 눈에 띈다. 과연 원도심의 황량한 거리에서의 임대료가 일부 지원되지만, 인건비를 감당할 정도로 장사를 보장해줄까 고민스러운 문제였다.

목포시가 원도심 특화거리 13곳을 지정하고 활성화하겠다는 계획이 2006년 6월에 발표했으니 3년이 지나도록 성과가 없는 셈이다.

미식관광 성공의 요건

마침 필자가 지난해 가을 목포대학교 박흥식 교수를 비롯한 전국의 교수 몇 명과 함께 영국의 세필드할람대학교 Mike Robinson 교수가 대표 저자로 저술한 'Niche Tourism'(틈새관광)이라는 책을 집중적으로 공부한 적이 있었다.

다크 투어리즘, 카니발 투어리즘 등 16개의 틈새 관광을 다룬 책의 내용 중 하나가 미식관광이었는데, 해외의 성공 실패 사례를 눈여겨 읽었던 기억이 있다.

책에 따르면 세계적으로 음식과 와인관광이 늘고 있는 것은 분명한 사실이다.

그러나 뉴질랜드의 사례에서 보듯이 음식관광은 여행자의 수가 소규모로 나타나기 십상인데, 이는 여행자의 라이프스타일이라는 이유뿐만 아니라 여행자의 시간과 이동에 드는 금전적 비용에 따른 일종의 사회적 위치를 반영하기 때문이다.

또 음식 와인관광이 성공하기 위해서는 전문 식량 생산지역, 즉 포도원이나 식품 생산업체가 중심이 되어야 하며, 고급 레스토랑과 식품을 중심으로 한 축제가 함께 시너지효과를 봐야 했었다.

프랑스 보르도 지역 와인 관광명소는 와인 양조의 모든 과정을 보여주거나 와인 전시회, 관광객을 위한 대규모 마차 퍼레이드 등이 관광객을 모으고 와인 업체들의 브랜드를 지속적으로 유지시킨다.

부르고뉴 지방의 코트도르는 포도원을 중심으로 한 드라이브 코스와 산책로도 유명하다.

국내에서 물 좋다는 강남 청담동 맛의 거리도 특색이 있다.

청담동은 우리사회에서 하나의 문화적 현상, 문화적 키워드, 대한민국 오뜨 다이닝(Haute Dining:고급정찬)의 중심이라고 평가하는 사람들도 있다. 한적한 고급 주택가였던 청담동이 맛의 거리로 변화하는 과정은 의미심장하다.

1996년 겨울, 청담동 패션 포토그래퍼 김용호 씨가 파리의 카페에서 이름과 이미지를 얻어온 카페 드 플로라, 살롱 드 플로라를 오픈하면서부터 청담동의 맛 문화는 시작된다. 그 앞뒤로 뉴욕 스타일의 차이니즈 레스토랑 '마리'와 스시 전문바 '클럽 스시', 퓨전 레스토랑의 원조 격인 '시안'과 '궁' '와사비레스토랑'을 비롯해 커피전문점 '하루에'가 속속 문을 열면서 청담동은 독특한 그들만의 문화를 만들기 시작한다. 현재도 레스토랑 '트라이베카', 화랑 '오페라갤러리' 등이 모여 언론에서 주목을 받고 있다.

맛도 중요하지만 분위기를 살리는 인테리어 디자인이 중요하고 공간자체가 예술작품이다.

건축디자이너들은 새로운 문화적 실험과 디자인적 모험이 가능한 것이 청담동 문화를 만들었다고 한다.

맛의 거리란 '달랑 식당 몇 개가 모여 형성되는 것'이 아니다. 맛의 거리를 살릴 '특별한 컨셉'이 없으면 실패할 가능성이 높다.

목포 중요 일거리로 건물임대는 NO

2013년 4월 2일

이건 술자리 이야기가 아니라 현실이다.

"강진 인구 4만 명 선이 아마 지난 3월 31일 무너졌을 거야. 2001년 인구 5만 명이 무너졌는데, 불과 12년 만이야. 지난 2월 말 4만 18명이었으니 19명만 줄어들면 4만선이 깨지는 거야"

"영암 대불 조선공단 쪽은 쑥대밭입니다. 내국인들은 일자리 찾아 군산으로 거제로 가고, 외국인들만 있어요."

"무안 남악 쪽 건물들은 대다수가 '임대' '임대' 메모지가 한 집 건너 건물마다 휘날립니다. 들어왔던 사람들도 빠져나가는 추세입니다.'

"목포 차없는 거리나 장미의 거리 상권도 얼어붙었어. 매물로 나와도 누가 입질을 안해."

지역경기가 어렵다. 서민들은 한숨이다. 중국 미국 등도 일본식 장기불황이 전염병처럼 엄습하고, 전문가들은 우리나라가 이미 올 경제성장률을 2.7%로 일본식 장기불황이 우려된다는 의견이 많다. 무려 57%가 이렇게 분석하고 있다.

일본은 1990년대 중반에도 장기침체 늪에 시달렸고, 숱한 일본학자들과 국내학자들은 '장기침체의 원인분석에서부터 회생과정, 기업 시스템의 변화와 시사점'들을 쏟아 냈다.

그럼에도 또다시 2013년 유행가처럼 '일본식 장기침체'가 되돌아 온 논쟁이 되었다. 더 추가된 것은 중국 미국도 우려된다는 것이다.

과거형 일자리 의존 세계경제 장기침체

문제는 대부분의 학자들이나 정책전문가들이 국제금융질서와 세계경제의 돌파구에서 각종 해답을 내놓기가 일쑤고, 지역경제 차원의 노력에 대해서는 입을 다물고 있다는 것이다.

이는 명확히 자칭 경제전문가들이 지역경제의 시각으로 국가경제나 세계경제를 보는 것이 아니라, 국가나 중앙정부는 예산 집행가로 인식하고, '지역'을 '예산 받는 사람들'로 보기 때문이다.

지역의 해결책도 중앙의 예산을 많이 배정해 달라든가, 대불공단 조선기업들에 대한 지원책을 늘려달라는 등의 보따리 타령이 많다.

이 와중에 목포시가 대양산단을 조성한다든가 세라믹산업 생산기반 시설을 구축한다는 등의 노력은 차세대 목포 성장 동력을 대비하는 자치단체의 노력일 것이다.

관심 깊게 지역경제를 살펴보면 "새로운 미래형 일자리 만들기가 부족하고 외부에 의존하려는 경향이 크다"는 현상도 발견된다.

나는 세계적인 장기 경기침체의 공습이 세계경제 선도형 국가들의 몰락에서 비롯된 것이 아니라, 전 세계적으로 불고 있는 미래형 직업과 과거형 직업의 충돌에서 시작되고 있다고 분석하고 있다.

석탄 등 화석연료의 고갈, 정보화에서 시작되는 재래식 직업의 소멸, 무선정보망의 확대는 신 시장을 만들어내고 있는데, 지역의 경제적 힘을 가지고 이러한 변화에 대응할 동력을 쉽게 찾기는 어렵다.

세계 경제가 극소수만 호황을 누리는 시대가 당분간 계속된다는 의미다.

미래학 연구지인 '트렌즈'나 '더 퓨처리스트' 학자들은 광학 컴퓨팅, 사물지능망, 배양세포, 비정질 금속, 토륨, 디지털 패브리케이션, 뉴로마케팅 등이 앞으로 세계 경제지도를 뒤흔들 것으로 보고 있다.

이 변화들은 '일자리 없는 미래'를 가져오고 사람들은 살아남으려면 이제 '미래형 일자리를 찾아 열심히 일하는 법'을 배워야 한다.

변화에 탁월하게 적응하는 미디어 산업 등 몇 개 산업을 제외하고, 거의 모든 일자리가 생로병사를 거듭하여 사람들은 누더기로 엮어진 직업 이력서를 계속해서 덧붙여 갈 것이다.

미래형 일자리로 목포를 살리자

미국은 10년 뒤면 현 직업의 80%가 소멸 진화하고, 호주의 한 연구는 10년 뒤 첫 일자리를 잡는 사람이 은퇴할 때는 40여 개의 직장을 갖게 될 것이라는 전망도 보인다.

실제 미국인들이 현재 약 8.7개 직장을 옮겨 다니다가 은퇴한다는 조사도 있다.

유엔 미래 포럼은 "일 있는 사람이 성공한 사람이고, 직업 정치인들은 자신의 일이 없어 소외당한다. 부자들이 더 돈을 버는 것을 방치하지 않고, 가난한 자들에게 관심이 커진다"는 등의 흥미로운 예측도 내놓고 있다.

수십만의 버스차장 아가씨들과 공중전화 부스들이 사라져가도, 수백만 개의 삐삐가 없어져도, 그 숱한 비디오 가게가 온라인 시장으로 변화되어도 서민경제가 오뚝이처럼 살아나는 저력을 갖고 있음을 우리는 알고 있다.

그것은 여전히 1차 산업과 노동시장 중심의 재래형 일자리가 끄덕없이 버티고, 서민들이 3차 산업 중심의 미래시장 일거리에 적응하는 재빠른 능력도 만만치 않을 것이다.

세계경제가 하나로 묶어지는 미래 사회에서 목포의 미래를 대비하기 위해서는 능력있는 사람들이 최소한 건물 임대업이나 단순 중계식 판매업, 국가 지원형 제조업에만 얽매일 것이 아니라 지역 공동체 차원에서 미래형 일자리를 꾸준히 만들어가는 운동이 필요한 시기다.

목포를 사랑하는 천재들이 없는 이유?

2013년 2월 13일

　지난 주 목포투데이신문 부설 목포문화예술CEO대학 6기 수료식이 끝난 후 "감사합니다. 소중한 인연을 기억하며, 학장님." 등 몇 통의 문자 메시지를 받고, 나는 우리시대 목포를 사랑하는 천재들이 누구일까 생각해 봤다.

　2007년부터 지난 6년간 목포의 문화예술을 사랑하는 CEO들과 함께 일종의 학습 동아리를 이끌어 왔던 나는 강사로 모시는 정시채, 박지원, 정종득, 김영자, 고석규 등 '발제 CEO'도 특정 분야의 경험과 학식을 갖고 있지만, 실상은 우리네 목포에서 살아오고 있는 평범한 사람들이라는 점에서 많은 고민들을 했었다. 어쩌면 이들 강사들은 천재라기보다는 자기 분야에서 묵묵하게 한 길을 걸어 온 장인들에 가깝다.

진득함과 느림의 미학을 존경하지 않는 탓

　천재란 차라리 프랑스 장 피에르 랑젤리에가 쓴 '서기 천년의 영웅들'이나 조성관의 '뉴욕을 사랑하는 천재들', 이유리의 '세상을 바꾼 예술 작품들'처럼 시대적 의미와 각 분야의 역사를 바꾼 이들이 더 개념적으로 가깝다는 생각이 든다.

　목포문화예술CEO대학은 발표를 하는 분들을 강사나 교수라고 부르지 않고 발제 CEO와 회원CEO로 구분한다. 발제 CEO보다 회원 CEO 중 일부가 나이가 많거나 각 분야 전문가이기 때문이다. 굳이 말하자면 발제를 맡거나 듣는 사람 모두 지식을 공유한다는 의미가 크다.

천재가 사라지고 있는 세상

실제 박사들이 범람하고 각종 신기술들도 모방한 제품이 몇 달이면 쏟아지는 세상에 "이제 우리들은 천재가 사라지는 세상"에 살고 있는지도 모른다. 그럼에도 "당신은 목포를 사랑하는 천재야. 목포는 당신을 꼭 기억할 거야"하는 말들을 우리는 왜 못해보고 살아왔는지 갑자기 그런 의문이 들었다.

물론 목포를 빛낸 3대 천재가 천정배라든가, 일제 치하 대중음악의 천재가 이난영이라든가 등의 말을 종종 듣기는 했었다. 그러나 "서울대 법대에 수석 입학했다, 노래솜씨에 1위를 했다"는 등의 평가로 '천재'라는 호칭을 쓰기에는 큰 의미가 없다는 생각이 든다. 이런 의미의 천재란 법대를 원하는 학생이나 가수를 원하는 분야의 사람들이 모여 자신들의 분야에서 엇비슷한 세대에 얼마간의 사람들이 경쟁하는 것에 불과할 뿐이다.

실상 영어단어 외우기, 수학공식 외우기 등의 순위 싸움이라면 천재놀음이 큰 의미가 없다는 것을 대부분 사람들이 동의할 것이다. 실패한 천재란 꼬리표가 붙는 IQ 210의 김웅용도 단순 외우기 싸움보다는 평범한 삶을 살아가며 다른 생명적 고민을 계속하는 모습이 더 인간적으로 보인다.

이처럼 과거의 천재란 평가에 동의하기에는 주변을 돌아보면 해결해야 할 문제가 산적한 너무나 각박하고 절실한 우리네 세상이라는 생각이 들었기 때문이다.

아직도 자녀들을 시중의 천재싸움에 합류시키는 것은 지금에 와서는 위험한 생각이다.

지난해 나는 목포영재교육원에서 '목포를 빛낸 위인들의 7가지 공통점'이란 주제로 강의를 한 적이 있었는데, 지인들에게 먼저 문자로 강의 제목을 보내고 여러 가지 조언을 얻었었다.

그 결과 도전, 고난, 열정, 사유, 창의, 소통, 헌신이란 7가지 키워드를 뽑아냈다. 눈이 똘망똘망 빛나는 목포권 영재들에게 이웃과 함께하는 소통과 헌신이 없으면 인물이 될 수 없으며 자기 분야에 끝임 없는 사유로 창의력을 발휘하라는 조언이었다.

지역사회 헌신하는 노령의 천재들

미국에서 발행되는 월스트리트 저널은 최근호에서 컨퍼런스 보드의 보고서를 인용, 45세에서 60세 사이 미국 근로자 중 은퇴를 미루는 사람이 2년 전 42%에서 현재 62%까지 치솟았다는 연구조사를 발표했다. 이 보고서는 지난해 15만 명을 대상으로 한 설문조사를 바탕으로 분석되었다. 또 기대수명의 연장, 건강의 상태 호전 등이 은퇴를 연기하는 요인이다.

나는 지난 주 이 지면에서 "늙으면 필요한 것이 아내 마누라라고? 은퇴상술에 놀아나지 말고 계속 정진을"이라는 칼럼을 썼다, 그리고 많은 사람들이 50대 후반부터 2선으로 몰아내는 조직문화보다 경험과 삶의 지혜를 존중해주는 직장문화를 소중히 여기하자는 주장에 동의하는 반응을 보여줬다.

지역사회의 천재론도 다시 논의해 볼 필요가 있다. 진득함과 느림의 미학으로 목포를 아끼고 사랑하는 천재들을 만들어보자. 서울대 입학생만이 천재라면, 계속되는 영재들의 목포유출로 지역사회의 경쟁력이 약화되는 것은 불 보듯 하다. 단순 암기형 천재에서 목포를 사랑하는 헌신형 천재들을 이제 배출해야 한다. 그 천재들은 10대, 20대에서 나오는 것이 아니라 진득한 삶의 철학으로 무장한 60대, 70대, 80대에서도 나와야 한다. 그것이 목포사랑 천재들이다.

목포 '빈곤탈출' 얼마나 가능할까?

2013년 2월 20일

산업화된 도시일수록 '가난'이란 말은 정말 체험하기 싫은 세계를 뜻한다. 경제적 가치가 극명하게 다르게 실현되는 물질사회는 원시사회보다는 돈이 있음으로 기대 수명, 인생 활력 등이 달라진다.

소수 사람들이나 종교인, 철학자들 마냥 가난을 죄로 간주하지 않고 여유로운 삶을 이야기하지만, 이 또한 돈이 없으면 물질사회에서는 선을 베풀기가 곤란하다. 그러기에 가난한 도시란 그곳에 사는 사람들에게는 가슴을 멍들게 하는 멍에다.

우리나라가 세계에서 교통사고 사망률 1위, 이혼율 1위, 자살률 1위, 저출산율 1위, 노령화 1위, 입양아 수출 1위, 청년층 결핵 감염율 1위, 청소년 안경 착용율 1위, 사교육비 1위, OECD 국가 중 어린이 행복지수 끝에서 1위, 엥겔지수 (가계소득 중 식료품 관련 비율) 1위라는 어느 트위터 친구의 글을 읽고 얼마 전 그 얼마나 가슴 답답했던가.

이번 주는 가난한 사람이 빈곤 탈출하는 것이 갈수록 힘들다는 자료가 또 발표됐다.

18일 공개된 보건사회연구원의 '2012년 한국복지패널 심층 분석 보고서'에 따르면 2005년부터 2009년까지 5년 동안 5천637가구의 소득 추이를 추적·분석한 결과 가처분소득 기준으로 2005~2006년 35.4%였던 빈곤 탈출률은 2006~2007년 33.2%를 거쳐 2008~2009년에는 31.3%까지 낮아졌다. 소득 최하층 73%는 5년 뒤에도 그대로다.

더구나 한국사회를 5단계로 나눠보면 가장 부자인 5단계는 2005년과 2009년 사이 5년을 비교해 볼 때 여전히 79.9%가 유지되지만, 4단계는 1~3단계로 25%가 떨어졌다.

1998년부터 2000년까지 3년에 걸쳐 식당 웨이트리스, 호텔 객실 청소부, 가정집 청소부, 요양원 보조원, 월마트 매장 직원 등으로 일하며 최저 임금 수준의 급여로 정말 살 수 있는지를 체험한 '바버라 에런라이크'라는 사회운동가가 있다.

그는 이 체험을 '노동의 배신'이란 책으로 발표했는데, 주요 내용은 부자들이 계속해서 집값이나 주식을 올리기 때문에 가난한 자들이 아무리 열심히 노동을 해도 이미 가난해졌기 때문에 생존하려면 돈이 더 많이 든다는 것이다.

자영업 살리기, 일자리 창출, 기업유치 등 대책 시급

문득 목포에서 빈곤탈출이 얼마나 가능할까라는 생각을 해봤다.

은퇴를 종용하는 사회 탓에 장년층과 노년층은 더 허리띠를 졸라매야 한다.

남악이나 하당 쪽이 병원, 교육, 환경 등이 더 개선되기 때문에 목포 지역 내에서도 동서 격차가 심하게 갈수록 벌어진다. 여유 돈이 충분하지 못했던 사람들은 남악 개발붐에 상가를 마련했다가 몇 년을 못 견디고, 소득 단계가 5단계에서 4단계로 추락한다.

노동의 분노 없게끔 좋은 일자리 창출을

1~2단계 사람들은 높아지는 집값, 기본적인 식료품 등의 물가 인상에 해가

거듭될수록 더 가난해지고, 생존의 돈이 더 많이 필요해진다. 유달산 중심의 서쪽 사람들이나 동쪽의 밑바닥 경제를 받치고 있는 일용직 노동자들이 무능하지 않고 사회적으로도 등한시 될 존재는 아니다. 그것은 신자유주의 물질사회가 끝없이 앞으로 질주하는 '부자들 스스로도 인식하지 못한 음모'로의 동참 때문이다.

'노동의 배신' 단계가 '노동의 분노'로 폭발되어 '노동의 빈곤'으로 가기 전에 목포도 자영업 살리기, 양질의 일자리 창출, 소득 분배, 기업 유치 등 여러 대책들을 세워야 한다.

목포서 돈벌겠다는 사람? 돈쓰겠다는 사람?

2002년 11월 4일

목포가 뭘로 먹고 살 것인가? 목포 지역경제를 어떻게 활성화시킬 것인가? 목포권의 절대적인 지지 아래 탄생된 김대중 대통령의 임기가 거의 끝나가고 있는 상황에도 많은 사람들이 여전히 집권 초기처럼 이와 같은 고민을 하고 있다는 사실은 '몇 명의 정치인들에 의해 조롱의 대상'으로 전락하고 있는 목포의 현실을 적나라하게 보여준다.

정치적으로 권노갑, 김홍업 씨 등 김 대통령 측근들의 구속이 잇따랐고 한화갑 민주당 대표를 축으로 하는 동교동계는 여전히 목소리는 내고 있지만 정치적 주도권을 상실하면서 뚜렷한 노쇠현상을 엿보이고 있다. 심지어 한나라당 서청원 대표는 '민주당은 이번 대선 때 목포 앞 바다에 버려야 한다'는 지역감정을 조장하는 발언으로 목포를 조롱하여 말썽을 일으키기도 했다.

더구나 도청이전을 둘러싼 논란은 목포권 주민들의 정치적 상실감마저 부채질하고 있다.

지난 주 도청추진위원회가 주최한 목포지역 사회단체장 조찬 간담회에는 지역여론을 반영하는 발언들이 줄을 이었다.

서한태 박사는 "국가시책인 도청이전사업을 대선전략에 따라 이용하는 못된 사람을 작살내자"고 목소리를 높였다. 목포백년회 김환 이사장은 "김대중 선생이 아직도 눈을 부릅뜨고 있는데, 몇 사람들의 망동은 배신의 행위이며, 인륜을 어기는 행동"이라고 분노를 터뜨렸다.

정치적인 혼란을 겪고 있지만 장기간 경기침체 속에서도 목포경제계가 각종 세미나, 정책평가회, 투자설명회, 신규사업 진출 등이 잇따르고 있어 한줄기 희망을 엿보게 하고 있다.

이들의 공통점은 목포에서 돈을 벌어보고, 돈을 써보자는 것.

경제시장을 표방한 전태홍 시장 이후 지역현안사업으로 꼽혔던 목포-상해 간 직항로 개설, 중앙시장 매각 등이 실마리를 풀고 있는 것도 주목할 만하다. 특히 이들 사업의 배후에는 목포권 향우들이 고향발전을 위해 뛰고 있어 그 결과에도 관심이 집중되고 있다.

중앙시장 자리에 대형 쇼핑몰을 분양하겠다며 지난주 목포 사업회를 개최한 굿모닝시티(주)는 동대문시장에 등장한 윤창열 회장, 김옥곤 고문 등이 사업을 주도하고 있다. 윤 회장도 호남인맥이지만, 김 고문이 목포상고 출신이다.

목포-상해를 이달 20일부터 취항하는 (주)상해크루즈는 원로 차범석 씨의 아들 차순규 씨가 대표이사로 일하고 있다.

이들의 슬로건은 '모두 고향을 위해 봉사하겠다는 것'이다. 그러나 (주)상해크루즈는 화물물량 확보 등의 의지로 보건대, 목포-상해 항로의 경쟁력 강화보다는 사업권선정, 선상 사업권 등의 이권사업에 더 관심이 있는 것 아니냐는 분석도 언급되고 있다.

굿모닝시티의 분양사업도 과연 상권강화의 전제조건이 따라주지 않으면 이들의 투자가 계속될 것인지 의문시된다.

지난주 목포상공회의소가 개최한 '미항목포, 21세기 비전' 대토론회는 지금은 고인이 된 지역원로의 숨겨진 고향사랑의 이야기가 소개되어 눈길을 끌었다.

기조강연 연설자로 초청된 김형국 교수(서울대 환경대학원)가 인사말에서 경상도 출신인 자신이 초청에 응한 것은 보해 임광행 회장이 생전에 "미항으로 꼽히는 시드니를 방문하고 목포에 적용할 수 있는 연구를 하면 어떻겠냐"며 시드니 시찰을 후원했다고 밝힌 것이다.

김 교수는 또 현재의 국립해양박물관 자리가 임광행 회장이 묘 자리로 미리 마련해 놓았던 땅을 양보하여 건립되었다는 사례도 소개했다.

돈을 버는 사람들이 지역을 위해 봉사와 자선사업을 펼치는 것은 국내 외에서도 쉽게 찾아 볼 수 있다. 미국경제의 유태인 파워의 이면에는 축적한 富만큼 봉사와 자선사업의 미덕이 숨어 있다. 흔히 선행(세다카)로 불리는 그들의 행위는 남에게 베풀수록 자신에게 되돌아온다는 가르침 때문이다.

뉴욕시장에 당선된 블룸버그, 삼류인생에서 아이스크림 업계 강자로 떠오른 벤&제리스의 벤코헨과 제리 그린필드, 덕망있는 경영자로 꼽히는 아론 포이에르슈타인 등이 그 예다.

돈을 벌고 쓰고 싶다는 사람들이 기억해야 할 말이 '지역사회에 대한 애정과 선행'임을 새삼 강조해도 지나치지 않다.

목포시의 비리 방지책을 읽고서

2000년 2월 16일

"NO! 라고 말할 수 있는 공직자"

마치 부정 방지 캠페인을 연상시키는 이 슬로건은 목포시가 '오직(汚職:관리가 직권을 남용하여 이익을 꾀함)을 막기 위하여'라는 목적으로 최근 발행한 '오직 방지 지침서'의 제목이다.

제목에서 미뤄 짐작하듯, 이 소책자는 뇌물을 방지하는 각종 실전 노하우(?)가 실려 있다. 예를 들자면 선물이 보내져 왔을 때 공직자의 거절 요령, 일단 받았을 때 반송하는 방법들이 유형별로 설명되어 있다.

그동안 공직자들에 대한 각종 로비들이 어떠한 형태로 이뤄졌는지 그 수법들을 나열하고 대응 방법들을 나열한 것도 눈길을 끈다. (▲취미, 골프, 화투놀이, 낚시 자리를 같이하며 접대한다 ▲작은 선물(넥타이, 시계 등)을 보낸다 ▲승진 시, 전보 시에 축의금을 전달한다 ▲직원이 자주 가는 술집 등에서 음식대를 지불한다 ▲출장갈 때 숙박요금, 항공요금 등의 부담을 제안한다 ▲자택 신축, 개축 시에 편의를 제공한다)

사과박스, 거액의 촌지 봉투들의 공개로 끝을 맺는 부정부패의 사건들도 시작은 일상적인 조그마한 친절로부터 시작된다는 것이다. 오죽하면 굳이 이럴 필요가 있을까 할 정도로 철저한 대비책을 세우라는 제안도 눈에 띈다.(▲백화점, 운송회사, 우체국 등 어느 경우라도 수취를 거부하고 수령인을 찍지 말라. ▲반송 전표, 발송 의뢰표 등 영수증을 보관, 어떠한 형태로든 반환 증명서를 마련하라.)

　사실 부정부패의 청결은 아무리 강조해도 지나치지 않는다. 마치 빙산의 일각처럼 사회 내부에 숨어있는 부정 부패의 비리는 다양한 모습으로 드러난다. 개인의 재산 증식, 자리 보전을 위한 수단, 그리고 동참하지 않는 자에 대한 집단 이지메 등. 이러한 사회 곰팡이들은 방치할 때는 무섭게 번식하여 결국은 전 구성원들을 부패의 수령텅이로 빠뜨린다.

　권이담 목포시장이 '오직방지지침서'에서 강조하듯 이제는 과거의 잘못된 관행이나 의식으로는 살아날 수 없는 절박한 시기이고, 깨끗한 공직사회를 구현하는데 모든 공직자들이 앞장서야 할 때이다.

　미국은 1960년대 말 닉슨 행정부가 들어서면서 사회 지도층의 부패가 심해지자 청교도 정신에 기초한 「정부 이론법」을 1978년에 제정하고 자체감사관(IAS)과 부패방지위원회(PCIE)를 설치하였다.

　또한 돈 세탁 방지를 위해 금융비밀보호법과 형법에 돈 세탁을 주요 범죄로 규정하고 검은 돈에 대한 신고 의무를 규정하고 있다. 은행 관계자는 의심스러운 거래나 1만불 이상의 현금 입출금 등을 정부에 의무적으로 보고해야 한다.

　일본은 형법에 공직 부패에 대한 일반적 처벌 규정만을 두고 있으나 「나까소네」내각의 결정으로 각료의 재산 공개 제도를 처음 도입한 이래 관례적으로 실시해 오고 있다. 영국도 「부패 및 위법 방지법」을 제정하여 부패 방지에 앞서고 있다.

　국제투명성기구(TI)는 한국의 부패지수(CPI)는 95년·96년의 27위에서 97년 34위, 98년 43위, 99년 50위로 추락 또 추락하고 있다고 경고한 바 있다.

　행정자치부의 허명환 서기관이 지난해 쓴 '관료가 바뀌어야 나라가 바로 선다'는 제목의 책은 우리나라 공무원 사회의 치부와 병폐를 보여준다. 특히 "한국에서 공무원으로 출세하려면 득세한 세도가의 집안 출신이거나 그런 집

안과 혼인해야 한다"는 내용은 충격적이다.

 그렇지 못하면 유수한 대학의 법대나 상대를 나와 고시에 붙든지, 고향을 잘 타고 나야 한다는 것이다.

 목포시의 '오직방지지침서'는 이런 공무원이 비리에 빠지기 싶다고 지적한다.

 "▲돈! 돈! 하는 타입 ▲놀자! 놀자! 타입 ▲예! 예! 타입 ▲정에 약한 타입 ▲불평불만의 타입 등"

 돈에 물들고 인맥에 능숙한 우리 사회의 자화상이다. 우리들 스스로부터 이런 모습을 조장하고 있지는 않는지 한 번쯤 돌아볼 때이다.

목포에 뿌린 일본정신 청산은

1999년 8월 30일

"하나, 나는 대 일본제국의 신민이다. 둘, 나는 마음을 합해 천황폐하께 충성한다. 셋, 나는 인공 단련하여 훌륭하고 강한 국민이 된다."

나이 먹은 이들은 아마 기억하고 있을 터. 일본의 건국신에게 경배하고 읊었던 황국신민서사. 지금은 아예 기억 속에서 씻어버리고 싶은 치욕의 편린들.

역사는 아무리 잊으려 해도 되살아난다. 끈질긴 생명력으로 대를 이어 계속된다. 정신대의 할머니들의 울부짖음에서, 일제 징용자들의 깊게 파인 상처에서.

일제시대 목포는 전략적 요충지이자 항구도시답게 일본인들이 집요하게 자신들의 흔적을 남겼던 곳이다.

그런 흔적은 아직도 시내 곳곳에 남아 있다. 현재의 1900년에 세워진 목포문화원(사적 제 289호)은 일본거류민단사무소, 일본영사관으로 사용되었다. 일부 벽돌에는 오오사까라는 글씨가 새겨져 있다.

현재 철거논쟁이 일고 있는 1920년 건립된 동양척식주식회사는 일제시대 농민 수탈의 근거지로 이용된 장소이다. 후기 르네상스 양식인 이 석조건물에는 일본을 상징하는 태양 문양 등이 여러 곳에 새겨있다.

이밖에도 양동교회, 목포정명학교, 유달초등, 현 조흥은행 등도 일제시대 지워진 건물들이다.

광복이후 이들의 운명도 각양각색이다. 조선식산은행(현 제일은행)처럼 헐리고 없어진 곳도 있고 목포문화원처럼 도리어 목포 지역 문화의 중심지로 이용되는 곳도 있다.

역사의 아이러니도 있다.

현재의 중앙교회 안에 있는 동본원사 목포별원은 원래 일본의 전통 사찰로 원내에 일본인 소학교까지 있었다. 그러나 이제는 종교와 사용 용도까지 바뀌지고 말았다.

또 유달산 대학루 옆의 대포(지방 문화재 자료 138호)를 본 적이 있는지. 기억이 가물 하다면 "오포텄다 점심먹자" "야 댕구(大丸口)텄다 밥먹자"라는 말들을 기억하고 있는지 어르신네들한테 물어보시라. 오포대로 불리는 이 대포는 한때 목포의 명물이었다. 목포주민에게 낮 시간을 알리는 일종의 알람시간 대포였다. 일제는 이렇게 멋과 낭만이 깃든 대포까지 전쟁을 위해 모두 압수해갔다. 그러나 향수를 잊지 못한 목포애향협의회는 1988년 이를 다시 복원시켰다.

역사의 굴곡은 이렇게 변화가 심한 것이다.

최근 동양척식건물, 유달산의 일본불상 등에 대한 철거 찬반 논쟁은 뜨겁지만 과거 우리의 역사교육을 반성하는 모습은 제대로 있는지.

보존은 좋다. 그러나 수명이 다한 건물까지 관광 자원이라는 미명아래 무조건적으로 복원하는 것은 곤란하다. 일본 관광객들이 과거의 영광(?)에 향수를 갖고 자신의 역사에 정당화를 부여하는 수단으로서의 복원이 되어서는 안된다. 식민지정책으로 인해 수탈당한 이웃 국민들의 아픔을 이해하고 반성하는 장으로 활용되어야 한다.

일본의 번영을 기원하고 종교 식민화를 노리고 일인들이 유달산에 새겼던 부동명왕상 홍법대사상에 시민들이 아직도 불공을 드리는 세상이라면 뭔가가 잘못되어도 한참 잘못되었다. 침략의 부처는 대자대비한 인도의 석가모니와 사랑의 상징인 유태 예수와는 근본적인 존재 이유가 다른 것이다.

 아직도 유달산 곳곳에는 일인들이 1932년 목포개항 35주년의 기념행사 하나로 돌로 조각하여 세웠던 88기(일설에는 108기라고도 함) 불상의 흔적이 남아있다.

 손목인이 작곡한 목포의 눈물 2절 가사는 "삼백년 원한 품은 노적봉 밑에 임 자태 완연하다 애달픈 정조"라는 구절이 있다. 1597년 이순신 장군이 바위를 이엉으로 덮어 많은 군량미를 쌓아놓은 것처럼 꾸며서 왜적이 감히 넘보지 못하도록 하였던 것이 현재의 유달산 노적봉이다. 수 백 년의 한은 아직도 계속되고 있는 셈이다.

 일제의 잔재들은 목포에 셀 수 없다. 건물의 수명이 다할 때마다 매번 보존이냐 철거냐를 따지는 것은 너무나 뒤늦은 이야기다. 일제 침략의 역사에 대한 안내판 하나 제대로 눈에 띄지 않는 것이 슬플 뿐. 잘못은 우리들에게 있다.

역사로 뒤집어 본 무안반도통합

1999년 10월 3일

목포의 수문(水門)통거리를 들어보셨는지? 간척공사 후 물을 배수하기 위한 수문이 있었기에 불렸던 지명이라면 힌트가 될까. 그러나 현재의 남교동 구 중앙시장 앞거리가 바로 그곳이었다면 어리둥절하는 사람들이 아마 태반일 것이다.

목포 무안 신안 등 3개 지역으로 구성된 무안 반도에서 인구 24만여 명의 목포시는 애초에 없었다. 아니 목포진(木浦鎭) 유달봉소(儒達烽所) 등으로 수백 년 전부터 존재했으나 북교동, 죽동 등 고지대에 민가만 얼마 있는 조그마한 어촌에 불과했다.

현재의 도시 대부분은 바닷물이었든지 기나긴 뻘 밭이었다. 목포는 1897년 개항이후 1백여 년 가까이 계속된 간척사업 등으로 확장된 도시이다. 구 중앙시장 거리가 수문통거리로 과거에 불렸던 이유도 바닷물이 그곳까지 드나들었기 때문이다.

원래 한반도 서남권의 중심지는 최소한 1900년도 초까지는 무안이었다. 삼한시대 마한이 뿌리내린 곳도 영산강 유역의 무안지역. 백제가 성장하면서 마한을 복속시키고 무안일대를 물아혜군(勿阿兮郡)으로 부르면서부터 무안은 정식으로 고대사에 등장하게 된다. 목포는 단지 무안의 관할지에 불과했을 뿐이다.

　그러나 역사는 도시의 성장사를 다시 쓰게 했다. 1900년을 전후로 목포는 개항과 해상 교역의 증가에 따라 무섭게 성장했다. 일제 치하에서는 원료착취를 위한 전진기지로서의 역할을 부여받으며 전국 7대 도시의 하나로까지 성장했다.

　해방 이후 국제사회가 냉전체제로 돌입하면서 목포는 해상교역의 임무마저 사라져버리고 지역 차별정책이 뒤따라 마치 긴 잠에 빠진 듯 정체되고 말았다. 목포를 둘러싼 형세를 갖고 있는 신안 무안지역도 마찬가지였다. 그렇게 수십 년을 무안 반도 주민들은 아쉬움을 가슴에 묻어둬야만 했다.

　왜 우리는 목포 무안 신안 등 무안반도 3개 지역의 통합을 주의 깊게 지켜보고 있는가.

　애초의 통합 논쟁은 1994년 초 내무부가 인위적으로 분리된 지역들을 현대적 광역 행정체제에 맞게끔 동일 생활권으로 묶는다는 계획아래 95개 시·군을 선정하면서부터 전국적으로 진행됐다.

　그 이후 5년 동안 각 지역들은 주민투표 등을 거쳐 모두 통합되고 거의 유일하게 무안반도만 여전히 분리된 상태로 남아 있다. 전남지역에서도 나주시·군의 통합에 이어 순천시와 승주군이 통합되었고, 여수시와 여천시·여천군이 이미 통합됨에 따라 목포는 여수, 순천에 이어 제 3의 도시로 전락하고 말았다.

　그동안 목포, 신안지역 주민들의 통합 찬성과 달리 무안 지역 주민들은 적극적인 반대를 펼쳐왔다. 농촌지역 지원책 중단, 혐오시설의 집중 설치 가능성 등이 주요한 반대 이유였다. 얼마나 절박했든지 찬성파의 건물에 불을 지르거나, 흉기 위협, 삭발·혈서 투쟁들도 줄을 이었다.

　그러나 마한의 역사도, 1천 1백여 년 전 장보고 장군의 청해진 영화도 이제는 없다. 무안의 관할지로 존재했던 조그마한 어촌 목포도 사라지고 말았다. 또 일제시대 전국 7대 도시였다는 목포시의 자부심도 추억으로 접어야만 한다.

역사는 이렇게 돌고 돈다. 도시는 죽었다가도 다시 살아난다. 국제 냉전시대가 끝나고 해상 교역시대가 열리고 있는 지금. 무안반도는 다시 비상할 역사적 사명을 부여받았다면 논리적 비약일까. 그러나 아무리 역사를 뒤집어봐도, 해상교역이 열리는 시기에 무안반도의 영화가 있었다는 것을 거부하기는 어렵다.

 그러기에 무안반도의 저력을 모을 수 있는 새로운 계기가 될 통합논쟁을 관심 깊게 지켜본다.

전남예술고에서 불어온 장학금 조성

2013년 7월 2일

　유난히 교육열이 강한 한국에서는 장학금에 얽힌 사연들이 아주 극적이고 사연 깊은 내용들을 가득 담고 있다. 얼마 전까지만 해도 서울대에 들어만 가면 돈이 없어도 온갖 장학금으로 대학을 다닐 수 있었다. 동네 어르신들까지 나서서 학비 지원을 하는 전통까지 있었던 것 같다. 간간히 공부 잘하던 자녀가 불의의 사고로 숨지자, 이를 잊지 못해 아버지가 자녀들의 학교에 재산을 기증하거나 가슴에 묻혔던 배움의 한이 돌아가시는 순간에 장학금 기탁으로 이어진 사례들도 줄을 잇는다.

　목포에서도 목포시가 나선 목포장학재단, 보해 성옥문화재단, 행남자기 같은 향토기업들의 장학금, 라이온스, 로타리 등 각 사회단체, 교회, 동천장학회, 목포제일정보중고의 김성복 교장이 주도하는 청록 청소년육영 장학금 같은 친목회 성격의 장학금까지 갈수록 그 범위가 넓어지고 있다.

　이제는 학창 시절에 장학금을 한 번쯤 못 받은 사람이라면 술자리에서 "에끼 푼수"하고 친구들 사이에 우스개 핀잔까지 나올 정도다. 한국이야말로 어떻게 보면 장학금이 넘치는 곳이 되었다.

지난 6월 28일 금요일, 무안에 있는 전남예술고등학교에서는 새로운 형태의 장학재단 후원금 약정식이 있었다. 과거 일회성의 장학금 기탁에 의존하는 것이 아니라, 학부모 지역 후원인들이 한 달 1만 원 이상씩 고정적으로 CMS 등으로 후원하는 방식을 선보인 것이다. 지역 교육계 인사들은 학교가 주최가 되어 장학금 재단을 적극적으로 조성해 가는 서남권의 첫 사례라고 했다.

특히 이 학교는 지금은 고인이 된 설립자 주장원 교장이 직접 벽돌 한 장 한 장을 쌓아가며 헌신적으로 노력하여 서남권 예술 꿈나무들의 요람이 된 것은 익히 알려진 사실이다.

나는 이날 김상례 이사장이 옛날을 회상하며 "남편과 제가 같이 학교 공사 현장에서 일하면서 우수한 아이들이 납부금 부담이 없도록 꼭 빛을 밝히는 교육현장을 만들자고 약속을 했다"는 말을 듣고 목이 메었다. 나 또한 장학금에 얽힌 기억이 다채롭다. 대학교 때는 한 학년에 한두 명 주는 전면 장학금을 몇 년 동안 내리 받았었다. 어머니는 '0'원이 찍힌 납부 청구서를 갖고 은행 앞에서 줄을 서면서 우쭐거리고 창구에 제시하고, "우메 내 새끼"라고 그 날 밤, 내 등을 두드리며 고기밥상을 차리곤 했었다.

우리나라의 대학등록금은 1위 미국에 이어 세계 2위(2009년)에서 4위(2011년)를 왔다 갔다 한다. 국공립대 연평균 등록금은 2009년 589만 원, 2011년 612만 원, 사립대는 2009년 1063만 원, 2011년 1065만 원이다.

더구나 몇 개 전문적인 연구기관에 따르면 2011년 2위와 3위로 등록금이 비싸다는 슬로베니아와 오스트레일리아는 사립대 학생이 전체 1~4% 불과하고, 실제 대부분의 학생은 교육비가 무상이거나 등록금이 싼 국공립대에 다닌다고 한다. 슬로베니아는 세계 2위로 등록금이 비싸다고 하지만, 사실 1% 이하의 학생만 1만 달러 등록금을 내는 '독립형 사립대학'에 다니고, 대부분은 등록금이 없는 국공립대나 '정부 의존형 사립대'에 속해 있다. 3위 오스트레일리아도 대학생 96% 정도가 연평균 445만 원 정도 받는 국공립대에 다닌다.

우리나라는 대학생 77%가 사립대에 다니고 있어 상대적으로 등록금 고통이 큰 셈이다.

이번 전남예고 사례에서 한 발 더 나아가 실질적으로 교육환경에 맞춰 장학금을 조성하고 지급하는 것을 검토해야 할 때다.

우리나라는 중학교까지 의무교육이기 때문에 교육 부담이 덜하지만 고등학교부터는 상황이 달라진다. 일회성으로 한 번씩 지급하는 것은 나눠먹기식이 되기 쉽고 학생들의 학습 욕구도 자극시키지 못한다. 사회단체에서 지급하는 장학금 등은 회원들 자녀들이 서로 돌아가면서 받는 방식이 문제점으로 지적된다.

학업 성적이 적정 수준을 유지한다면 장학금을 가령 수업료뿐만 아니라 기숙사 비용이나 도서 구입비 등으로 확대하는 섬세한 도움도 필요하다. 이럴 경우 방학 때를 제외하고 월별로 소정의 일정액을 지급하는 방식 등을 생각해 볼 만하다. 학생들에게 자극을 줄 수 있는 다양한 장학금 조성방법과 지급방식을 이제 눈여겨보자는 것이다.

이매방의 눈물, 고향 목포의 한

2002년 10월 11일

눈이 뜨인다. 어느새 가슴마저 저미어 온다.

춤꾼으로 이름 알려진 우방 이매방 선생에게 고향 목포가 저리도 큰 한이었던가.

요새 춤판을 보면 오장이 꽉 뒤집혀서 못살겠다는 우방의 춤 인생도 벌써 67년, 일제 때 기생들 사이에서 춤을 배우면서 사내 녀석이 춤에 미쳤다고 손가락질 받고 돌팔매질 받으면서 떠났던 목포. 그러기에 춤은 눈물이고, 고향은 비수 마냥 심장을 도려냈던 원수였던가.

그런 고향 목포가 우방을 불렀다. 22일부터 열리는 도자기 축제를 기념하여 부평초 같은 그를 목포가 초대, 26일 한판 춤 세상을 펼쳐볼 계획이란다.

눈물이 엿보이는 '나의 고백, 나의 보람 목포공연을 기다리며'라는 공연 인사말씀을 미리 살펴보니 고향의 향수가 이 춤의 명인을 애달프게 휘감고 있음을 알 수 있다.

"나의 춤 인생 70년. 그것은 한마디로 소달구지를 타고 가는 시골길이었다. 패이고 막히는 울퉁불퉁한 자갈길이었다. 그러나 정작 목적지라고는 없었다. 웅덩이에 바퀴가 빠져 오도가도 못 했을 때도 달구지에서 내리려는 생각도 없었다. 기왕지사 올라탄 달구지니 갈 때까지 가보자는 뱃장 하나가 나의 전부였다. 무지랭이의 고집이었다.

　해가 지면 주막이고 헛간이고 새우잠을 잤다. 배가 고팠지만 남의 물건을 훔치거나 넘어다보는 적은 없었다. 나는 그저 춤만 출 수 있는 곳이라면 어디서나 머물렀다. 춤가락 소리에 취하고 춤 몸짓에 취해서 날이 새는 줄도 몰랐다.

　그러나 그러한 나에게 누구 한사람 따뜻한 손길을 내민 적 없었다. 곱다란 눈빛으로 바라보기는커녕 도리어 멸시와 천대와 희롱으로 내 어깨를 움추리게 했다. 나에게는 푸른 하늘이라곤 없었다. 누구에게나 있는 고향도 없었다. 그리고 나를 짓누르는 힘이 무거워질수록 반항심과 오기가 배꼽 밑에서 굳어만 같다.

　아, 그런 한평생을 보낸 내가 지금 고향에 돌아간다. 내 고향 목포사람들 앞에서 춤을 추다니 상상도 못할 일이다. 아니다. 다시는 돌아가지 않으리라고 한 많은 고향을 버린 채 타관에서 떠돌이 생활하던 내가 반세기만에 목포에서 무대에 서게 되다니 연극 같은 얘기가 아닐 수 없다"

　우방은 이번 목포 공연을 통해 장고춤, 승무, 검무, 입춤, 화랑도, 무녀도, 사풍정감, 장검무, 기원무, 살풀이춤 등 희노애락의 감정이 담긴 다양한 춤판을 통해 우리 춤의 정수를 선보이게 된다.

　아마 그의 인생은 그가 표출시킨 춤사위 '土風情感(한량무)'에서 잘 나타났는지도 모른다. 학식과 덕을 갖춘 선비도 때론 구름처럼 비처럼 살아가지 않던가.

　얼마 안 있으면 민족의 명절이라는 한가위이고, 민족의 대이동이 시작된다. 장산도 그 섬 고향에 잡초만 무성하더라는 친지의 울먹임이 되살아난다.

　장기간의 경기침체로 서민경제는 더욱 삭막해졌다. 단돈 1,2천 원을 놓고 실랑이를 벌이는 아주머니들의 고성도 커졌다. 한가위 보름달 같은 넉넉함도 사라져간다는 푸념들이 늘고 있다.

　그래도, 우린 옛 친구들을 다시 부르고, 언제든지 고향을 찾아갈 수 있는 남녘의 정이 있지 않던가.

"어렸을 때 친구는 모두 가고 없는 텅 빈 내 고향. 내가 살던 옛 집도 친척도 다 떠나간 허허벌판 같은 내 고향 목포. 그러나 유달산과 영산강과 삼학도는 그 자리에 있으니 그 이상 무엇을 바랄 것인가. 인생은 짧아도 자연과 예술은 긴 것인가."

어디 우방뿐이던가. 우방의 하소연이 남아있는 모든 자들의 가슴을 적신다.

이번 추석엔 말이야. 미운 놈, 실컷 욕했던 놈들도 찾아보자. 그리고 유달산과 영산강과 삼학도를 이야기해보자. 앞만 보고 내달린 인생, 한 번쯤 뒷걸음질하며 고향도 생각해야지.

인생은 짧은데 목포는 언제까지 기다릴까.

사랑없는 외달도의 시끄러움

2004년 6월 23일

"갯바람만 밀려오는 외딴 섬에서 / 더 이상 버티지 못하고 / 스스로 / 문을 닫았습니다. / 풍금도, 탁구대도, 칠판도 / 그대로 두고, / 함부로 뛰어 놀던 작은 운동장엔 / 까르르 웃던 아이들의 웃음도 / 그대로 두고, / 헐렁한 바지 사이로 / 슬쩍 빠져 나가버리는 갯바람처럼 / 이제는 모두 / 떠나고 말았습니다. / 무너진 담장 곁으로 / 오, 저 슬프디 슬픈 풀꽃들이여, / 다시 돌아올 봄을 위하여 / 그렇듯 아우성을 치며 피어나는 것입니까?"

목포문인협회에서 활동하고 있는 김영천 시인이 읊은 '떠나는 것과 남은 것들 - 외달도 달리 분교'라는 제목의 詩이다.

아이들의 웃음을 기다렸던 시인이 노래한 섬 '외달도'가 요즘 부쩍 세간의 주목을 받고 있다. 주식투자, 벤처열풍, 아파트 개발 붐에 이어 전국적으로 섬 개발 과열 현상이 빚어지고 있는 가운데, 목포시도 적지 않은 규모의 돈을 쏟아 부으면서 외달도 개발을 서두르고 있기 때문이다.

또 개장식을 위해 그림그리기 명목 등으로 이 섬에 수백 명의 어린 학생들을 동원하는 행사를 추진하고, 누구를 대상으로 하는 것인지도 불명확한 개장식 기념 노래자랑에는 수천 만 원을 사용할 계획이어서 과연 그 결과가 어떻게 될지 지켜보는 눈길도 늘고 있다.

그렇지만 외달도를 '사랑의 섬'이라는 테마로 개발하겠다는 목포시가 꼭 지탄받아야 할 이유는 없다. 하다못해 '섬을 사세요, 섬을 팝니다'라는 옹진군처럼 '부동산 지방자치단체'까지 있는 마당에, 심지어 신안군은 신안 증도 개펄생태공원·월드테마파크를, 장흥은 장재도 개발을, 완도는 명사십리·장보고 지구를 개발하겠다고 하는 등 다들 섬 개발을 열렬히 외치는데.
실상 외달도가 어떤 섬이던가? 오죽하면 외로운 달동네 외달도라 했겠는가. 고려시대부터 달리도에서 이주한 주민들이 살아왔으나, 그 숱한 섬에 얽힌 설화, 유적지도 찾아보기 힘들 정도로 그저 수십 명이 사는 조용한 섬이고 지금은 인적이 끊긴 채 방치된 폐가도 꽤 된다.
허사도 고하도 달리도 율도 등 몇 개 되지도 않은 목포시에 편입된 섬들 중에서 고작 외달도 하나를 개발하겠다는데, 목포시가 못할 것도 없다.

이미 해수풀장이라는 이름아래 모래사장 옆에는 문명의 타일이 깔리고, 산책로 옆에는 정화시설의 엔진 돌아가는 소리가 벌레들을 내쫓고, 서울 번호를 단 자동차가 섬에 상륙하여 새들을 내 쫓고 있지 않은가.
섬은 개발되고 있었으나 이미 죽어가고 있는 것이다.
무지한 인간들은 천연의 백사장에 계단식 콘크리트 호안을 만들어 반사 파도의 영향으로 백사장의 침식을 가중시켰다. 한국해양수산개발원은 외달도 백사장이 없어지고 있으므로 콘크리트 해안을 없애고 친수성 완경사 호안을 만들어야 한다고 이미 보고서를 낸 바 있다.
또 자연의 습지를 해수풀장으로 막아 생태계의 질서를 망가뜨리고 새로운 웅덩이를 형성하여 사고 위험지역까지 만들어 버렸다. 수천 명을 데리고 와 개장식을 치르겠다는 목포시가 이용자의 안전시설과 재해방지 구조물 설치에는 관심이 부족했던 것이다. 더구나 해수풀장도 호텔형이나 리조트형으로 달랑 만들어 놨으나, 보성 율포해수풀장처럼 녹차향이 풍기는 것도 아니요, 다른 호텔처럼 평범한 슬라이드 하나 없는 풀장이다.

괌 남부 동해안 이나라한 마을에 있는 자연 해수풀장은 천연 수영장의 모델이다. 인공적이지 않으면서도 3m 높이의 다이빙 받침대를 설치, 다이빙을 즐기고 해수풀장 안에서 열대어들과 함께 자연의 신비를 만끽한다. 이에 못 미치지만 함평군도 해수풀장을 갯벌 체험장과 어울리는 천연의 수영장으로 만들어 예산을 절감하면서도 좋은 평을 받고 있다.

우리가 부르짖는 섬의 부활은 정화되지 않은 오수가 바다로 흘러 들어가고, 관광객들의 가무에 귀를 막는 벌레와 새들의 고통이 아니다. 늪지를 막아버린 도시인들이 썬크림으로 뒤범벅된 몸으로 기름걸레 마냥 바다와 숲속을 돌아다니는 것이 아니다. 개발논리에 따라 섬을 점령해버린 구두발 길도 싫다. 이미 모래를 없애버리고 있는 이들이 이제는 또 무슨 짓을 하고 있는지, 차라리 노래잔치의 돈으로 모래를 지켜볼 생각은 아예 없었는지.

섬에게 다시 돌아올 봄은 백사장에서 뛰어 놀며 풍금소리에 까르르 웃는 아이들의 귀환이었다. "요란한 초청장보다는 침묵을 지키고, 그저 시민들이 소중하게 자연의 평화를 깨뜨리지 않고 즐기고 만끽하게 할 수는 없었는지?" 묻고 싶다

자연의 재산 물려준 서남권 웰빙 선조들

2004년 8월 25일

　초록 기운이 몸 전체를 감싼다. 층층이 올린 시루떡처럼 온 산이 녹색의 향기로 가득하다. 산 중턱을 휘어 감는 신비스런 안개마저 풀빛으로 춤을 추고.
　아, 그것은 녹차의 숲이었다. 속세의 난잡함으로는 도저히 헤치고 지나갈 수 없는 조밀 조밀한 녹차 밭. 보성의 산 고랑에서는 발이라도 헛디딜 땐 차 잎이 마치 창날처럼 하늘 가득 휘날리며 우리를 조롱한다. 길게 호흡하며 눈 깊이 담아야 녹색 털이 부드러운 양탄자처럼 살결을 간지럽힌다.
　잠깐 발을 돌려 무안 회산 백련지로 달려 가보자꾸나. 살랑대는 비바람 따라 연꽃이 가득 청아한 옥을 품었다. 너나 나나 자연의 있는 그대로 숨을 쉬고, 내 뱉는 생명이다. 그러나 나의 손길을 거부하고 미끄러지듯 굴러가는 저 투명한 연꽃 위의 옥이여.
　녹차 향에 연꽃 향에 취해 이제야 비로소 나는 자연이 주는 대로 자연과 함께 살아가야 하는 인간임을 알았다. 어쩐다나. 연꽃과 차 밭 속에서 춤추고 뒤뚱거리는 난잡스런 중생들은 어서 길을 내어라. 연꽃의 향기보다 저기 분수대가 토해내는 물줄기를 더 좋아하는 아이들, 악수하느라 바쁜 정치인들은 짜잔한 놀이를 이제 그만 두어라.
　조상들의 이만한 선물이라도 보존된 것을 천행으로 알고 그저 긴 호흡으로

긴 눈길로 자연을 어루만지는 것으로 자족하여라.

자연을 버리고 파괴하고 건물을 만들었던 우리들은 이제서야 후회스러움으로 가득 차 자연을 찾는다. 아무대서나 쉽게 볼 수 없는 곳을 더욱 찾게 되고, 더욱 소중하게 평가받는다. 너나 나나 그리움의 노래를 부른다.

보성 녹차밭이나 무안 백련지는 한국인들이 가장 가고 싶은 곳이란다. 용케 강원도에서 경기도에서 경상도에서 꼬불꼬불 산길 따라 들녘 따라 이곳을 찾아온다. 전남의 멋과 정취에 놀라는 그들의 감탄사가 이어진다. 문득 이쪽 저쪽에서 "우리 고장에는 이런 자연 경관이 없구나" 한탄하는 소리가 들린다. 감탄사와 한숨이 섞인 통에 우린 그들이 느낀 실체를 볼 수 없다. 다만 녹차밭에도 연꽃 사이에도 사람들이 울긋불긋 넘친다는 것 밖에.

그러나 그대들이 아는가. 이 오묘함의 시작은 매우 작았고, 몇 사람의 장인들로부터 시작된 것인지. 자연 그대로의 모습이라기보다는 외지고 인적도 드물던 곳에서 수십 년 동안 갈고 닦아 이룬 조상들의 눈물과 땀의 숨결이 담겨 있다는 것을.

두 곳은 모두 일제시대부터 조성된 1백여 년 안된 인공의 자연이라는 공통점이 있다. 무안 회산 백련 방죽은 1930년 대 조상들의 피와 땀으로 축조된 10만 여 평 규모의 저수지이다. 백련의 신화는 한 주민이 우물 옆 저수지 가장자리에 심은 백련 12주에서 시작됐다. 신마저도 꿈에서 12마리의 백학으로 연꽃 모양을 만들어 이들의 미래를 축하했다. 그 후 60여 년의 세월 동안 매년 열과 성을 다해 가꾼 것이 해마다 번식을 거듭하여 지금은 동양 최대의 백련 자생지이다.

보성은 1939년 일본인들이 인도산 차 종자를 수입하여 29.7ha의 밭에 씨를 뿌린 것이 시초이다. 일본인들이 이곳에 대규모 차 생산지를 만들고 녹차를 본국으로 가져갔기 때문에 동원된 농민들은 식민지 시대 2중, 3중의 착취구조 속에서 눈물을 흘려야 했다. 광복 이후 1957년 대한다업의 장영섭 회장 등이 수십 년에 걸쳐 차밭을 조성, 현재는 84만여 평에 이르는 전국 최대 녹차생산지로 탈바꿈했다.

60여 년의 세월, 강산이 여섯 번 바뀌었고, 할아버지가 아버지에게 아버지가 아들에게 땀의 의미를 가르쳐 세대도 두 번 바뀌었다.

아무 것도 없었던 곳. 다만 자연이 준 바람과 땅과 선조들의 눈물과 땀만이 있었던 곳. 이제 그곳이 후손들에게 부를 가져다주고 있다. 벤처 신기술과 녹차, 연꽃이 조화되어 거대한 친 환경 산업단지로 변모되고 있는 것이다.

아. 그렇다면 목포에는 무엇이 있는가. 목포에도 새마을 운동으로 벌거숭이 바위산을 푸르게 만든 유달산, 일본식 정원의 전형으로 손꼽히는 모래시계를 촬영했던 이훈동 정원이 있다. 그러나 목포의 눈물이 무안의 눈물보다, 보성의 눈물보다 더 절박하지 않았단 말인가. 아니면 길이 틀렸단 말인가. 목포에서는 보성 녹차의 신화, 무안 연꽃의 신화, 함평 나비의 신화가 아직까지 없다. 10년 뒤, 20년 뒤를 보고 녹차 씨를 뿌릴, 12개의 백련을 심을, 나비를 날릴 목포의 선지자를 기다려본다.

굿바이목포, 바이목포의 갈림길

2005년 2월 16일

'굿바이(Good Bye)목포, 바이(buy)목포'

엇비슷하게 발음된 듯 하면서도 정반대의 의미를 내포하고 있는 이 단어들은 목포가 처한 갈림길을 극명하게 보여준다.

'굿바이(Good Bye) 목포'가 사업 실패와 먹고 살 것이 없어 목포를 떠나는 사람들의 눈물이라면, '바이(buy) 목포'는 토종 상품들과 가게들을 애용하고 목포를 살리자는 몸부림이다.

'굿바이 목포'의 가장 직접적인 원인은 대형 할인마트의 목포 진출에 따른 시장 상인, 동네 영세상인 등 자영업자들의 몰락이다. 목포의 자영업자 비율은 미국의 약 10~13%, 유럽의 20% 보다 훨씬 많다.

공장이 적은 목포는 산업구조 자체가 동네 수퍼, 음식점, 숙박업소, 문구점, 이 미용업소 등을 중심으로 발전해 왔다. 자영업자가 몰락하면 목포경제가 몰락할 수밖에 없다. 공장이 늘고 기업을 유치하고, 관광객이 늘어났다는 등 아무리 위안을 해도, 대부분 자영업을 했던 토종 목포인들은 하나 둘 목포를 떠나고 있는 것이다.

대형 마트 방치 지역경제 초토화

2000년 12월 E마트가 입점하면서 시작된 지역상권의 몰락은 처절하다. 그 이후 광장마트, 후레쉬마트가 하나 둘 문을 닫고 대한통운 코렉스마트는 사업을 철수했다. 롯데마트가 입점하면서 인근 편의점들도 잇따라 문을 닫았다. 지난 달 빅마트의 개장을 앞두고 지레 겁을 먹은 농협 하나로마트 산정점이 사업을 철수했고, 인근 천년마트가 문을 닫았다.

이 파동은 이제 동네 골목까지 영향을 미쳐 인근 자영업자들도 몰락하고, 돈이 안돌면서 기존의 상권이 몰려 있던 차없는 거리, 동명동 일대, 역전 일대, 재래시장 등이 공동화됐다. 기존 상가의 부동산과 고정자산이 가치 하락하는 등 지역 전체의 재산상의 손실은 대폭 늘었다.

고소득 전문직과는 상관없다고? 천만의 말씀. 이들의 고객은 대부분 지역 상인들이다. 고객이 죽는 마당에 덩달아 당신들의 삶도 얼마 남지 않았다.

실제 대형 할인마트들은 무섭게 지역의 돈을 빨아들여 서울로 송금하고 있다. 지금까지 살아남는 것은 외지 자본이 이들 인근에 지은 건물들이 대부분. 이러다가는 이제 입고 살 곳도 철저하게 외지업체들에게 의존하는 지역이 될 것이라는 자조의 소리도 들린다.

그동안 목포는 무엇을 했던가.

삼척시처럼 삼척프라자를 설계 기초공법, 미관상 이유로 불허가 하거나, 태백시처럼 E마트 입점을 반대하고 대형마트의 건축을 불허가 할 행정상 배짱도 없었다. 제주도 서귀포시나 대구 상인들처럼 대형마트 입점을 반대하는 시위도 없었고, 영주시처럼 삼성테스코 홈플러스를 제지하는 시민단체들의 활약도 없었다. 안동은 아예 E마트 불매 운동을 펼치고 있다. 대전은 2007년까지 백화점과 할인매장의 신규허가를 내주지 않기로 했다.

심지어 민종기 당진군수처럼 유통업소 대표자들에게 지역물품을 이용 안하려면 당진에서 나가라고 하는 배짱 좋은 자치단체장도 있다.

물론 지역 업체들도 업종 재구성 및 군집화, 편의시설 확충, 쇼핑환경 개선,

상인조직의 활성화, 마케팅 전략 마련 등의 생존 전략이 필요하다.

"지역사회에 봉사를 많이 하겠다"는 그들의 추파에 웃음을 흘리고 자족했다가 지금에 와서는 배알도 없었다는 손가락질을 받는 목포지역 사회단체들도 책임이 있다.

장사를 안 해보고 봉급자로 살아 실정을 몰랐다면, 지금이라도 시장 상인들을 만나 보라.

오는 4월 30일 목포시장 보궐선거를 앞두고 출마 예상자들만 10여 명이 넘게 거론되고 있다. 이들에게 한 마디하고 싶다.

눈앞의 홍보성 치적만을 위해 엉뚱한 사업이나 벌이고 지역상인들의 보호는 소홀하려면, 대책 없이 거대 자본에 목포를 헌납하려면 차라리 출마를 않는 것이 낫다.

그리하여 떠나는 '굿바이 목포'보다는 목포의 물건을 사자는 '바이 목포'운동을 전개하자.

제5장

역사의 교훈

침략 증거물이 문화유산이라니

2013년 6월 11일

　근대 문화유산을 보존하고 관광자원으로 가꾸자는 것이 유행이 되어버린 세상이다. 특히 일본의 대륙 침략의 전진 기지 역할을 했던 개항 도시, 목포(1897년 개항), 인천(1883년 개항), 군산(1899년 개항) 등에서는 일본이 이 땅에 건축해 놓은 건물들을 침략의 역사로 보존하자는 것이 정답인양 횡행한다.

　그중에서도 군산은 목포와 근접한 곡창지대로 목포와 엇비슷한 시기에 일제에 의해 개항되어, 일본식 건물이 많이 건축되었고, 현재 남아 있는 건물들을 보존하기에 열을 올리고 있다는 점에서도 서로 비교된다. 양 도시는 구 동양척식 주식회사의 지점처럼 동일한 일본 기업의 지점 건물이 세워지기도 했었다는 공통점을 갖고 있다.
　목포도 최근 몇 년 동안 구 동본원사(구 중앙교회), 구 동양척식주식회사 목포지점 등 여러 건물들의 철거 때마다 이런 논쟁이 계속되었다가 보존하는 쪽으로 결론이 맺어지곤 했었다.
　지난 주 1900년대 초부터 1945년까지 일제강점기 시대, 일본 건축물을 가장 많이 보존하고 있는 곳으로 알려진 군산을 다녀왔다. 일본인 농장지주 시마타니의 금고, 구마모토의 별장, 군산 세관, 일본 제18은행 군산지점, 일본식 사찰 동국사, 일본인 포목상인 히로쓰의 가옥들을 하나하나 살펴봤다.

나는 이들 건물들을 소개하는 문화관광해설사들의 말을 들을 때마다 회의감과 실망감이 솟구쳤다. 이들이 관광자원이고, 근대문화유산이라니.

독자들은 내가 찍어 온 옆의 사진들을 한 번 읽어 보라. 이 시마타니 금고는 1920년대 군산지역의 대표적 농장주였던 시마타니 야소야의 개인 보관창고인데, 한국에서 수집한 서화나 도자기 등 귀중한 골동품을 보관하였던 문화재 약탈 증거물이다.

그런데도 한국은, 목포 군산 등지서는 이들을 '문화유산'이라고 칭하고 있는 것이다.

이것은 잘못된 것이다. 나는 같이 갔던 문화재청 전문위원들에게 "어떻게 침략 증거물을 문화유산이라고 칭하느냐"고 반박했더니, 나에게 인터넷으로 등록된 문화재임을 직접 눈으로 확인해줬다. 남녘의 지역신문 논설위원이 말하고자 했던 것은 실은 문화재냐 아니냐를 따지는 것이 아니었다.

그것은 똑바로 사물을 보는 가치관마저 없는 일부 학자들에 대한 질타였다. 나는 유태인이 독일 침략의 상징물들을 문화유산으로 칭하느냐고 물었고, 일본이 침략한 남태평양 작은 섬까지 일제의 문화유산으로 덮이는 것이냐고 반문했다. 또 일본의 후손들은 한국에 들어와 우리 선조들의 흔적이 전국에 널려 있다고 자부심을 갖겠네? 라고 울분을 표출했다.

나는 전국에서 자행되는 근대문화유산 보존파들의 잘못된 시각과 그 학파들의 잘못된 점을 지적했다. 그들이 더 우선적으로 보존할 것은 같은 시대 한국인들의 건물과 산하다. 그런데 그것들은 소홀히 하고, 일제 침략 증거물들을 문화재라고 칭하다니. 보존하려면 일제 침략 증거물 목록으로 보존해야 맞다. 나는 한민족의 자손으로서 도저히 어린 학생들이 그 앞에 서서 사회과 시험용으로 일제 침략의 상징물들을 한국의 근대 문화유산으로 정답 외우는 모습을 쳐다 볼 수가 없었다. 정부는 지금이라도 이를 뜯어 고쳐야 한다.

촛불 집회 방향은? 반복훈련 먹이통 깨라

2013년 8월 21일

얼마 전 인터넷에 누군가 프레디 메예르의 말을 다음과 같이 게시했다.
"실험실의 햄스터 한 마리가 다른 햄스터에게 말했다. '나는 저 학자를 길들였어. 내가 이 버튼을 누를 때마다 저자가 나에게 먹이를 가져다 주지.' - 프레디 메예르"

이 논리가 어쩜 일부 사람들의 인생살이와 그럴 듯하다고 느낀 나는 댓글로 "서민이 부자를 위해 투표를 한 이유와 같네요."라고 올려봤다.

사실 동물 먹이 훈련 모습은 최근에 동물원이나 과학자들의 실험실뿐만 아니라 가정에서도 흔히 볼 수 있는 장면이다. 심지어 먹이 보상을 통한 각종 훈련기구가 불과 몇 만 원에 시중에서 판매될 정도로 흔해진 세상이다.

그만큼 먹이와 보상이 지속적인 상호관계를 맺다보니, 프레디 메예르의 유머처럼 실제와 반대로 쥐들이 학자를 길들였다는 우스갯소리도 나오는 것이다.

국정원 댓글 사건, 원자력 비리 사건들을 보면 나는 이러한 비리와 부패에 반복 길들여진 사람들이 "내가 열심히 일할수록 저들이 알아서 나에게 먹이를 가져다주지"라고 해명하는 모습을 보는 것 같아 소름이 끼쳤다.

먹이 훈련을 국가와 국민들 사이의 관계에서 본다면 국가가 노후 연금이나 세금 문제 등에 대해서 우리를 만족시키지 못함을 알고 있으면서도 국가를 위해 목숨을 던지는 것을 당연히 여기는 서민들의 애환과도 같은 것이다. 국가는 사회복지 고도성장을 외쳤지만 한 여름 피서철 수박 값조차 제대로 잡지 못한 서민들에게는 수박 값에 쩔쩔매는 무능한 정부이기도 하다. 그래서 서민이 수박 값 오를 것도 모르고, 사회복지 같은 주장에 혹해 "서민이 부자를 위해 투표를 한 이유와 같다"는 말이 나도는 것이다.

최근 인기를 끌고 있는 봉준호 감독의 설국열차에서도 이와 같은 장면이 나온다.

꼬리 칸 사람들에게 있어서 그들의 희망, 즉 폭동은 기껏 꼬리 칸에서 앞쪽으로 머리 칸으로 가는 것이다. 그들이 바퀴벌레로 만든 단백질 양갱을 배급받으며 순치되었을 때, 그들의 신천지이자 구원의 세상은 머리 칸 정도의 세상이었던 것이다.

물론 영화는 마무리 부문에서 극적으로 전개되어 영원한 희망이라고 생각했던 머리 칸에서 벗어나 열차 밖으로 탈출하는 새로운 시도를 보여준다. 세상은 쥐의 먹이훈련의 상징인 먹이 버튼 말고도 다른 해결책이 있다는 것을 알려준 것이다.

국정원 댓글 사건 등으로 서울시청 앞 촛불 집회가 계속되고 있는 가운데 집회 인원수가 여론을 반영한다며 몇 명이 참석하느냐를 놓고 논쟁이 뜨겁다. 집회 인원이 정답이라면 더운 여름날 서울 시청 앞 광장에 못나간 사람은 역사의 죄인으로 손가락질 받을 정도일 것이다.

'대통령 하야'나 '부정선거'도 제대로 못 붙이고, '재선거' 구호도 제대로 못 외치고 전국에서 수 만 명을 동원하여 기껏 '국정원 개혁'을 주장하고 있는 모습이 설마 그들이 외쳐 온 "내가 열심히 일 할수록 저들이 알아서 자신들만의 먹이를 던져주지"라고 비웃는 결과가 확인될까 걱정이 된다.

국정원 국정조사에서 '핵심 증인'인 원세훈 전 국정원장과 김용판 전 서울

경찰청장이 증언선서를 거부하고 야릇한 미소를 짓고 있는 것도 '프레디 메예르'의 먹이훈련 쥐 꼴로 겹쳐 보인다.

먹이 반복 훈련에 이제 국가 권력들 사이에서도 누가 진짜 부패의 먹이를 주는 원흉인지 못 찾아내고 허둥지둥 하는 일은 조심해야 할 것이다. 반복 훈련의 먹이통을 깨지 않으면 "스스로 먹이를 찾는 자연의 지혜"가 보일 리가 없다는 것을 강조하고 싶다.

오거리 '사람 넷에 개 한 마리'의 통행?

2009년 6월 24일

"1980년대 나가하마 구로카베(黑壁) 사거리는 한 시간에 사람 네 명과 개 한 마리가 지나간다고 할 정도로 퇴락했습니다. 도시는 절망에 빠지고 모두들 위기의 공포에 시달렸습니다"

음울한 과거를 회상하는 노인의 목소리는 좌중을 잠시 적막감에 빠뜨렸다. 나는 이 순간 1960년대 문화의 거리로 번성하였다가 지금은 쇠락한 목포의 오거리를 생각했다. 나는 오래된 일본 건물의 3층의 유리창을 통해 끊임없이 이어지는 외벽에 검은 색 칠을 한 일본의 재래식 가옥들을 내려다봤다. 피아노 선율처럼 유리창을 때리는 빗소리에 타임캡슐을 개봉하는 듯한 착각에 빠졌다.

나가하마 상공회의소 이사로 36년을 일해 온 시게히토 요시이(吉井茂人·60)는 바다를 건너서 온 나에게 먼저 일본을 대표하여 사과부터 했다. 현재 인구 8만여 명의 나가하마는 조선을 침략한 도요토미 히데요시가 영주였던 역사적 뿌리를 갖고 있기 때문이다.

수륙교통의 요지로서 4백여 년 동안 번성했던 그런 도시도 일순간에 쇠퇴했다니….

이들의 쇠락은 목포의 사례와 비슷했다. 자가용 시대가 오면서 시민들은 주차장이 넓고 편리한 교외 상가로 이동했다. 교외에 2곳의 대형 마트가 개점하고 시민들을 버스로 실어 나르자 중심 상가는 회복 불가능한 상태가 됐다. 한 중심가는 80곳의 가게 가운데 70여 군데가 문을 닫았다. 오랫동안 빈 건물들은 한숨만 넘치는 만신창이 폐허의 거리로 전락했다.

연간 220만 명 방문으로 부활

그런데 지금은 연간 220만 명이 넘는 관광객이 방문하고 과거 재래시장 상권에는 430여 상점이 들어선 활력 있는 도시로 변화했다. 3,000평 이상의 대형 마트가 4곳으로 교외에 늘었지만, 시 전체적으로 7백여 소규모 상점이 강세를 보이면서 활력 있는 도시를 만들어가고 있다.

도대체 지난 20여 년 동안 어떤 변화가 있었던 것일까.

지난 21일, 일요일 오전이고 비가 오고 있었지만 거리에는 사람들이 넘쳤다. 나무에 검은 칠을 한 재래식 가게들 중 일부의 내부는 서울 청담동의 고급 미술관을 연상하는 듯한 디스플레이를 선보였다.

여러 종류의 유리 공예품이 모여 하나의 작품 같은 상점도 있었다. 상점들은 아예 '흑벽 0호'라고 '흑벽'을 거대한 브랜드로 내세웠다. 수백 개의 가게들이 전부 유리 공예품을 특화시켜 어둠(흑벽)과 빛(유리)을 조화시키고 있었다. 길을 안내하는 시게히토 요시이의 눈이 빛나고 얼굴에 자부심이 엿보였다.

도시 쇠락이라는 위기에 처한 상인들은 1988년 먹고 살 것을 걱정하며, 무엇을 팔 것인가를 고민했다고 한다. 결국 차별된 블루오션으로 '유리공예품'을 선택했다. 이탈리아 베니스를 벤치마킹하기도 했다.

이들은 '국제성, 역사성, 문화예술성'을 컨셉으로 정하고 유리공방, 유리감상관 등 다채로운 점포들을 하나 둘 만들어 갔다.

거리 전체가 유리공예품

나가하마시의 도움을 받아 상가를 운영할 ㈜구로가베를 설립했다. 그때가

1988년. 자본금 1억 3,000만 엔은 민간에서 9,000만 엔, 시가 4,000만 엔을 출자했다. 빈 점포 복원은 직영, 임대, 공동경영, 관 운영 등 상황에 따라 네 종류의 경영 방법이 도입됐다. 1985년 9만여 명이였던 관광객은 1995년 100만 명으로 껑충 뛰었고, 2001년 200만 명을 넘어섰다.

1983년 나가하마성을 400여 년 만에 재건한 것도 드라마틱하다. 시민들 사이에 기부운동이 전개되어 4억 3,000만 엔이 모아졌다.

이제 시민들의 "할 수 있다"는 의지는 매년 4월 14일부터 16일까지 열리는 '히키야마 마쓰리' 축제에서도 볼 수 있는데, 5톤 무게의 12대 수레를 각각 수십여 명이 끌고 지역을 돌면서 3살부터 12살 사이 아이들이 수레무대 위에서 가부키 공연을 한다.

문화와 전통의 자부심이 발현된 것이다.

그런 결과 1998년 1월과 2001년 2월 '니혼게이자이신문(日經新聞)'의 '매력적인 마을은 어딘가'라는 조사에서 나가하마가 1위로 꼽혔다.

나가하마의 사례는 도시의 흥망성쇠는 세계 어느 곳에서나 일어날 수 있는 일이기에, 그것을 극복하는 것이 바로 지도자들의 책무라는 것을 일깨우는 가르침이었다.

12전 13기 김 대통령의 노벨상 도전

1999년 9월 12일

　일반에 크게 알려져 있지는 않지만 김대중 대통령은 최근 또 다른 인생 도전을 시도하고 있다. 어쩌면 시험을 치르고 채점을 기다리는 수험생 마냥 김 대통령은 이미 그 도전 결과를 기다리고 있을 것이다.
　앞으로 한 달 후인 10월 중순이면 노르웨이는 전 세계의 주목을 받는 가운데 노벨 평화상 수상자를 발표한다. 김 대통령은 12전 13기 통산 13번째 도전하게 되는데 107명의 국회의원들이 서명한 추천서가 노르웨이 노벨위원회에 올해 초 특급 우편을 통해 전달되어 심사위원회는 다각도로 김 대통령의 공적을 평가하고 있다. DJ의 해외 지인들도 이와 별도의 추천서를 올렸다
　김 대통령의 추천인들이 내세운 공로들은 IMF 환란 극복 노력, 금강산 관광 등 남북 평화무드 조성 등이다.
　최근 몇 년 동안 노벨상의 수상 경쟁은 국제적 거물들의 경연장이었다. 작년만 해도 하벨 체코 대통령, 리덩후이 대만 총통, 교황 요한 바오로 2세 등이 경쟁을 했다.
　잘 알려진 대로 노벨평화상은 DJ의 인생목표이기도 하다. 과거 지역구도 아래서 대통령선거에서 계속해서 패배했던 김 대통령은 노벨 평화상으로 그 편견의 늪을 극복하고자 했다. 그것은 한계에 부닥친 사람이 새로운 도전 정

신을 어떻게 구현할 수 있는 가를 잘 보여주는 사례이기도 하다.

87년 이후 무려 13번의 도전, DJ는 새로운 도전을 시도할 때마다 조금씩 조금씩 발전하면서 그 공력을 쌓아오고 있다. 1992년 대선에서 패하고 정계 은퇴를 선언할 때는 만델라 당시 아프리카 민족회의(ANC) 의장과 클라크 남아공 대통령 등 그해의 공동 수상자와 마지막까지 경합을 벌인 것으로 알려져 있다.

올해는 직접 한반도 한 쪽의 국정 수반으로서 평화정착에 기여하는 모습을 보여주었다. 소식통들은 특히 김 대통령이 지난 7월 미국에서 제 2의 노벨평화상이라는 필라델피아 자유메달상을 수상하여 올해 노벨평화상 수상 가능성이 더 높아지고 있다고 분석하고 있다.(만델라 남아공 대통령 등 지금까지 필라델피아 자유메달상을 수상한 11명 가운데 5명이 노벨평화상을 받았다.)

물론 노벨상 수상자들이 영원한 평화의 사도를 상징하는 것은 아니다. 노벨상 또한 인간이 만들어 낸 작품이기에 선정 경위와 그 이후 과정 등을 둘러싸고 잡음이 발생하기도 한다.

1997년 노벨평화상을 수상했던 국제지뢰금지운동(ICBL)은 상금 사용처를 놓고 내분에 휩싸이기도 했다.

1992년 노벨평화상을 받은 과테말라 마야 원주민 출신 인권운동가 리고베르타 멘추(40)의 경우는 거의 한편의 희극 연극을 연상시킨다. 멘추의 노벨상 수상에 결정적 기여를 한 자서전 '나, 리고베르타 멘추(I, RigobertaMench)'는 멕시코 망명 중이던 1983년 백인 농장주들이 아버지가 개간한 땅을 빼앗고, 정부군이 오빠를 산채로 화형시키고, 남동생이 굶어 죽었다는 내용들을 다루고 있다. 그러나 이 대부분의 이야기는 새빨간 거짓말이었다. 멘추 아버지는 백인 농장주들이 아니라 같은 마야족 원주민인 처삼촌과 수십 년 간 농토 분쟁을 벌였다. 굶어 죽었다던 남동생은 애초에 있지도 않았.

1971년도 노벨평화상 수상자인 빌리 브란트 전 서독 수상과 74년도 수상자인 일본의 사토수상의 경우 심사위원 매수설이 끊임없이 맴돌았다. 또 1973년에는 월남전 수행의 주역인 헨리 키신저 미국무장관이 노벨상을 수상, 잡음을 일으켰다.
 하여튼 노벨 평화상은 개인의 영화뿐만 아니라 국가의 명예까지 걸린 인류가 바치는 최대의 훈장이라는 점은 결코 부정하기 힘들다. 노벨상 위원회의 올해 위원장은 노르웨이 오슬로 대학 교수 출신인 프란시스 사이스테드(63)다. 이밖에 4명의 노르웨이 민간인들이 선정위원으로 참가하고 있다.
 DJ의 인생역정이 이방인들에게 어떻게 비칠지 궁금하다

14전 15기 노벨상 도전

2000년 10월 10일

　이번 주 국제문제 전문가들의 시선은 오는 13일 발표 될 노벨평화상 수상자를 미리 점찍기 위해 온통 노르웨이로 몰려 있다.
　이미 노르웨이 노벨위원회는 수상자를 지난 달 말 결정했지만 입을 굳게 다문 채 발표시간만 기다리고 있어 외부에서는 김대중 대통령과 빌 클린턴 미국 대통령, 지미 카터 전 미대통령 등 개인 115명과 35개 단체 등 총 150명이 후보들 중의 한 사람이라는 것밖에 알 수 없는 상황이다.
　현재 지구촌 각 분쟁지역에서 평화를 위해 노력하는 사람들과 단체들이 모두 후보로 올라 있다. 지구촌 곳곳의 평화중재 노력에 기여한 빌 클린턴 미 대통령과 지미 카터 전 미 대통령, 북아일랜드 분쟁 해소에 공헌한 조지 미첼 전 미 상원의원, 발칸반도의 평화구축에 기여한 마르티 아티사리 전 핀란드 대통령과 빅토르 체르노미르딘 전 러시아 총리와 구세군 등이 후보로 꼽히고 있다. 김 대통령 또한 한반도 평화기여로 14전 15기의 노벨상에 도전하고 있다.

현재 수상자 알고 있는 사람 6명

　11일 현재 정확히 수상자를 알고 있는 사람은 노르웨이의 노벨 위원회 5명과 가이르 룬데슈타트 위원회 사무총장 등 6명뿐이다.

그러나 AFP통신 등 국제문제 소식통들은 김대중 대통령이 올해의 노벨평화상 수상자로 유력하다는 추측을 내놓고 있다. 김 대통령 본인의 노력도 있지만 경쟁자들의 점수가 상대적으로 깎이고 있다는 것이 가장 큰 원인이다. 예를 들자면 클린턴 대통령의 경우 이스라엘과 팔레스타인 간의 중동 평화회담 중재 실패로 수상 기회가 사라질 우려가 높은 것으로 전해졌다.

국내서도 중앙일보의 김영희 국제문제 대기자 등이 국제 역학관계를 분석하면서 김 대통령이 노벨평화상 수상자로 유력하다는 칼럼을 게재한 바 있다.

어쩌면 김 대통령은 인생에 있어서 가장 큰 영광의 순간을 준비하고 있는지 모르겠다. 한때 김 대통령의 노벨상 반대 시위까지 보냈던 야당들도 만약 "김 대통령이 수상한다면 진정으로 축하할 만한 국가의 영광이다"는 자세들을 보이고 있으니까.

그러나 노벨상은 평화노력의 종착역이 아니라 인류가 보내는 마지막 순간까지 평화를 위해 노력해달라는 채찍질이기도 하다.

노벨상 빛나는 내치(內治)에도 신경써야

얼마 전 우리는 팔레스타인 소년이 사격을 멈춰달라는 절규에도 불구, 이스라엘 병사의 총탄에 맞고 숨지는 충격적인 장면을 TV로 보고 한없는 슬픔을 느낀 적이 있다. 그 피의 현장 뒤, 1994년으로 돌아가면 야세르 아라파트 당시 팔레스타인 해방기구의장과 이스라엘의 이츠하크 라빈 총리 등이 팔레스타인의 무장봉기를 평화적으로 종식시킨 공로로 노벨평화상을 받았음을 사람들은 잊고 있었다.

실상 지금까지 86명의 개인과 21개 단체가 노벨상을 수상했지만, 마하트마 간디 등 세계적인 인물도 평화상을 받지 못했다. 또 필자가 갓바위를 통해 1년 전 소개했던 것처럼 1992년 노벨평화상을 받은 과테말라 마야 원주민 출신 인권운동가 리고베르타 멘추처럼 그녀의 일대기가 조작된 경우도 있었다.

문제는 국민들의 입장에서는 김 대통령이 노벨상을 받느냐, 못 받느냐의 문제가 일상 생활경제와 밀접한 관련이 없다는 것이다. 김 대통령은 올해 들어서 성급하다 할 정도로 경제문제보다는 남북교류 등에 매달려 왔다. 청와대 비서진 등은 부정하고 있지만 다분히 노벨상을 의식한 행동이었다. 그러는 와중에 우리 경제는 더욱 악화만 되어 갔다.

1901년부터 시상된 노벨평화상은 올해로 100회째를 맞는다. 새로운 꿈을 그려본다. 국제간 분쟁해소도 중요하지만 지역감정해소, 계층간 갈등해소 등 국내문제 해결의 노력도 노벨평화상의 고려요소로 삼는다면, 인류평화에 이바지해 달라는 노벨의 유언이 더욱 빛을 발하지 않았을까.

DJ와 김정일, 인동학과 제왕학의 만남

2000년 6월 21일

 자, 이제 질펀한 통일마당이다. 하고 싶은 말 있으면 하시라. 끌어안고 싶으면 남과 북이 끌어안아 보고, 보고 싶으면 있는 그대로 보라.
 북한의 김정일도 도마 위에 올려보고. '김정일'하면 할 말들 많으시죠? 얼마 전처럼 미리 주변을 살펴본다든가, 큰일 난다며 입부터 먼저 막던 사람들도 없을 것이다.
 세상이 변해도 많이 변했다. 세상에 '김정일 신드롬'이 뭐란 말인가. 그의 말투와 선글라스가 유행조짐이 있다니. 어떻게 이해해야 하는가. '화려한 국제무대의 데뷔'라는 표현처럼 김정일의 등장은 새로운 혼란과 충격이다. TV를 통해 생중계 된 그의 모습은 운 좋게 아버지로부터 권력을 이어받은 무능력하고 괴팍한 지도자가 더 이상 아니었다. 김대중 대통령의 상대역으로서 치밀함과 지도력을 보여준 북한의 실력자였다.

거대한 편견의 늪 극복이 관건

 그렇다. 우리는 그동안 거대한 편견에 사로잡혀 있었다. 흔히 미친 영화광, 술주정꾼, 기쁨조에 둘러쌓인 타락한 지도자로서의 부정적 이미지가 그것이다. 이러한 편견들은 조금씩 이미 몇 년 전부터 깨지고 있었다. 김정일에 관한 각종 연구서들은 그가 치밀하고 판단력이 뛰어난 지도자라는 것을 밝히고 있었다.

이번 회담 전부터 호사가들은 김 대통령과 김 위원장의 회담장면을 상상하곤 했다. 논리와 연출의 대결, 달변과 말더듬이의 대결, 좌뇌형과 우뇌형의 대결 등 나름대로의 분석 등이 동원되었다. 그리고 누가 회담을 리드할 것인지에 대한 예측들이 나오곤 했다.

그 중에서도 김정일이 김일성 이후의 통치자로서의 제왕학 교육을 수십 년 동안 받는 등 사회주의 교육과 권력투쟁을 통해 다듬어진 지도자라는 주장이 눈에 띈다. 실제로 김정일은 김일성종합대학에 입학하여 통치에 관심을 보이기 시작한 이후 약 33년 간의 통치수업을 받아오고 김일성 사후 유훈통치를 통해 자신의 권력을 강화해 왔다.

이번 정상회담 기간 동안 김정일이 보여준 섬뜩할 정도의 대범함은 평상시부터 강조되어 온 수령학과 광폭정치(통이 큰 정치)가 몸에 밴 것인지도 모른다. 설사 치밀한 계산 아래 행동했다 할지라도 세계의 언론이 주목한 가운데 가장 화려하게 국제무대에 데뷔했다. 그것도 김 대통령의 상대역으로서.

제왕학과 맞서는 김대중 대통령의 특징은 무엇일까. 잠시 생각해 봤다. 우연의 일치인지 모르겠지만 김 대통령의 별명인 인동초가 떠오른다. 김정일이 빨치산 지도자들의 비호아래 사회주의 제왕학으로 길러진 지도자라면 김 대통령은 많은 시련들을 이겨내고 끊임없는 도전을 통해 대통령이 된 인물이다. 학문으로 따지자면 인동학(忍冬學) 정도는 된다.

김정일이 실리주의를 강조한 반면 김 대통령이 역사서를 즐겨 읽고 역사의 교훈을 중요시 여기는 것도 이러한 인생관의 차이 때문일 수도 있다. 달변이고 논리적으로 유명한 김 대통령은 도리어 말을 아꼈다.

국민을 제일로 삼는 모습 보고 싶어

이번 회담을 김 대통령의 '차분·겸양' 대 김 위원장의 '활달·다변'의 대결이었다고 평가한 사람도 있다.

2차 세계대전의 막바지, 갑자기 대통령을 잃고 미국의 33대 대통령으로 취임한 해리 트루먼은 방송연설 마지막 때 "하느님의 도우심으로 자기 백성을 다스릴 올바른 지혜를 주소서"라는 솔로몬의 기도를 하였다고 한다.

인동학이든 수령학이든 그 근간은 백성들이다. 우리 선조들은 왕을 키울 때는 4살 경부터 철저한 교육을 시켰다. 조선의 경우 소학, 효경, 논어, 맹자, 중용, 대학, 대학연의, 상서, 주역, 춘추좌전, 통감강목 등을 교재로 이용하여 인간의 도리와 역사의 교훈 등을 가르쳤다.

앞으로 급류를 타게 될 남북교류에서 김 대통령의 '통일 인동학'이 어떤 모습으로 펼쳐질지 주목된다.

슈퍼맨 DJ의 지구를 구하라 편

2000년 6월 7일

　슈퍼맨 옷을 입은 김대중 대통령과 김정일 국방위원이 나란히 지구를 구하기 위하여 하늘을 날고 있는 장면을 보면 독자들은 어떤 이미지를 느낄까.
　얼마 전 뉴욕타임즈는 "Korea Summit Souvenirs Go On Sale"(정상회담 기념품 세일 중)이라는 기사를 통해 변화하고 있는 남북관계를 슈퍼맨 김 대통령과 김 국방위원의 기념품을 통해 설명한 적이 있다.
　결론부터 이야기하자면 남북정상을 앞두고 서울에서 판매되고 있는 김 대통령과 김 국방위원의 익살스런 캐릭터 기념품들이 최근 훈풍이 불고 있는 남북관계를 나타낸다는 것이다. 슈퍼맨뿐만 아니라, 이들이 나란히 세발자전거를 타고 있는 등 다양한 모습들이 T셔츠와 컵, 카드 등의 기념품에 새겨져 판매되고 있다.

　뉴욕타임즈는 이러한 일들은 불과 몇 년 전만 해도 국가보안법 위반으로 감옥에 갈 일이라는 지적도 덧붙였다.
　국내 시사 주간지 주간현대도 이번 주 신문에서 남북정상회담이 성공리에 끝나고 가시적인 성과가 있다면 김 대통령과 김 국방위원이 공동으로 노벨평화상을 수상할 가능성이 있다는 기사를 톱으로 보도했다.

남북정상회담이 며칠 앞으로 다가오면서 묘한 흥분감과 긴장감이 국내에 돌고 있는 것이 사실이다. 이미 목포시에서는 지난 주에 권이담 시장을 비롯한 관계기관장, 시민 등 1백 여 명이 모여 남북정상회담의 성공적 개최를 기원하였다. 또 거리 군데군데에는 통일을 기원하는 플래카드가 내 걸리기도 했다.
　이번 정상회담에는 이희호 여사도 평양을 방문하는데, 청와대 박준영 대변인에 따르면 "이 여사의 동행은 북한의 외교관례상 이례적인 일로 평가된다"는 것이다. 평양을 방문한 외국 정상들은 부인을 동행한 경우가 거의 없다. 이 여사는 해방 전인 1940년대에도 금강산을 관광한 적이 있으므로 이번 방북은 개인적으로는 두 번째 방문이다.
　김 대통령은 그동안 줄기차게 나름대로의 통일방안을 주장했기 때문에 이번 방북에 거는 기대감도 적지 않으리라는 것을 짐작할 수 있다.
　'꿈에도 소원은 통일'이라는 절대 선(善) '통일'을 향한 기대감과 흥분이 싹트고 있는 것이다.
　그러나 아직 학생들의 교과서에는 북이 잔혹한 사회주의적 독재국가로 묘사되고 있다. 또 잘라진 국토의 최전방에서는 서로 총구를 겨루고 있다.

　국제사회서 이미 사회주의와 자본주의의 양 구분이 희미해지고 있는 것이 사실이지만, 아직은 북을 향한 총구를 내리기에는 이르다. 통일의 기대감에 빠져, 흥분감에 도취되어 이성을 잃어서는 곤란하다.
　지난달 말 미국 워싱턴의 조지타운대의 한 세미나는 여러 가지 시사점을 보여준다. 로버트 갈루치 조지타운대 국제대학장(1994년 북핵 위기 당시 미국측 대표로 제네바 합의를 이끈 북한 전문통이다)은 이 세미나에서 북한이 정상회담에 동의한 것은 북한판 대남 포용정책이지만, 그들의 불확실성을 고려할 때 신중한 자세가 요구된다고 주장했다.
　북한이 현재의 어려운 경제적 상황을 돌파하기 위해 정상회담에 나서고 있지만 궁극적으로는 어느 정도의 성과를 얻은 후에는 주한미군 문제 등의 난관을 내세워 남측을 곤란하게 만들 가능성이 높다는 것이다.
　남북정상회담만으로 남북의 모든 문제들이 해결되는 것은 아니다. 설사 슈퍼맨 DJ와 JI(김정일)이라 할지라도 이처럼 아직도 넘어야 할 벽들이 많다.

좌절의 시기, 희망 갖기를

2000년 10월 4일

　인간은 꿈을 먹고 사는 동물이다. 필자가 만난 사람들의 꿈도 제각각이었다.

　돈을 많이 벌어 큰 차를 타고 싶은 꿈, 승진하는 날 온통 기쁨에 겨워 술을 연신 마셔 대는 직장인들, 문단에 데뷔하여 작가라는 지위를 기어코 얻겠다는 소녀, 대학교수가 되겠다고 늦게 공부를 다시 시작한 친구, 어느 날 직장을 내 던지고 한의사 시험준비에 나선 선배까지.

　이들의 꿈이 적극적이고 공세적인 목표라면 그야말로 소박하고 방어적인 꿈들도 상당수다.

　냉장고에 일주일 먹을 것이 가득 찼다고 행복해 하는 주부의 모습, 작년에 자식들에게 입혔던 겨울 내복의 헤진 데를 다 꿰매고 기뻐하는 할머니의 미소.

　그러나 화려한 꿈 뒤에는 그에 뒤따르는 좌절과 시련도 있기 마련이다. 어쩌면 인생이란 착오와 고통의 연속인지도 모르겠다.

인생이란 착오와 고통의 연속

　올림픽 마라톤 경기 도중 앞 선수에 걸려 넘어져 24위를 기록한 이봉주 선수를 보면 우리들 역시, 미래의 꿈이 온통 착각일 수도 있다는 생각을 한다. 단 한순간을 위한 4년의 땀과 고통이 그렇게 어처구니없게 무너질 줄이야. 가족들까지 시드니로 데려가 화려한 순간을 예상하며 카메라 렌즈를 맞추던 연출가들 뒤쪽. 이봉주 선수 노모에게서는 마치 무대에서 관객들에게 외면 받고 조롱 받고 있는 듯한 배우의 슬픔이 떠올랐다.

주변을 살펴봐도 이런 사례들은 얼마든지 있다. 목포 지역 선창가에는 만선의 꿈을 기다리는 어부들이 있다. 그러나 아직도 그 꿈은 계속될 뿐 여간해서는 미소로 살아나지 못하고 있다. 도리어 가정파탄과 이혼으로까지 이어진다.

한 방을 꿈꾸던 지역 건설업체들도 불황의 늪이다. 올 초부터 아파트 분양을 준비하던 어느 업체는 지역경기를 살펴보면서 몇 달째 입주자 모집을 연기하고 있다.

사회 구조조정이 다시 페달을 밟아가면서 이곳 저곳에서 명예퇴직, 희망퇴직이 다시 들먹거리고 있다. 광주은행의 경우 다시 10% 정도의 인력을 감축할 계획이다. 3년여 걸친 줄이고, 또 줄이기가 지긋지긋하다는 하소연과 제발 나만은 제외되기를 갈구하는 목소리들이 넘친다.

시련이요, 고통이요, 아픔이다. 그것도 먹고사느냐 마느냐의 원초적 문제이기에 사회문제에 관심이 있는 사람들을 더욱 분노케 한다.

시련을 이겨내는 참 용기가 필요할 때

이번 주 갓바위를 쓰면서 시련을 겪고 있는 사람들에게 힘이 될 만한 글들을 찾아봤다.

아우구스티누스의 "당신을 지금 괴롭히고 슬프게 하고 있는 일들은 하나의 시련이라고 생각하라. 쇠는 달아야 굳어진다. 당신도 지금의 그 시련을 통해서 더 굳은 마음을 얻게 되리라"는 글이 떠오른다.

또 "누구든지 크나큰 시련을 당하기 전에는 참다운 인간이 못 된다. 이 시련이야말로 자기가 무엇인가를 스스로 깨닫게 하고 스스로를 규정하는 까닭에 대체로 그 운명이나 지위가 이 때에 결정된다. 이러한 크나큰 시련을 겪기

전에는 누구나 아직 어린이에 지나지 않는다."는 G.레오파르디의 글도 소개할 만 하다.

　유명한 추상파 화가 피카소의 명성은 대부분의 사람들이 알지만, 그가 한때 고양이가 쓰레기통에서 물고 온 소시지를 먹으며 연명했다는 사실을 아는 사람은 많지 않은 것 같다.

　다시 올림픽 스타들로 이야기를 바꿔보면, 펜싱에서 한국에 금메달을 안겨준 김영호 선수는 불과 2년 전 폐가 5㎝ 가량 찢어지는 중상으로 대수술을 받았으나 인고의 재활훈련을 이겨냈기에 오늘날의 기쁨이 있었다.

　이번 올림픽에 출전한 미국의 육상선수 말라 러년은 10대부터 시각을 잃기 시작하여 거의 앞을 못 보는 시각 장애인이다. 그러나 그녀는 희망의 빛을 안고 달렸다.

　경제가 무너지면서 파탄의 길을 걷는 가정이 부쩍 늘고 있다. 시련이 몰려와도 독자들이 결코 희망을 버리지 말기를.

요지경 휴대폰 문화와 일상의 소중한 것들

2000년 7월 27일

"휴대폰 자판 두드리기 1분당 300타."

컴퓨터 혁명도 독수리 타법으로 근근히 버티고 있는 쉰 세대들에게 뭔 벼락같은 소리인고. 손바닥보다 작은 휴대폰, 그것도 새끼손가락으로 나 겨우 누를 수 있을 듯한 자판을 초고속으로 두드려 갖은 문장 등을 만들어 낸다니.

간혹 자신의 휴대폰으로 사귀자라든가, 전화주라는 등의 문자 메시지가 왔다고 좋아하는 직장인님네들. 휴대폰 저쪽 건너편에는 미지의 새로운 문화가 무섭게 번지고 있다는 것을 모르는 사람이 태반일 듯.

어른들이 휴대폰을 구입할 때 동봉된 제법 두꺼운 설명서를 책상서랍에 달랑 던져놓고 겨우 전화나 받고 걸때만 이용하고 있는 사이, 새로운 정보혁명에 도전적인 젊은 세대들은 이미 이 신 문명을 자신들의 가장 익숙한 생활도구로 이용하고 있었던 것이다.

직설적으로 말하자면 '요지경 휴대폰 문화'라는 것이다. 인터넷 메일을 보내거나 받는 것도 가능하고, 전자수첩, 음성사서함으로도 활용되고. 그것도 모자라 각종 뉴스 제공, 깔깔유머, 중고 물품 네트워크 거래까지. 웬만한 컴퓨터를 뺨치는 기능들이 한 군데 모여 있으니. 마치 선과 악이 공존된 판도라의 상자처럼, 온갖 신문화가 휴대폰에서 쏟아지고 있다.

최근에는 휴대폰이 없으면 못살겠다는 아이들까지 등장할 정도이다. 눈을 떠서 잠이 들 때까지. 아니 잠을 자고 있는 동안에도. 잠을 깨우는 자명종소리나, 도둑의 침입을 확인하고 경찰로 연결해주는 방범 시스템도 휴대폰으로 대체되고 있다.

우리 청소년들 사이에서는 휴대폰을 통한 삼행시 유머나 휴대폰 채팅 등이 새로운 신 풍속도로 급속히 확산되고 있는 것을 보면, 특히 다른 민족보다 유행에 민감하고 정보통신에 잘 적응하는 경향이 있는 우리 한국인들에게 휴대폰 문화는 애초부터 적합한 것인지도 모르겠다.

요지경 휴대폰 문화의 확산도 어느 정도 국민성이 영향을 미치는 것은 확실한 것 같다. 실제로 핀란드와 이탈리아에서는 전 인구의 70%가 휴대폰을 가지고 있는데 미국의 경우 30%에 그치고 있다. 핀란드의 경우 땅은 넓은데 비해 인구밀도가 낮아 휴대폰의 필요성이 상대적으로 높은 것으로 분석된다. 이탈리아는 국민들이 워낙 말하기나, 수다를 좋아하기 때문이고. 전 인구의 52% 정도가 휴대폰을 사용하고 있는 영국은 전화이용료가 유선전화보다 싸고 약방이나 주유소, 슈퍼마켓에서도 휴대폰을 구입할 수 있는 대중화된 휴대폰 유통정책과 밀접하게 관계가 있다.

이 휴대폰을 놓고 한쪽에서는 문명의 최대 이기라고 극찬하고 다른 쪽은 전화요금 청구서만 꽉꽉 날라오고, 회의 분위기만 망치는 있으나 마나한 기기라고 폄하하기도 한다.

미국의 한 연구소에서 Dead media project(폐기처분된 미디어 프로젝트)를 진행하고 있는 것을 본 적이 있다. 삐삐나 시티폰이 불과 수 년이 안되어 사라진 것처럼 디지털혁명은 부수고 만드는 변혁의 과정인지도 모르겠다.

손바닥만한 정보단말기를 마법의 상자로 바꿔버린 디지털혁명의 종착역이 어디일까라는 원초적인 고민을 해 본다. 또 이러한 신기술들이 인간의 삶을 얼마나 유익하게 만들고 있는 것일까. 사회 모두가 미친 듯이 '디지털혁명'을 외치고 있지만, 이 정보기술의 편리함이 따뜻한 커피 한잔보다 더 소중한 것인지.

피곤한 일터에서 돌아와 따뜻한 샤워로 몸을 풀 때, 갑작스런 소나기 속에서도 유유히 우산을 펼칠 때, 때론 24시간 문을 연 편의점에서 한밤중의 텅 빈 배고픔을 라면 하나로 달랠 때도 우리는 일상의 소중한 것들을 새롭게 발견하곤 한다.

우리 주변엔 휴대폰만큼이나 소중하고 위대한 발명들이 너무나 많다.

주변을 소중하게 여기는 마음이 삶의 지혜 아닐까.

DJ경제팀 목포살리기 무너지기 전 서둘러야

2000년 8월 30일

김대중 대통령은 한때 경제 대통령으로 불려졌다. 경제에 관한 저술활동과 나름대로의 독특한 대중 중심주의의 정책, 그리고 IMF를 극복하는 데 크게 공헌한 대통령으로서의 이미지가 강하다. 경제에 관해서는 나름대로 일가견이 있다는 게 국민들의 생각이다.

그러나 취임 이후의 김 대통령의 경제정책은 취임 전의 주장과는 어느 정도 다른 면이 있는 것 같다.

지방의 입장에서 보면 DJ 경제는 김영삼 전 대통령 때 보다 크게 개선되지 않고 있다. 경제생활을 나타내는 몇 개의 지역 경제지표들을 보면 이러한 상황을 살펴 볼 수 있다.

전국에 흩어져있는 295개의 농공단지에는 현재 4046개 업체가 입주해 있는데 2974개만이 정상적으로 가동 중이다. 아예 텅텅 빈곳도 상당수이다. 토지공사가 조성한 곳 중 854만여 평 이나 여전히 놀고 있다.

목포권의 대불단지도 전체 229만여 평 분양대상 면적 중 177만여 평이 미분양된 상태이다. 목포상공회의소 기획총무팀이 목포권 주요 제조업 85개 업체를 대상으로 조사한 결과 올 연말에도 경기가 호전되지 않을 것이라고 전망한 곳이 약 51%였다.

지역경제 암울한 그림자

　우리는 이러한 지역경제의 악화가 DJ 경제정책의 부실 때문이라고 단정해서 질타하고 싶지는 않다. 전임 대통령들 때부터 지역 차별식 경제정책은 항상 호남인들의 가슴에 잿빛 그림자를 안겼기 때문이다.

　과거의 정권들은 우리 국토를 서울-대전-대구-부산 축 등 이른바 경부축 개발에 전력을 기울여 이곳에 우리나라 전체인구의 73.3%와 제조업체의 80%를 기형적으로 집중시켜 놓았다.

　실상 94년에 제정된 '지역균형개발 및 지방중소기업 육성에 관한 법률'에 의한 광역권 개발계획도 정치적 논리에 따라 부산광역권 개발을 우선순위로 삼아 도리어 국토의 불균형을 심화시켰다.

　반면 호남권은 갈수록 상대적으로 경제의 낙후성이 심화되어 70년 이후 호남지역에서만 3백 만 명이 수도권으로 이주, 애환의 호남선, 서러움의 호남선을 역사에 기록하게 된 것이다.

　대다수 호남인들은 김 대통령의 경제정책에 큰 기대감을 갖고 김 대통령이 이러한 불균형을 해소해 줄 것으로 희망하고 있다.

　그렇다면 과연 김 대통령은 우리의 기대만큼 지역 균형개발이라는 명분아래 낙후목포를 회생시키기 위해 특단의 대책들을 세우고 있는가.

　청와대 비서실에 따르면 김 대통령 또한 이러한 지역경제의 위기성을 잘 인식하고 있는 듯 하다. 김 대통령은 최근 청와대에서 경제정책 조정회의를 주재하면서 "지방경제가 어려워지고 있다. 건설업, 지방유통구조가 어려워지고 있다."고 진단하고 "대책을 세워라. 이것은 경제문제인 동시에 사회문제이다."고 새 경제팀의 현안문제로 언급하였다는 것이다.

　김 대통령의 생각을 읽을 수 있는 대목을 옮기면 다음과 같다.

　"지역경제의 균형발전을 위해 노력해야 한다. 지역경제가 차별화 되는 것은 차별받는 지역만 손해보고 소외되는 것이 아니고 국민화합과 구매력 차원에서 문제를 야기한다. 이것은 국가 전체적으로나 기업으로 봐서도 중대한 문제이다. 좁은 국토를 그나마 발전시키지 못하게 하는 잘못된 정책이다."

이러한 김 대통령의 상황인식에 우리는 전적으로 동의한다. 경제계 일각에서는 수도권이 감당할 수 있는 지역개발을 펼치자는 수도권 우선 살리기 전략을 마치 전가의 보도처럼 주장하는 걸로 알고 있다.

그러나 목포살리기는 표를 의식한 전시성 행사나 선심성 예산지원이라기 보다는 먹고 살 수 있는가, 없는가의 문제다. DJ 경제정책은 이제 지역경제가 무너지기 전에 해결책을 모색해야 한다.

DJ의 재평가와 노무현의 출발

2003년 1월 16일

김대중 대통령이 가장 기억하기 싫을 것으로 생각되는 비화 한 토막이 있다.

"저의 월 고정 수입은 영등포 소재 가건물 임대료 50만 원 뿐이나 비서·경호원 등 급여와 기타 생활비 등 월 소요액 500여만 원은 각계 인사들의 성금으로 충당, 비교적 상류생활을 영위하고 있습니다."

지난 1980년 5월 29일 내란 선동 혐의로 합동수사본부에서 김 대통령이 군 사법경찰관에게 진술한 내용이다. 이 내용은 1980년 당시 김 대통령이 군 쿠데타 세력들에게 사형을 선고받기 전 수사를 받았던 수만 페이지 수사 기록 속에 담겨 있다.

이 기록은 '인간 김 대통령'을 아끼는 사람들의 가치관을 다소 혼란스럽게 한다. "비교적 상류생활하면서 월 5백여만 원의 성금을 받았다"는 대목은 20여 년 전 집권 여당에 맞서 음성적인 자본으로 야당을 이끌었던 정치상황을 감안하더라도 '순결한 정치'와는 다소 거리가 있다.

80년 성금 월 5백 만 원에서 연봉 1억 3천 만 원으로

이후 한국 정치는 정치자금법의 제정과 더불어 정치자금의 양성화에 힘썼고, 대통령의 연봉도 지난해 1억 3,333만 1천 원에서 올해는 1억 4,648만 8천 원으로 인상됐다.

한국은 정치인을 위한 '성금'이 꽤 관대한 편이다. 특히 국민들의 민주화 열망은 단순한 표의 결집뿐만 아니라 '믿을 만한, 키울 만한, 기댈 만한' 정치인들에게 성금의 형태로 나타난다는 점은 주목할 만하다.

노무현 대통령 당선자의 선거운동 때 희망 돼지 저금통이 큰 역할을 한 것도 이러한 사례이다. 이런 의미서 정치란 '정치행위를 파는 일종의 상품'이라고 말할 수 있다.

친인척 측근들의 잇따른 비리사건에도 불구, 김 대통령의 지난 5년 간의 업적이 성공적이었다는 국내 외 평가가 잇따라 나오고 있어서, 오랜 세월 김 대통령이라는 상품에 투자해 왔던 사람들에게 위안이 되고 있다.

'일본:재해석'의 저자인 패트릭 스미스는 블룸버그 통신에 "수주일 후면 5년의 임기를 마치는 김대중 대통령은 경제, 정치, 외교 분야의 업적으로 반세기 한국 역사상 가장 훌륭한 대통령으로 남게 될 전망이다."는 칼럼을 게재했다.

정대(正大) 전 조계종 총무원장을 비롯한 종교계 지도자들도 "대통령께서 하신 일이 재평가를 받는 분위기를 보니 마음이 흐뭇하다"고 말했다.

김 대통령 재평가 각계 호의적

반면 김 대통령이 자신의 완성하지 못한 과업으로 ▲'억지춘향'식 빅딜(Big Deal) ▲심화된 빈부격차 ▲멈출 줄 모르는 수도권 집중 ▲소극적인 통상협상 ▲부실한 공적자금 관리 등 실패한 정치 5가지를 인정하고 후임 대통령이 교훈으로 삼게 한 것도 자신의 통치를 미화했던 과거의 제왕들의 행태에 비해서 배울 만하다.

김 대통령이 판매했던 정치상품은 가치가 얼마나 될까. 그가 받았던 1억 3천 여 만원의 연금과 야당시절 국민이 성금에 부응할 만큼 잘했는지는 후세가 평가할 것이다.

노무현 대통령 당선자도 이제 희망돼지 저금통을 벗어나 떳떳하게 고액 연봉을 받으면서 국민들에게 봉사할 순간이 다가오고 있다.

'정치라는 상품'은 이브의 사과처럼 항상 달콤한 유혹이 기다린다. 눈 앞 이익에만 몰두하여 부실 상품을 유통시키거나, 인기에 영합하여 판매상술에만 열을 올리는 정치 상품을 우리는 숱하게 봐 왔다.

삼성경제연구원은 올해 세계의 주요 대기업들이 '윤리경영'을 주요 방침으로 정하고 있다는 보고서를 최근에 내놨다. 보고서는 사업과 관련 연간 50달러 이상의 금품이나 향응을 제공할 수 없다는 상세한 윤리지침서를 강조하는 회사도 있다고 전한다. 실제로 윤리경영을 표방하는 기업들이 기업의 가치도 늘고 부유해지고 있다.

노무현의 정치상품이 윤리로 포장되어 고객들을 만족시키느냐의 평가는 앞으로 5년 뒤의 일이다.

희망제작소와 박지원의 원도심살리기

2008년 9월 3일

　목포시청 주변에서 하당 평화광장 쪽으로 지난해 신문사를 이전시켰던 나는 한 밤중에 하당과 남악 신도시를 둘러볼 때마다 새로운 걱정에 빠지곤 한다. 현재 무안군에 지리적으로 속해 있는 남악 신도시 쪽의 불빛이 하나 둘 늘고 있는 반면, 하당은 빈 점포들이 늘고 있는 '슬럼 거리'가 일부 형성되는 듯한 느낌을 받기 때문이다.

　이미 몇 년 전 목포투데이신문은 남악신도시 건설과 더불어 '하당의 공동화 현상'을 우려하고 그 대책을 촉구하는 포럼을 개최한 바 있다. 한창 불붙기 시작한 하당 개발 시기에 개최된 이 포럼은 당시 지역 사회에 충격을 주는 예측이었다.

　불과 몇 년 밖에 지나지 않았지만 당시의 우려는 지금에 와서 지역의 미래를 걱정하는 모든 이들에게 공통의 관심사로 떠오르고 있는 것이 분명하다.

　마침 최근 며칠 동안 만났던 사람들이 원도심과 하당, 주변 자치단체와의 통합을 둘러싼 논쟁 등에 대해 자신들의 의견을 잇따라 제기하는 것을 봤다.

　국회 박지원 의원은 "남악신도시로의 인구 이탈이 계속될 경우 목포는 슬럼화된 원도심과 하당 두 곳만 남는 삭막한 도시가 될 것"이라고 전망했다.

박 의원은 무안반도 통합은 이미 기회를 놓쳤기 때문에 무안을 제외한 목포 자체만의 활로 모색이 훨씬 현실적이라는 시각을 내비치고 있다. 이대로 간다면 10년 안에 목포가 두 곳의 공동화된 슬럼 지역으로 추락한다는 걱정은 숨을 멈출 정도의 충격을 준다.

하당도 도심공백 우려

박 의원은 도청 이전에 따른 2백여 명 이하의 작은 공공기관들을 집중적으로 원도심 쪽에 유치하여 시너지 효과를 극대화하자는 안을 제안하고 있다. 이미 결정된 도 교육청 등을 제외한 70여 곳의 다른 기관에 눈을 돌리라는 것이다. 지역에 도움이 되는 상당히 현실적인 제안이다.

희망제작소도 열흘 전 쯤 원도심을 예술촌으로 탈바꿈시키자는 제안을 목포시에 했다. 동춘서커스를 영입하고, 한국제분을 밀가루 테마파크로 단장하고, 조선내화 6개 건물을 박물관이나 산업체험관 미술관 등으로 만들자는 것이다.

공장지역이 예술촌으로 바뀐 사례는 지구촌 곳곳에 많다. 탱크공장과 자동차공장이었던 뉴욕의 첼시, 군수공장이었던 중국의 따산즈는 드라마틱한 변화의 현장을 보여준다. 베이징의 한인 타운 왕징에서 가까운 따산즈는 이제 주변 지우창까지 변화시켜 이곳에 한국의 아라리오, 표갤러리, 문갤러리가 진출하는 다국적 예술촌으로 변모되고 있다.

그러나 희망제작소의 견해는 첼시나 따산즈와 달리 모두 중앙정부나 지방자치단체의 예산지원을 전제로 하고 있다는 점에서 차이가 있다. 실제 민간 차원의 창의력과 열정이 병행되지 않은 예술촌들이 얼마나 생존하기 힘든지 우리는 여러 번 겪어왔다. 유달산의 유달예술촌은 시민들이 찾지 않고, 루미나리에 거리에 위치한 유달미술관은 폐관되었으며, 폐교를 활용하여 목포 미술인들이 정착했던 해남 화원예술촌, 영암 달오름공동체 등도 하나 둘 떠나고 풀이 무성하게 자라고 있다.

서남권 인근에서 그나마 정상적으로 운영되고 있는 곳은 박석규 목포대 명예교수의 함평 갯벌미술관 한 곳이라고 해도 과언이 아닐 정도다. 그만큼 인위적인 예술촌을 통한 지역경제 활성화란 목표 달성은 어렵다는 것이다. 문화와 경제를 접목시키는 컬처노믹스(Culturenomics)라는 미명 아래 몇 건의 형식적인 문화이벤트는 시민의 세금 부담만 늘릴 뿐이다.

중국 따산즈의 경우 중앙미술대학 쑤이지엔궈 교수의 노력이 컸다. 2000년 홀로 공장지대에 작업실을 차렸던 그는 디자이너 린칭, 출판업자 홍황에 이어 로버트 버넬 등을 이곳으로 데려오면서 불과 몇 년 만에 수 백 명의 예술가들이 이곳으로 자리를 옮겼다.

민간차원의 열정이 중요

목포도 최근 몇 년 동안 원도심 루미나리에 거리를 중심으로 소설 같은 그림인생의 주인공 김영자 갤러리, 심재 조규성 화실, 장근헌 박득규 등의 남도미술관, 한국화가 강금복, 여류화가 전영희 화실 등이 잇따라 둥지를 틀었지만, 이들은 여전히 체계적인 연대 효과를 보지 못하고 있다. 원도심은 약간의 관심을 기울인다면 하당이나 남악의 비싼 임대료를 피해 예술인들이 몰려들 수 있는 여지가 충분하다. 뉴욕의 첼시나 중국의 따산즈가 이렇게 해서 탄생된 것이다.

예산 지원을 바라는 단체들의 여러 거대 프로젝트도 좋지만, 현재 있는 이들부터 신경을 쓰는 관심과 정부 예산에 상관없이 생존할 수 있는 민간 차원의 열정이 지금은 필요하다.

일본사찰의 마케팅과 목포관광

2006년 8월 22일

"우리는 장사꾼이 아닙니다. 그러나 방문객과 신도들에게 마케팅을 합니다. 그 마케팅이 불심을 살리고, 국가의 안녕을 기원한다고 믿습니다"

일본 사찰을 여행하다 보면, 절 안에까지 수백 종류의 관광 기념품을 판매하는 것에 놀라게 된다.

열쇠고리에서 북 마크, 볼펜 등 사찰의 캐릭터를 응용한 각종 디자인 상품들뿐만 아니라, 부적 그려주기, 사주관상 보기 같은 무형의 풍속까지 관광 상품으로 내놓는 게 일본인들이다.

이들에게서 산사에 묻혀 참선만 하는 스님들의 모습을 기대했다가는 실망만 한다. 그러나 이는 겉모습만 잔뜩 본 것이다. 산사보다 저자거리 문화와 더 가까운 것이 일본 사찰이다. 한국보다 더 요란하나, 요상한 신물들과 잡다한 전설들을 모아 잔뜩 이야기 거리를 만들고 의미를 부여하는 '일상의 불심'이다.

물과 지하실도 돈벌이 활용

볼거리 먹거리 살거리 등을 관광의 필수 요소라고 한다면 한국 사찰보다 훨씬 더 장사꾼 기질(?)이 넘치는 셈이다.

일본 교토 淸水寺(기요미즈테라)를 예로 들자면, 만지면 복이 온다는 부처님 발자국 바위, 사랑이 성사되는 바위, 장수 건강 학문의 이치를 깨달아 준다는 '音羽의 水'로 불리는 세 가닥 물줄기 등 끊임없는 볼거리를 제공하고, 이러한 스토리뱅크적인 신화적 요소가 순례객과 관광객들을 끌어 모으는 요소이다.

이 절에는 한국 관광객에게는 잘 알려져 있지 않은 '수구당(隨求堂)의 태내돌기'라는 이색 코스도 있다. 대수구(大隨求)보살을 본존으로 모시는 불당의 지하에 들어가려면 100엔을 내야 한다. 불빛 한점 없는 계단을 벽면의 손잡이를 잡고 복도를 따라 더듬더듬 내려가면 지하 한 복판 조명에 신명스럽게 드러난 돌이 있다.

불당의 스님은 "대비하신 어머니의 태내를 경험하는 의미이며, 어둠 속에서 한점의 빛을 보는 태내돌기로 심신의 르네상스를 경험하는 것이다. 부처님이 새벽의 샛별을 보고 깨달음을 얻었던 것과 같은 이치이다"고 설명했다.

앞에 언급한 '音羽의 水'도 참배기념으로 담아가려면 200엔을 주고 잔을 사야 한다.

'지하공간'으로, '사찰 물'로 돈을 버는 그들의 탁월한 감각이 예사롭지 않다.

사슴공원과 세계에서 현존하는 가장 큰 목조 건물로 유명한 나라 동대사(東大寺)에는 눈여겨 볼만한 이색 자판기가 있다. 즉석에서 메달에 사찰을 방문한 날짜와 이름을 자동으로 새겨주는 기계다.

절의 본당 기둥에는 조그마한 구멍이 뚫려져 있는데, 일본인들은 이를 '부처님의 콧구멍'이라 부르며, 통과할 때 소원을 기원하면 이뤄진다고 의미를 부여하고 있다. 작은 구멍을 엎드려 기어이 통과하려는 관광객들의 배꼽 잡는 모습이 항상 웃음바다를 연출하며 재미를 준다.

앞에서 언급한 일본 절들은 한국 전통 문화의 숨결이 숨어 있다. 동대사는 백제계의 행기 스님과 양변 스님이 앞장서 지었고, 청수사를 개창한 사카노우에노 다무라마로는 백제계 귀화인의 자손이다.

목포도 각종 설화 활용을

그러나 일본은 한국에서 유입된 불교를 자신의 것으로 만들어 계속해서 발전시키며 세계 속의 문화상품으로 발전시켰다.

유달산을 중심으로 산재해 있는 목포의 사찰들도 관광상품화 할 수 있는 설화적 요소들을 갖추고 있으나, 크게 상품화되지 못한 채 하나 둘 흔적을 잃어가고 있다. 목포팔경 달사모종의 주인공인 달성사, 법당 석조미륵상 아래 샘을 갖고 있는 보광사, 그리고 소금강이라 불리는 유달산의 기묘한 바위들.

이들을 잘 관리하여 관광 상품화했더라면 유달산의 기(氣)는 더욱 강해졌을 것이다.

하지만 유달산의 혈(穴)이 모여 있다는 관음사의 거북바위 등은 이미 공사로 파괴되어 아쉬움을 주고 있다.

목포의 경쟁력을 위해 일 판을 벌려야 할 것이 불교계에도 있는 것이다.

노풍, 동교동계 노리냐
2002년 8월 22일

광주의 민주당 경선에서 시작된 노풍(노무현 바람)은 그가 대통령에 당선되어도 그치지 않을 듯하다. 이미 노무현 당선자의 민주당 내 측근들은 DJ정권의 부패와 실정을 거론하며 동계동계에 대한 정면공격을 시작했다. 대통령 선거가 끝난지 불과 3일만의 일이다.

지난 22일 민주당 조순형 상임고문 등 개혁파 의원 23명은 '당의 발전적 해체'와 '김대중 정권 부패·실정 관련인사 인책'을 주장하고 나섰다. 22일 제주에서 휴식 중인 노 당선자는 기자들과 만나 "민주당의 발전적 해체에 대해 의견을 나눴으며, 아직 합의하지는 않았으나 개인적인 의견으로는 속도와 절차를 조절했으면 한다는 의견을 피력했다"고 밝혔다. 노 당선자의 의중이 보다 명확해진 셈이다.

대선이 한나라당과 민주당의 싸움이었다면, 앞으로 노무현 정치에서 노풍과 목포권의 전쟁도 피할 수 없는 흐름이다. 이는 엄연한 현실이다. 당장 김대중 대통령의 청와대는 집권 여당을 함께 한 동지들을 매도한다며 유감을 표명하고 있다. 또 목포의 김홍일 의원, 무안·신안의 한화갑 의원 등 동계동계의 핵심은 여전히 목포가 가장 큰 지지기반이기 때문이다.

노 당선자는 측근들이 말하는 것처럼 지금 자신에게 천운이 따른다고 회심의 미소를 짓고 있는지도 모른다. 자신을 타고 난 승부사로 자부해도 좋을 만큼 경선, 후보단일화, 정몽준의 지지철회 등 일련의 시련을 이겨내고 쟁취한 이번 대선의 승리는 하나의 극적인 드라마를 보는 듯 했다.

친정(부산)의 전폭적인 도움을 받지 못하고 데릴사위(목포)로 국가의 가장이 된 그는 이제 친정을 끌어안아야 할 과제를 안고 있는 것이다.

노 당선자는 부산에서 29.9%의 지지를 받았지만 목포에서는 95.3%의 지지를 받았다. 이회창 후보에 최종적으로 57만여 표 차이로 승리했는데, 광주·전남에서 1,785,688표를 획득, 이회창 후보의 79,943표보다 무려 170만 5천여 표를 더 얻었으니 광주·전남이 없으면 '노무현 대통령'이 없었다 해도 과언이 아니다.

이 현실은 여전히 노무현에게 훌륭한 재산이기도 하지만 족쇄다. 그는 하루빨리 광주·전남을 벗어나 자신의 순수한 지지세력을 만들려 하고 있다. 이는 지역화합, 국민대통합, DJ정권 실정 인사 인책으로 나타날 것이다. 전두환 노태우 김영삼 김대중 대통령의 당선 초기를 생각해 보라. 노 당선자여, 내 말이 틀렸는가.

그러나 노무현 당선자가 잊어서는 안 될 견해들이 있다. 목포의 어느 인사는 대통령 선거 전 "노무현 후보가 꼭 당선돼야 한다"고 했다. 이유는 이회창 한나라당이 정권을 잡으면 호남이 대대적인 피해를 보기 때문이었다. 선거 직후 내가 이용한 택시의 운전사는 투표 마감 30분 전에 선거에 참여했는데, "정몽준의 지지철회로 이회창 후보가 우세하다는 내용을 듣고 급히 노무현 후보를 찍으러 갔다"고 털어놨다.

무려 95% 지지도의 비밀은 바로 이것이다.

노 당선자의 개혁은 한국 사회의 흐름을 반영한다는 긍정적 측면도 있지만, DJ 지지자들을 당황하게 만드는 구석이 있다. 김판석 연세대 교수는 노 당선자의 개혁추진이 DJ보다 훨씬 더 어려울 것이라는 분석을 내놨다. DJ 정권 초기 국민들은 경제위기라는 국가 위기 상황으로 똘똘 뭉쳤다. 그러나 노 당선자는 위기의식이 둔화된 가운데 국민들의 분출하는 욕구를 조정하면서 정치개혁·노사갈등·국민통합 등의 문제를 해결해야 하는 부담스런 상황이다.

자. 그렇다면 노 당선자는 개혁을 이끌 준비는 됐는가. 물론 목포의 많은 시민들도 부정부패가 없는 나라, 살기 좋은 나라를 바란다. 그러나 동교동계를 겨냥한 공격은 'DJ와의 동일화'를 내세우는 목포 시민들에게는 이질적인 저항감을 준다.

나는 목포 시민들에게 이제 DJ의 속박에서 벗어나 휴식이 필요하다고 권하고 싶다. 대통령에 대한 맹목적인 애정을 접고 객관적으로 한국 사회를 비판하는 시각이 필요하다는 말이다.

이순신과 노무현 대통령, 칼의 노래는 계속되는가

2004년 7월 28일

"나는 정치적 상징성과 나의 군사를 바꿀 수는 없었다. 내가 가진 한 움큼이 조선의 전부였다. 나는 임금의 장난감을 바칠 수 없는 나 자신의 무력을 한탄했다. 나는 임금을 이해할 수 있었으나, 함대를 움직이지는 않았다. 나는 즉각 기소되었다. 권율이 나를 기소했고 비변사 문인 관료들은 나를 집요하게 탄핵했다. 서울 의금부에서 문초를 받는 동안 나는 나를 기소한 자와 탄핵한 자들이 누구였던가를 비로소 알게 되었다. 나는 정치에 아둔했으나 나의 아둔함이 부끄럽지는 않았다."

노무현 대통령이 탄핵파동으로 청와대에 은둔했을 때 읽은 김훈의 장편소설 '칼의 노래'의 일부분이다. 노 대통령이 반대파의 탄핵으로 삼도수군통제사(지금의 해군참모총장)에서 직위 해임되었던 이순신 장군의 부활을 보고 권토중래를 꿈꿨다하여 화제가 된 책이다.

노 대통령은 이 책에서 정치판의 음모와 반대파의 집요함을 봤을 것이다. 난세의 영웅이 걷는 고난의 길과 민중의 함성을 꿈꿨을 것이다.

이순신은 우리 역사에서 유일하게 등장하는 난세의 영웅이다. 국가가 위기에 빠질 때마다 지도자들이 그의 삶을 연구하고, 닮아가고 싶은 국가 리더십의 전형이다. 일제시대 때 단재 신채호가 '이순신전'을 썼던 이유도, 박정희 전 대통령이 이순신을 성웅으로 만든 것도 외부의 위기 앞에서 민족의 혼과 국가의 권위를 강조하려는 뜻이 담겨 있다.

우리 사회에 또 다시 한 번 이순신 신드롬이 불고 있는 것은 이 시대가 난세의 시대임을 의미한다. 칼의 노래를 부르는 이가 어디 이순신, 노무현 대통령뿐이던가. 알몸 패러디의 수모를 당한 박근혜 한나라당 대표도, 소수당으로 추락한 한화갑 민주당 대표도 권토중래를 꿈꾸며 칼의 노래를 부르고 있을 것이다. 권력자들만의 칼의 노래는 아니다. 학습지 회사에 들어갔다가 불과 몇 달 만에 2천여 만 원을 빚지고 자살한 딸을 바라보는 어머니의 눈에서도, 식당이 장사가 안 된다며 자살한 남편을 장사지내는 아내의 눈물에서도, 우리에게 전면전의 기세로 싸움을 걸다가 패가망신한 정치세력이 많다고 의기양양한 신기남 열린우리당 의장을 바라보는 국민들의 눈에서도 칼의 노래가 들린다.

환상일까. 북한 경비정이 서해북방한계선(NLL)을 침범하는 것을 저지시키는 바다 위에서도 정치인들에게 난도질당하는 군인들의 칼의 노래가 울려 퍼지고 있다.

최근 북한 경비정의 NLL 침범 소동을 놓고 "군 간부들은 군사정권에서 지도력을 키운 사람들이다. 군 통수권자인 대통령의 지도력을 인정하느냐 않느냐의 문제"라며 군을 압박했던 정치권의 서슬 시퍼런 기세가 떠오른다.

칼의 노래 애독한 노 대통령, 우리 군을 어떻게 볼까.

조사 결과 해군이 남하하는 배가 북한 경비정이 무선송신 사실을 상급 부대에 보고할 경우 사격 중지 명령이 내려질까 우려해, 보고를 안 했던 것으로 파악되고 있다.

남하했던 북의 경비정은 2002년 서해교전 때 아군 6명이 숨지고 18명이 다치게 했던 등산곶 684호였다. 684호는 중국어선 4척과 함께 은밀하게 NLL을 넘으면서 '중국 어선이 내려간다' '귀측(남)이 군사분계선을 1마일 침범했다'는 등의 허위 송신을 보내고, 우리 측의 경고 방송에도 NLL을 넘어 계속 남하했던 것으로 보인다. 이는 대북 화해협력을 펼치는 정부의 토론장과 실제 총구를 겨루고 있는 전쟁터에서의 인식 차이이다.

노 대통령이 읽었던 칼의 노래에는 "함대를 이끌고 부산 해역으로 나아가 미리 대기하고 있다가 적을 요격해서 가토의 머리를 조정으로 보내라고, 그때 그(권률)는 나에게 말했었다. 그는 이 작전이 조정의 전략이며 도원수의 지시라고 말했다. 나는 그때 다만, 현장 지휘관의 판단을 존중해 주십시오, 라고만 대답했다. 그는 서둘러 돌아갔고 나는 함대를 움직이지 않았다."는 내용이 있다. 이순신은 이 작전이 신뢰할 수 없는 정보를 토대로 만들어진 자살이나 다름없는 것으로 봤다.

정부가 국방 백서에서 주적 개념의 삭제를 검토하고 비무장지대 내 확성기 등 선전물을 제거키로 합의했지만, 여전히 남북의 총구는 내려지지 않고 있다.
화려하게 부활했던 이순신을 꿈꿨던 노 대통령이 현장 지휘관의 판단을 존중해달라는 이순신의 충심도 읽었을까.

죽음으로부터 귀환, 45일간 환자가 되어보니

2014년 1월 8일

　나는 지난 45일 동안 병상에서 '불의의 교통사고로 삶과 죽음, 그 고통과 의미'를 정말 찐하게 경험하고 이번 주가 되어서야 목포투데이신문사에 50여 일 만에 복귀했다. 아직 골반 뼈가 붙을 때까지 몇 달간 목발 신세를 져야 한다.

　지난 45일의 병상생활이 있기 전 어떤 일이 일어났을까. 작년 11월 20일, 나는 한국지역신문협회 중앙회장 임기가 2014년 2월 끝남에 따라 11월 24일 회원들이 마련하는 헌정 출판회를 며칠 앞두고 있었다. 사고가 나기 전 이틀에 걸친 철야 업무, 그리고 하루 전 협회 대전출장으로 한 밤중에 목포에 도착하였고 매주 수요일 마다 해왔던 목포 극동방송 생방송을 위한 원고를 이른 새벽부터 준비했다. 사고 전 내 몸은 지쳐가고 있었다.

　결국 생방송이 끝나고 목포투데이신문사로 복귀하던 오전 10시 20분경 불과 몇 미터 거리의 영점 몇 초도 안 되는 사이에 난 불의의 교통사고를 당했다. 심장 주변의 장기 파열과 출혈, 골반과 갈비뼈 골절이 있었다.

　내가 기억한 것은 연기가 나는 오피러스 자동차 문을 힘겹게 열고 119와 회사에 전화하고 차 안에 들어가 다시 앉아 휴식을 취한 것뿐이었다.

　그로부터 내 의식이 돌아왔을 때 팔 다리가 모두 침상에 묶여 있고, 바늘

하나 찌를 틈 없이 팔뚝이 온통 피멍으로 가득 차 있는 것을 발견하고 순간적으로 어느 곳에 납치당해 고문을 받고 있다는 착각에 빠져 울부짖고 몸부림쳤다. 정확히 30년 전 내가 전남대 신문방송학과에 재학 중이었던 1984년 전두환 정권에 항의해 첫 구속당했던 그 때가 생각난 것이다. 또 1980년 아버지가 광주 5.18 후유증으로 돌아가셨을 때, 몸 전체에 아래서부터 고였던 핏덩어리가 떠올랐다. 몇 시간 후 아내로부터, 난 그동안 7일간 의식불명 상태였다는 것을 들었고, 내 몸 구석구석에 난 10여 개의 구멍, 심장 아래에서부터 배꼽 깊숙한 아래까지 30cm의 상흔을 이해하게 되었다. 사고 직후 목포한국병원이 발 빠르게 내 심장 주변의 피를 몸에 구멍을 뚫어 배출시키고, 심장수술을 대비하여 광주 전남대병원으로 이송시켜 수술에 들어갔다.

계속되는 출혈에 복부를 절개하여 열어 놓은채 여러 장기의 피가 지혈될 때까지 하루가 경과되어서야 다시 봉합을 할 수가 있었다고 한다. 사고가 난후 19일 동안 허리 등 쪽 고통에 잠을 한 숨도 못자고, 3주 후 골반 골절로 반복되는 수술에 29일간 금식을 해야만 했다. 나는 병상에 있으면서 여러가지 신기함을 발견했다.

10시 40분께 목포한국병원에 도착하여 1차 시술, 오후 1시 40분 경 광주 전대병원에 도착하여 수술, 그리고 이 짧은 3시간에 회사 직원들, 아들과 아내, 어머니, 지인들까지 광주에 도착하여 나의 아픔과 같이 했는지 신기했다.

병상에서 발견한 신기함

아내는 내가 목포한국병원에 이송되자마자 목포한국병원의 유재광 이형석 원장과 여러 의사들이 달려들어 심장부위의 빠른 응급조치로 맥박과 혈압을 정상으로 돌렸고, 그 와중에도 나는 "출판기념회 때문에 나가야 한다"고 외쳤다 한다. 광주로 이송될 때는 아들과 아내에게 앰블런스 안에서 "호흡이 가쁘다. 힘들다."고 말하고, 얼마 후 "캄캄하고 안보여"하더니 의식이 끊어졌다고 한다. 혈액팩을 급히 추가로 부르는 소리, 몸에 연결된 각종 의료기기의 정지상태의 긴박함. "사람이 이렇게 허망하게 가구나" 아내는 그런 생각이 들었다고 한다.

　회사 직원들은 이미 목포에 "정태영이 사망했다" "복부를 절개했는데 못 닫고 있다. 가망없다" 는 등의 소문이 퍼지자 가벼운 교통사고이고, 중환자실이라 면회도 안 된다고 문의 전화에 답하느라 정신이 없었다. 극동방송에는 "우리 집사님 꼭 살아야 한다"며 통성기도하는 성도들의 전화가 이어졌다고 한다.

　면회도 안되는 중환자였지만 극소수의 지인들은 애정을 갖고, 그 차단막을 뚫고 병실로까지 날 보러 왔다. 몇 분들은 의식불명인 내 손을 잡고 그냥 돌아갔다.

　난 발전된 의료기술이 신기했다. 감염내과, 흉부외과, 정형외과, 외과 등 여러 의사들과 간호사들은 대단히 친절했다. 나에게 용기를 불어 넣어주고 회복속도가 빠르다고 했다. 피검사와 영상의학으로 체내의 염증정도, 내장마비 상태, 혈소판 수치 등을 모두 파악하고 있었다. 토할 것 같으면 구토방지제, 아프면 무통주사, 금식에 따른 각종 영양제, 그것도 많은 주사들을 한 바늘에 계속해서 교체하면서 주사를 매번 다시 놓을 필요도 없었다. 휠체어를 타면서부터 난 병원의 여러 곳을 살펴봤다. 나처럼 1인실을 쓰는 사람도 있었지만, 간병인이나 가족조차 없이 8명이 간호원의 살핌에 의존하여 생명을 의지하는 환자들도 있었다. 몇 달 전부터 머리 염색을 안해 훨씬 중후해진 나를 뒤에서 보고 할아버지라고 부르다가 앞 얼굴의 팽팽함을 보고, "어마 실수네"를 연발하는 사람들도 있었다.

　전남대 병원이나 목포 한국병원에서 아침마다 X레이를 찍을 때 20여 명의 환자들 사이에서 내가 가장 젊은 층에 속하고 다른 사람들은 대부분 노인들이라는 사실을 발견했다. 몸 하나 움직이지 못하고 산소마스크나 여러 약물에 의존하는 분들은 의료기술로 생명을 연장하고 있음이 분명했다. 그런데 거의 활동력이 없고 아무 것도 하지 않은 채 병상에만 누워있는 여러 사람들을 보고 나는 인생의 의미가 무엇일까 진지한 고민에 빠졌다. 살아있으되, 활력있거나 의미있는 삶이 아니라는 생각이 종종 들었다. 나의 경우 마지막 순간까지 뇌나 손을 안 다치면 글로써 내 삶의 경험과 사상을 전파시킬 수 있을 것이다. 어떤 문인처럼 "마지막 순간에 원고지 위에 삶을 던지고 싶다"는 말도 가능할 것이다. 그러나 평생 자영업에 몰두했거나 전문지식이 없는 사람들은 병상에서 의료기술의 덕분으로 수명이 연장되어도 무슨 의미가 있다는 말인가.

연장된 수명을 의미있게

병원에서 TV의 각종 의료 다큐를 보면서, 자연 치유력을 위해 가족들까지 등지며 산으로 들어간 환자들이 많다는 것도 처음 알았다. 그러나 사회와 떨어져 홀로 자연 속에 파묻히며 생명을 연장하는 것이 어떤 의미가 있는 것일까.

2008년 유엔미래포럼의 '유엔미래보고서'는 2030년이면 인간 평균수명이 130세가 될 것이라는 분석도 내놓았다. 복합 장기이식, 절단된 손발재생, 노화 세포교체 등 유전자 의료기술이 하루가 다르게 발달하고 있기 때문이다.

미국에서 가장 오래 산 찰리스미스는 138세, 인도의 하비브 미얀은 140세, 영국의 토마스 파는 153세, 러시아 이골 코르요프는 157세, 아제르바이젠의 무스리 모프는 169세에 사망했다.

어떻게 살거나 죽는 것도 중요하지만, 연장된 수명을 어떻게 의미있게 만들 것인가를 준비하는 것도 중요하다는 45일간의 경험이었다.

정태영 박사가 쓴 화제의 책들

사이버스페이스문화읽기 정태영 지음(1997년)
국내 처음으로 '사이버스페이스문화'란 용어로 출판된 책.
인터넷 공간을 문화적으로 해석하여 사이버문화 신드롬을 만들어 냈다.

언론기업생로병사 언론학회 필독도서 | 정태영 지음(2005년) / 가격 15,000원
지역언론 위기를 구출할 언론계의 명약, 지역독자를 사로잡은 20가지 묘책
지역 언론사 경영인이 꼭 읽어야 할 책

목포팔경과 목포문화의 수수께끼 정태영 지음(2005년) / 가격 15,000원
신비하고 놀라운 목포문화의 이면사, 요절복통! 흥미진진! 감탄!
이 책을 읽는 동안 나는 타임머신을 타고 목포를 봤다.

목포의 화맥 정태영 지음(2006년) / 가격 15,000원
목포개항 1백여 년 동안 스치고 지나간 숱한 화가들의 흔적을 정리했다.
자료를 모으고 책을 쓴 기간은 '목포파 미술'을 애타게 불렀던 화가들의 삶을 배우고
그들과 함께 덩실 춤을 추는 시기였다.

김영자, 소설같은 그림인생 정태영 지음(2007년) / 가격 15,000원
목포 1백년 현대사와 함께 한 한 여인의 삶. 그것은 눈물이었다.
바람처럼 우리 사이를 감싸안고 80여 년의 세월을 담아 스쳐 지나간 한이었다.

목포의 미학, 미술로 읽기 정태영 지음(2008년) / 가격 20,000원
목포의 한을 미학으로 승화시킨 예술인들이여! 새 목포의 르네상스를 여는가!
31인의 지역예술가들의 작품세계를 들여다본다.

박화성 이난영 그들의 사랑과 이즘 정태영 지음(2009년) / 가격 10,000원
한류 열풍의 원조, 사랑과 사상으로 국경을 초월하다.
식민지 시대 목포의 문화를 상징하는 두 명의 여인이 있다.

평생교육의 선구자, 김성복 못다한 이야기 김성복 구술, 정태영 채록(2010년) / 가격 15,000원
지역공동체에 기여하는 선구자적 이미지가 책 구석구석에 짙게 배여있다.
군데군데 주인공을 둘러싼 주변이야기와 가족이야기가 훈훈하면서도 눈시울을 붉히게 한다.

청년목포 유쾌한 꿈 정태영 지음(2011년) / 가격 15,000원
박지원 국회의원, 정시채 에덴원 이사장, 정종득 목포시장,제라딘 라이안 명도복지관 수녀가
목포의 청년들에게 주는 희망메시지

문학실천가 김우진을 다시 읽다 정태영 지음(2012년) / 가격 6,000원
미완성 문학실천가 김우진의 좌절과 눈물
90년 전 목포서 함흥까지 전국 순화공연 현대판 K스타,
돈맛 권력맛 물든 주류사회를 통쾌하게 질타한 반항아

이밖에도 '일선기자들의 101가지 매스컴이야기'(1999, 공저, 에디터) '우리는 목포를 말한다'(2006, 공저, 뉴스투데이), '나의 사랑 목포, 노변정담 46가지'(2008, 공저, 뉴스투데이) '취화선 목포의 문화에 취하다'(2009, 공저, 뉴스투데이) 등의 공저가 있다.

뉴스투데이가 만든 화제의 책들

국화처럼 향기롭게 노동부 공무원이 쓴 남도문화기행 1 | 김세곤 지음 / 값 9,900원
문화 예술을 사랑한다는 것 젊은이들에게 꿈과 희망을 주는 일을 하는 것
그리고 50대, 인생의 후반기에 자신을 뒤돌아보고 앞으로를 설계해 보는 삶

남도문화의 향기에 취하여 노동부 공무원이 쓴 남도문화기행 2 | 김세곤 지음 / 값 9,900원
정과 한의 역사기행, 남도에는 풍류가 있다. 남도에는 정이 있다.
다산과 혜장의 만남, 추사와 초의의 만남에는 난초 향기가 그윽하다.

따뜻함이 교육을 살린다 | 김경택 지음 / 값 10,000원
따뜻함이란 키워드로 감성과 신뢰의 교육을 부활시키다. 교육학박사가 말하는 교육발전 전략

명품예술의 창작 비밀 | 뉴스투데이 펴냄 / 가격 20,000원
36명 목포작가가 말하는 명품 미술의 비법, 그리고 그들만의 예술 창작 세계를 들여다본다.
2009 KOMAS 초대작가 특별호

목포 그리고 바다 목포투데이 베스트 시인선1 | 명기환 지음 / 가격 9,000원
바다 시인의 한 폭의 그림같은 바다이야기, 해경·해군 활약상, 한 편의 영상 드라마같은 시
다도해 정취, 바닷가마을의 일상, 바다이야기 등

시 같은 바다이야기 | 명기환 지음 / 가격 7,000원
미당 서정주 시인이 섬대통령이라 부른 시인,
섬사람들의 강인한 삶과 아름다운 모습을 시로 그리다.

언론기업생로병사 언론학회 필독도서 | 정태영 지음 / 가격 15,000원
지역언론 위기를 구출할 언론계의 명약, 지역독자를 사로잡은 20가지 묘책
지역 언론사 경영인이 꼭 읽어야 할 책

유년의 노을 뉴스투데이 향토시인선1 | 고재복 지음 / 가격 8,000원
유년의 기억과 순수 서정의 힘
시인 내면으로 숙성되어가는 아름다운 향기, 시인의 일상이 아름다운 시어로

자치단체의 비전관광산업에 있다 | 최영수 지음 / 가격 10,000원
고부가가치 농촌관광사업을 잡자!
전국의 축제를 평가하고 가까이에서 장단점을 분석했던 최영수 박사가 제시하는 비전!

하늘만큼 땅만큼 | 강창원 지음 / 가격 10,000원
주어진 삶을 하늘만큼 땅만큼 희망안고 지혜와 교훈삼아 사랑으로 살아가는 법…
신문에 연재하였던 칼럼을 한 권의 책으로

항구는 목포의 희망이다 | 민영삼 지음 / 가격 10,000원
목포의 희망의 뱃고동을 울리자!
이제 목포는 새로운 행정모델을 개발하여 지방정치에서도 자생력을 키워야 한다.